दैनिक पूजन एवं हवन के वैदिक नियम

इंजी. दीपक कुमार द्विवेदी

TANEESHA
PUBLISHERS

Title : Dainik Poojan evam Hawan ke Vaidik Niyam

Author : Er. Deepak Kumar Dwivedi

Edition : 1st (January, 2024)

ISBN : 9788196942571

Published by

Regd. Add.: 254, Khuriyakhatta No. 10, Bindukhatta,
Lalkuan, Nainital - 262402, Uttarakhand, India
Website : www.taneeshapublishers.in
E-mail : taneeshapublishers@gmail.com
Phone : +91 845481 2712, +91 976041 7980

Printed by :

Manipal Technologies Limited, Bengaluru - 560001, Karnataka

अनुक्रमणिका

शीर्षक   **पृष्ठ सं0**

देव-देवी पूजन महत्त्व एवं साधक के नियम   7- 23

पूजा पूर्व व्यवस्था, पूजा, प्रार्थना, आराधना, उपासना, भक्ति और साधना में क्या अंतर हैं ?, देवी-देवता की पूजा में अनिवार्य बातें, साधक के नियम, घर के मंदिर के नियम (यदि घर में संभव हो तो, यही नियम विधिवत मंदिरो के लिए हैं), मूर्ति पूजा में अनिवार्य सावधानिया, देव-देवी पूजन कब नहीं करना चाहिए , गृह समीप बृक्ष विचार ।

देव-देवी के स्वागत व्यवस्था   24-58

देव-देवी पूजन, आतिथ्य, सत्कार के चरण, स्थान व सामग्री, बंदनवार, स्वास्तिक, चौक (रंगोली), पूजन सामग्री, पंचोपचार देव-देवि पूजन का क्रम, नैवेद्य निवेदित करना, देवता पूजन के उपरांत किए जाने वाले कृत्य, षोडशोपचार देव-देवि पूजन का क्रम, पंचदेव, पँचायतन पूजा कैसे करें।

देव-देवी पूजन कर्म प्रवेश   59-74

स्थान व सामग्री, सामान्य पूजन सामग्री, पंचोपचार देव-देवि पूजन का क्रम, षोडशोपचार देव-देवि पूजन का क्रम, षोडशोपचार पूजन पद्धित, पंचदेव, पंचदेवों के ही विभिन्न नाम और रूप हैं अन्य देवता, पंचायतन में किस देवता को किस कोण (दिशा) में स्थापित करें, पंचायिन मण्डल, पँचायतन पूजा कैसे करें, पूजन चरण (पूजा क्रम) ।

देव-देवी पूजन कर्म प्रारंभ　　　　　75-91

नदियों का आवाहन, पृथ्वी पूजन (आसन शुध्दि), पवित्रीकरण, आचमन,, पवित्रीधारण, शिखाबन्धन, रक्षा विधान, प्राणायाम , न्यास, दीप पूजन, संकल्प, स्वस्तिवाचन, कलश स्थापना (संक्षिप्त विधि), दीपपूजनम्, श्री सत्यनारायण पूजन, श्री सत्यनारायण ध्यान मंत्र से विसर्जन पूजन का क्रम ।

संक्षिप्त हवन के नियम　　　　　92- 114

संक्षिप्त हवन विधि, हवन पूर्व व्यवस्था, हवन लाभ, पूजन सामग्री, हवन (हविष्य) सामग्री, हवन के लिए समिधा (लकड़ी), हवन व्यवस्था का क्रम, कुण्ड में अग्नि स्थापन, समिधा आहुति अग्नि संस्कार, घी (घृत) आहुति, हविष्य आहुति, अनुष्ठान से संबंधित सभी आहुतियां, स्विष्टकृत होम आहुति, पूर्णाहुतिसंकल्पम्, पूर्णाहुति, भस्मधारण, प्रदिक्षणा, विसर्जन, सर्व-देवता हवन मंत्र, दुर्गा सप्तशती के वैदिक आहुति मंत्र ।

मंत्र साधना के संक्षिप्त नियम　　　　　115-137

मंत्र क्या हैं, मन्त्र कितने प्रकार के होते हैं, अपना मंत्र कैसे चुनें, मंत्र जप के प्रकार , मंत्र सिद्धि नियम, मंत्र जप का स्थान , मंत्र जप की अवस्था, बिना रक्षा मंत्र के जाप करने नहीं बैठे, मन्त्र जाप के वस्त्र, अन्य सावधानियां, मंत्र के चिकित्सीय लाभ, मंत्र के मनोवैज्ञानिक चिकित्सा में लाभ, मन्त्र प्राप्ति एवं उसकी सिद्धि, लघु पुरश्चरन, दीर्घ पुरश्चरन, आसान बंधन, दिग बंधन, हवन, तर्पण, मार्जन , ब्राह्मण भोज, ॐ कार मंत्र साधना, नवार्णमन्त्र मंत्र साधना।

नकारात्मक शक्तियों से रक्षा विधान

138-153

सकारात्मक ऊर्जा, नकारात्मक ऊर्जा, आश्चर्यजनक पौधे, चमत्कारिक धूप के नकारात्मक शक्तियों से रक्षा प्रयोग, सुगन्धित धूप के प्रयोग, घर में धूप कैसे दे, प्रेत बाधा निवारक धूप, सर्प से घर की रक्षा के मन्त्र व उपाय, भूत प्रेतों से मुक्ति पाने का वीर हनुमान मंत्र, भूत प्रेतों से मुक्ति पाने का गायत्री मंत्र, भूत प्रेतों से मुक्ति पाने का श्री प्रेमानंद गोविंद शरण जी के अनुसार मंत्र, गृह शुद्धि एवं कीलन, भूत प्रेत इत्यादि से मुक्ति के सरल अन्य उपाय।

ध्यान एवं मुद्राएं

154-192

ध्यान क्या, ध्यान का लक्ष्य क्या हैं, ध्यान कैसे लगाये, योग और ध्यान में कौनसी मुद्रा ज़्यादा लाभदायक हैं, आसन की आवश्यक्ता क्यों हैं, स्वस्तिकासन, सुखासन, मैत्री आसन, पद्मासन, सिद्धासन, शवासन (शव मुद्रा), शवासन, हस्त मुद्राये, हस्त मुद्रा की आवश्यक्ता क्यों हैं, ज्ञान मुद्रा, पृथ्वी मुद्रा, वरुण (जल) मुद्रा, वायु मुद्रा, शून्य मुद्रा, सूर्य मुद्रा, प्राणमुद्रा, लिंग मुद्रा, अपान या मृगी मुद्रा, अपान वायु मुद्रा, १० मुद्राओं के अतिरिक्त पूजन और साधना क्रम में विशेष प्रकार की मुद्रा, देवी-देव् के प्रणाम (नमस्कार की मुद्राएं)।

दीपक का आध्यात्मिक महत्व

193-205

दीपक का आध्यात्मिक महत्व, दीपक का वैज्ञानिक महत्व, दीपदान शुभ समय मुहूर्त, दीपक लगानेके लिए दिशा, दीपक प्रज्वल्लित करने के लाभ, देवता और उनके पसंदीदा द्रव्य घी तेल के दीपक, दीपक के लिए बाती की संख्या, बाती का महत्व दीपक जलाने के लिए, धातु का महत्व दीपक जलाने के लिए, दीपक लगाने से देवी-देवताओं की कृपा लाभ, दीप आधार और धान्य का महत्व, विभिन्न प्रकार के दीप आधार और उनका महत्व।

भगवती दुर्गा साधना

206-239

भगवती दुर्गा साधना क्रम, पूजन क्रम, शिवसंकल्प, भगवती दुर्गा पंचोपचार पूजन, शापोद्धार, विनियोग, श्री दुर्गा कवच, श्रीदुर्गाष्टोत्तरशतनामस्तोत्रम्, सिद्ध कुंजिका स्तोत्र, नवार्ण मंत्र जाप की विधि, दुर्गा देवी का दीपदान विधि, मां दुर्गा की आरती, क्षमा प्रार्थना, देव्यपराधक्षमापन स्तोत्रम् ।

1. देव-देवी पूजन महत्त्व एवं साधक के नियम

पूजा पूर्व व्यवस्था

पूजा पूर्व दो शब्द साधको के लिए - भगवान/देवी की पूजा करने, धार्मिक अनुष्ठान करने, मंत्र जाप/साधना करने और हवन करने के विभिन्न रहस्यों को समझने के लिए व्यक्ति को जीवन के एक निश्चित चरण तक पहुंचना चाहिए। ठीक उसी तरह जब हमें स्कूटर चलाना सीखने का अवसर मिला, तो हम कई बार लड़खड़ाकर गिरे, दूसरों को गिरने का कारण बने, चोटें झेलीं, लेकिन जब तक हम पूरी तरह से स्कूटर चलाने में निपुण नहीं हो गए, तब तक हार नहीं मानी। एक बार जब हमने सीख लिया, तो हमने ऐसी महारत हासिल कर ली कि अब ऐसा महसूस नहीं होता था कि स्कूटर हमसे अलग हैं, बल्कि यह हमारे ही शरीर का एक हीस्सा हैं। सवारी करते समय, हमारा शरीर और स्कूटर अविभाज्य हो गए। यही सिद्धांत अन्य सभी प्रकार की साधनाओं, हवन और अनुष्ठानों पर भी लागू होता हैं।

हालाँकि, मैदान पर स्कूटर, कार और बस चलाना एक साथ सीखना हमारे लिए संभव नहीं हैं; प्रत्येक वाहन को चलाने में दक्षता केवल क्रमिक रूप से ही प्राप्त की जा सकती हैं।

जो लोग इन साधनों (वाहनों) के बारे में ज्ञान प्राप्त करने के बाद एकाकार (एकता) की भावना प्राप्त करने में असमर्थ होते हैं, उनके साथ अक्सर दुर्घटनाएँ घटित होती हैं। केवल उनका संचालन करना पर्याप्त नहीं हैं; व्यक्ति को उनके स्पेयर पार्ट्स और उनकी मरम्मत के कौशल के बारे में भी ज्ञान होना चाहिए।

यही सिद्धांत मंत्र जप/साधना/सिद्धि पर भी लागू होता हैं। किसी अन्य मंत्र पर आगे बढ़ने से पहले, एक मंत्र को पूरी तरह से समझना और अभ्यास करना आवश्यक हैं जब तक कि उसके साथ एकाकार (एकता) स्थापित न हो जाए। यदि यह एकाकार प्राप्त नहीं

हैं। तो व्यक्ति की उपलब्धि अधूरी रह जाती हैं। इसके अलावा, यह भी ध्यान रखना जरूरी हैं कि अधूरी साधना से भले ही कोई नुकसान न हो, लेकिन कोई लाभ भी नहीं होगा। यह एक उल्लेखनीय तथ्य हैं कि एक बार एक मंत्र साधना में महारत हासिल हो जाने पर दूसरे मंत्र जप/साधना/सिद्धि की आवश्यकता नहीं रहेगी। एक मंत्र जप/साधना/सिद्धि से हमें संतुष्टि मिलती हैं, और जब हम संतुष्टि प्राप्त कर लेते हैं, तो यह दर्शाता हैं कि "मोक्ष-द्वार" हमारी पहुंच के भीतर हैं।

देवी-देवता पूजा- देवी-देवताओं की पूजा, हवन, अनुष्ठान या पूजा में पूरे अनुष्ठान के माध्यम से आराध्य देवताओं का स्वागत करना, प्रार्थना करना, आतिथ्य करना और भावनात्मक विदाई देना शामिल हैं। पूजा के दौरान भक्त प्रेमपूर्वक एक विशिष्ट क्रम में पूजा सामग्री देवता को समर्पित करते हैं, जो उनकी अपनी भावनाओं के साथ-साथ शास्त्रीय, धार्मिक, आध्यात्मिक और मनोवैज्ञानिक महत्व को भी दर्शाता हैं। परिणामस्वरूप, साधक और पूज्य देवता के बीच की दूरी मिट जाती हैं और "एकाकार" (एकता) की भावना स्थापित होती हैं। परिणामस्वरूप, साधक को पूजित देवता द्वारा उत्सर्जित सकारात्मक ऊर्जा का अधिकतम लाभ प्राप्त होता हैं।

देवी-देवता पूजन के क्रम को हम दूसरे शब्दों में इस तरह समझ सकते जैसे कि जब हम अपने प्रेमी से मिलने जाते हैं तो उसके लिए हम तमाम तरह के उपहार लेकर जाते हैं, जैसे-फल, फूल, मिष्टान्न, कपड़ा या कोई उसकी पसंद की वस्तु, पसंद के उपहार (गिफ्ट) आदि। ऐसा इसलिए करते हैं कि हमारे प्रेमी को अच्छा लगेगा और वह नाराज होने के बावजूद पसंदीदा उपहार पाकर प्रसन्न हो जाता हैं उसी तरह हम आराध्य (भगवान) को रिझाते-मानते भी हैं वरन हम उनको उपहार आदि चढ़ाकर, उनका साज शृंगार भी करते हैं। जैसे-हम अपने प्रेमी को रिझाने व मनाने के लिए, कभी गा कर तो कभी नाचकर मानते हैं। वैसे ही हम देवी-देवता के सामने पूजा के दौरान भजन, कीर्तन, ढोल-मंजीरे आदि से उन्हें मानते-रिझाते हैं। उसी मस्ती में हम गाते-झूमते भी हैं, कभी उन्हें माला पहनाते हैं तो कभी सुस्वादु से सुस्वादु भोजन, मिठाई का नैवेद्य भी परोसते हैं।

शीश नवाते, भाव मुद्राये भी दिखाते हैं। इतना ही नहीं अधिक से अधिक प्रसन्न करने के लिए हर संभव प्रयास करते हैं।

देवी देवता के प्रति साधक का समर्पण का यही भाव पूजा में प्रतीक के रूप में विभिन्न सामग्रीयों का उपयोग करता हुआ, आराध्य के चरणों में एक-एक कर सब कुछ समर्पित कर देता हैं यह समर्पण का भाव साधक में नई ऊर्जा का संचार तो करता ही हैं साथ में पूजा पाठ से घर में शांति का वातावरण स्थापित हो जाता हैं और परिवार के सदस्यों के दुःख व क्लेश दूर जाते हैं व हमारे पारिवारिक जनों को मन की शांति मिलती हैं। घर की नकारात्मक ऊर्जये दूर भागती हैं और सकारात्मक ऊर्जये घर में प्रवेश करती हैं। घर में तीनों तरह की बृद्धियाँ होती हैं जैसे- धन वृद्धि, वंश वृद्धि, यश वृद्धि। अंत में समस्त कामनाओं की पूर्ति कर मोक्ष प्रदान कर देते हैं।

भगवान श्री कृष्ण ने गीता में कहा हैं कि-

श्लोक-

'पत्रं, पुष्पं, फलं, तोयं यो मे भक्त्या प्रयच्छति तदहं भक्त्युपहृतमश्नामि प्रयतात्मनः।

भगवान कृष्ण कहते हैं कि जो कोई भक्त मेरे लिए प्रेम से पत्र, पुष्प, फल, जल आदि अर्पण करता हैं, उस भक्त, शुद्ध बुद्धि निष्काम प्रेमी का प्रेमपूर्वक अर्पण किया हुआ वह पत्र-पुष्पादि मैं सगुण रूप में प्रकट होकर प्रीति सहीत ग्रहण करता हूँ।

गीता का निम्नलिखित श्लोक हैं, जिसमें 'यज्ञ' शब्द की एक व्यापक व्याख्या नज़र आती हैं।

श्लोक -

यज्ञार्थात्कर्मणोऽन्यत्र लोकोऽयं कर्मबन्धनः।

तदर्थं कर्म कौन्तेय मुक्तसंगः समाचर ।।

भगवान कृष्ण अर्जुन को समझाते हुए कहते हैं कि जो तू ऐसा समझता हैं कि बंधनकारक होने के कारण कर्म नहीं करना चाहिए तो यह समझना तेरी भूल हैं क्योंकि

यज्ञार्थ कर्म ईश्वरार्थ कर्मों को कहते हैं। ये कर्म तेरी किसी सांसारिक इच्छापूर्ति के लिए किए जाने वाले कोई कर्म-कांड न होकर इस जन्म में तेरे हीस्से में आए कर्तव्य कर्म हैं। जिन्हें तुझे निष्काम भाव से आसक्ति रहीत होकर करना हैं। वे कर्म बंधनकारक नहीं होंगे बल्कि मुक्तिदायक होंगे।

पूजा, प्रार्थना, आराधना, उपासना, भक्ति और साधना में क्या अंतर हैं ?

भक्त-गण या साधक गण प्रतिदिन (रोज / daily) ही पूजा, प्रार्थना, आराधना, उपासना, भक्ति और साधना करते हैं किन्तु अधिकतर इनके बीच का अंतर किसी को पता नहीं होता हैं। साधक प्रतिदिन की पूजा को ही साधना समझ लेते हैं तो कुछ साधक भक्ति को साधना मान लेते हैं, तो कुछ साधक प्रार्थना को साधना समझ लेते हैं तो कुछ वास्तव में साधना करते हैं। पूजा, प्रार्थना, आराधना, उपासना और साधना में बहुत अंतर होता हैं इसी तरह सिद्धि, साधना और सिद्ध व्यक्ति में बड़ा अंतर होता हैं। हर मंत्र जप करने वाला साधक नहीं होता, हर साधक सिद्ध नहीं होता और हर मंत्र जप करने वाले को सिद्धि नहीं मिलती। जिसे सिद्धि मिली वह साधक हो ज़रुरी नहीं या जिसे सिद्धि मिली वह भी सिद्ध हो गया बिलकुल भी ज़रुरी नहीं हैं। जिन बातों को सामान्य व्यक्ति नहीं समझता उसे बड़े-बड़े मांत्रिक, तांत्रिक और साधना जगत से जुड़े लोग या पंडित भी नहीं समझते। बिना इन्हें जाने समझे आप बड़े भ्रम में रहते हैं और इनसे मिलने वाले लाभों से वंचित रहते हैं। अतः हम यहाँ सूक्ष्म अंतर को समझेंगे जिससे हमें अधिक सफलता में सहायता प्राप्त हों।

पूजा - सबसे पहले तो आप पूजा को समझिये, पूजा वह प्रक्रिया हैं जिसमें किसी भी देवी-देवता को उसकी ऊर्जा के अनुकूल पदार्थों के साथ पूजन करते हुए देवी-देवता को ऊर्जा दी जाती हैं अर्थात प्रसन्न करने की कोशिश होती हैं ताकि उसकी ऊर्जा से आपको लाभ प्राप्त हो सके। इसमें अक्षत, तिल, जल, विशेष फूल, विशेष फल, विशेष नैवेद्य अथवा अनुकूल पदार्थ अर्पित किये जाते हैं ताकि उसकी ऊर्जा के अनुकूल पदार्थों से उसकी पूजा स्थल पर ऊर्जा बढ़े, उस स्थान पर ऊर्जा उत्पन्न हो, उस ऊर्जा से आपको

लाभ प्राप्त हो। पूजा पदार्थों के साथ दैवीय उपचार हैं।

प्रार्थना और आराधना – प्रार्थना वह प्रक्रिया हैं जिसमें आप अपने हृदय और मनोभाव से, अपनी भाषा में किसी दैवीय शक्ति से अपनी इच्छा और मनोकामना कहते हैं। यहाँ भाव, श्रद्धा, आतंरिक जुड़ाव और तन्मयता मुख्य शक्ति होती हैं जो की दैवीय शक्ति को आकर्षित (ला आफ अट्रेक्शन) करती हैं। प्रार्थना और आराधना में विशिष्ट मार्गदर्शन ज़रुरी नहीं होता। आराधना में देवी-देवता के भजन, चालीसा पाठ आदि आते हैं जो भी सरल तम रूप से किये जा सकें और जिनमें बीज मंत्र, शपथ आदि न हों। आराधना में स्वरुप, कार्य और गुणों का बखान करते हुए देवता से अपने ऊपर कृपा करने की कामना व्यक्त की जाती हैं। इसकी मुख्य शक्ति भक्ति और श्रद्धा होती हैं।

उपासना - उपासना में आप किसी भी शक्ति के स्तोत्र, कवच, सहस्त्रनाम, हृदय स्तोत्र आदि का पाठ करते हैं। इसमें पूजा सम्मिलित होती हैं और संकल्प आवश्यक अंग हो जाता हैं। इस प्रक्रिया में आप देवता से सुरक्षा के साथ उसकी विभिन्न नामों, गुणों, बीज मंत्रो के साथ प्रशंसा करते हुए मनोकामना पूर्ति की इच्छा व्यक्त करते हैं।

साधना - दैवीय शक्ति की कृपा पाने का सबसे शक्तिशाली माध्यम साधना हैं किन्तु अधिकतर को तो यही नहीं पता होता की वास्तव में साधना कहते किसको हैं। लोग कहते हैं कि वह अमुक शक्ति को, अमुक देवता को साध रहे हैं, उनकी साधना कर रहे। आप अपने घर में किसी पारिवारिक सदस्य को तो साध ही नहीं पाते हैं, जो आपकी प्रत्येक बात मान ही ले, फिर आप देवी-देवता को क्या साधोगे। एक सबसे छोटी शक्ति भूत को सिद्ध करने में कई महीने लग जाते हैं वह भी आप उसे साधते नहीं, उसे वचन बद्ध करते हैं। पहले यह जान लो प्रसन्न करने के बाद देवी-देवता को साधना आसान नहीं होता हैं। ऐसा नहीं की कोई देवी-देवता को साध नहीं सकता, पर वह स्थिति बहुत बाद में आती हैं। पहले तो साधना उसे ही कहा जाता हैं जब खुद को साधा जाता हैं ताकि कोई देवी देवता आपसे जुड़े, अर्थात खुद को ऐसा बनाया जाता हैं की कोई शक्ति आपको अनुकूल पाकर आपसे जुड़े, इसे ही साधना कहते हैं। मतलब आप खुद को साधते हैं

विशेष देवी देवता के अनुकूल खुद को बनाकर। वैसे तो देवी देवताओं के भी कई स्तर होते हैं जो उनकी शक्ति और ऊर्जा के आधार पर बने हैं जिनमें कुछ को उच्च स्तर के साधक साध लेते हैं किन्तु सामान्यतया जिसे कहते हैं कि देवी-देवता को साध रहे वह वास्तव में देवी-देवी को न साध उनकी ऊर्जा का नियंत्रण होता हैं अपने उद्देश्य के अनुसार, उसी देवता को उसी समय कोई और भी साध रहा हो, हो सकता हैं, तो मतलब हैं एक ही देवता की ऊर्जा को कई लोग सिद्ध कर सकते हैं अर्थात देवता को नहीं साधा जाता, सामान्यतया उनकी ऊर्जा के एक छोटे से अंश को साधा जाता हैं अपने को उसके अनुकूल करके।

आशा हैं यहाँ आप पूजा, प्रार्थना, आराधना, उपासना और साधना का अर्थ समझ गए होंगे?

देवी-देवता की पूजा में अनिवार्य बातें

पूजा तो सभी साधक करते हैं परन्तु अज्ञानता वस या जानकारी न होने के कारण साधक गण कई गलतियाँ करते रहते हैं जिसके कारण उन्हें साधना का लाभ नहीं मिल पाता तथा नकारात्मक शक्तियाँ पूजा को ग्रहण कर साधक का जीवन क्लेश से भर देती हैं यदि हम पूजा में इन नियमों का पालन करते हैं तो उसी पूजा पाठ का हमे अत्यधिक फल प्राप्त होता हैं तथा नकारात्मक शक्तियाँ भाग जाती हैं, नियम का वर्णन हम लिख रहे हैं जो निम्न प्रकार हैं-

साधक के नियम

१- देव / देवी की दैनिक पूजा हमेशा स्नान के बाद पवित्र भाव एवं प्रसन्न मन से करना चाहिए।

२- गृहस्थ को पूजा हमेशा पूर्व या उत्तर या ईशान कोण की ओर मुँह करके करनी चाहिए, हो सके तो सुबह 4 से 8 बजे के बीच में करें।

३- हमेशा हमें शुद्ध एवं पवित्र भूमि पर आसन बिछाकर साधना करनी चाहिए, पूजा जमीन पर ऊनी आसन पर बैठकर ही करनी चाहिए, बगैर आसन के नहीं करना चाहिए।

४- देव / देवी की दैनिक पूजा को हमेशा एक निश्चित समय और एक निश्चित स्थान पर करना चाहिए।

५- पूजा करते समय कभी भी हमारी पीठ देवी-देवता की तरफ नहीं होनी चाहिए।

६- देवी-देवताओं का पूजन दिन में पांच बार करना चाहिए। सुबह 4 से 6 बजे तक ब्रह्म बेला में प्रथम पूजन और आरती होनी चाहिए। प्रातः: 9 से 10 बजे तक द्वितीय पूजन और आरती होनी चाहिए, मध्याह्न में तीसरा पूजन और आरती, फिर शयन करा देना चाहिए शाम को चार से पांच बजे तक चौथा पूजन और आरती होनी चाहिए, रात्रि में 8 से 9 बजे तक पाँचवा पूजन और आरती, फिर शयन करा देना चाहिए।

७- देवी-देवताओं पूजन नित्य कर्म हैं। प्रतिदिन त्रिकाल (प्रातःकाल, मध्याह्न तथा सूर्यास्त के उपरांत) षोडशोपचार (सोलह उपचारों से) पूजा करें। यदि ऐसा त्रिकाल करना संभव न हो तो प्रातः षोडशोपचार पूजन करें तथा दोपहर और सूर्यास्त के उपरांत पंचोपचार पूजन करें। त्रिकाल पूजन करना संभव न हो तो सवेरे न्यूनतम एक बार पूजन करें। षोडशोपचार तथा पंचोपचार पूजन असंभव हो, तो चंदन और पुष्प के दो उपचारों से पूजन करें। धर्मशास्त्र में इस प्रकार विकल्प दिए गए हैं। इसका उद्देश्य यह हैं कि किसी भी स्थिति में उपासक द्वारा देवता पूजन होता रहे।

८- साधक आराध्य के पूजन से सकारात्मक शक्ति को ग्रहण करता हैं। साधक में विद्यमान रज-तम की मात्रा घटकर चैतन्य का स्तर बढ़ता हैं। देवता की दैनिक पूजन की सात्त्विक तरंगें (pulses) दिन भर वातावरण की सात्त्विकता बढ़ाने में सहायक होती हैं। उसकी यही चैतन्य शक्ति स्वयम् के साथ-साथ उसके सम्पर्क में आने वाले साधको को भी शांति प्रदान करती हैं।

९- शास्त्रो में देवता के त्रिकाल पूजन का उपदेश होते हुए भी, कलियुग में केवल सवेरे के पूजन के प्रचलन के विविध कारण 'पूर्वकाल' सात्त्विक था, इसलिए त्रिकाल पूजन कर दिन भर के तीन प्रहरों में होनेवाली ब्रह्मांड की रज-तमात्मक ऊत्सर्जनात्मक धारणा को नष्ट कर वायुमण्डल शुद्ध रखना संभव था; परंतु अब कलियुग में सात्त्विक का लोप हो

गया हैं । इसलिए कर्मकांड की भांति धर्म के सर्व आचारों का पालन करना असंभव हो गया हैं । अतः न्यूनतम सवेरे के समय भावपूर्वक पूजा कर देवता से प्रक्षेपित चैतन्य वास्तु में बनाए रखने हेतु प्रतिपादित हैं । कलियुग में मानव ने सर्व देव-धर्म छोडना आरंभ कर दिया हैं। इसलिए संतों ने न्यूनतम प्रातःकाल तो पूजा करने की शिक्षा दी हैं।

१०- दैनिक पूजा में देव / देवी की सुबह-शाम आरती करनी चाहिए, यदि संभव हो तो आप पांच बार भी कर सकते हैं । अगर सम्भव न हो तो दिन भर में कम से कम एक बार अवश्य आरती करनी चाहिए।

११- कपूर का एक छोटा-सा टुकड़ा घर में नित्य अवश्य जलाना चाहिए, जिससे वातावरण अधिकाधिक शुद्ध हो वातावरण में धनात्मक ऊर्जा बढ़े।

साधक के हीतार्थ नियम, वचन

१- तांबे के पात्र में चंदन नहीं रखना चाहिए और न ही पतला चंदन देवी-देवताओं को लगाएँ।

२- देव / देवी के लिए जलाए जाने वाले दीपक के नीचे चावल अवश्य रखने चाहिए।

३- पूजा के दौरान कभी भी दीपक से दीपक नहीं जलाना चाहिए।

४- प्रतिदिन पंचदेव–सूर्य, श्री गणेश, दुर्गा, शिव जी एवं श्री विष्णु भगवान की पूजा अवश्य करें।

५- पूजा घर में नियम बना लें, सुबह और शाम को (जब दिन मिल रहे हों) तो घंटी जरूर बजाएँ और अगर आप घंटी बजाने के बाद भगवान के आगे एक गायत्री मंत्र अवश्य करें। अगर वहाँ नकारात्मकता हैं, कोई भी दोष हैं तो वह दूर हो जायेगा।

६- शंख का पानी शंकर भगवान को नहीं चढ़ता हैं। शंखासूर को भगवान शिव ने मार गिराया था। शंख को चावल नहीं अर्पण करना हैं।

७- पूजा-पाठ में शंख बजाने से वातावरण पवित्र होता हैं जहाँ तक इसकी आवाज जाती हैं। वहाँ तक की सकारात्मक ऊर्जा आकर्षित होती हैं नकारात्मक ऊर्जायन स्थान छोड़कर भाग जाती हैं। अतः प्रतिदिन पूजा घर में शंख अवश्य बजाना चाहिए।

८- दक्षिणावर्त शंख जिस घर में होता हैं, उसमें साक्षात लक्ष्मी एवं शांति का वास होता हैं वहाँ मंगल ही मंगल होते हैं पूजा स्थान पर दो शंख नहीं होने चाहिए।

९- यदि आप शंख की पूजा करते हैं और उसमें पानी भरना हैं तो कभी भी डुबाकर नहीं भरना चाहिए, ऐसा करने से पूजा का कार्य सिद्ध नहीं होता। शंख में आचमनी द्वारा ही जल डालें।

१०- पूजा में यदि शंख की पूजा करते हैं, तो उसे अनाज की ढेरी पर रखना चाहिए, या किसी आसन पर स्थान दें, तभी शंख की कृपा प्राप्त होगी।

११- शंख को कभी भी पृथ्वी पर नहीं रखना चाहिए।

१२- जप करनेवाली माला को बिना गोमुखी के खुले में जप नहीं करना चाहिए। यदि बिना गोमुखी के जप होगा तो उसका फल भूत-प्रेतों को प्राप्त होगा।

१३- आरती हमेशा खड़े होकर करें और सबसे पहले उसे अपने आराध्य के चरणों की तरफ चार बार, इसके बाद नाभि की तरफ दो बार और अंत में एक बार मुख की तरफ घुमाएँ। ऐसा कुल सात बार करें, आरती करने के बाद आरती की थाली के ऊपर घड़ी की दिशा में (क्लॉक वाइज) एक बार घुमा कर जल की कुछ बूँदे जमीन पर छोड़ दे।

१४- लोटा में बचे जल को प्रसाद स्वरूप उपस्थित साधक / भक्त पर छिड़कें।

१५- आरती हमेशा दोनों हाथ से उसे ग्रहण करें।

१६- प्रतिदिन की पूजा में मनोकामना की सफलता के लिए दक्षिणा अवश्य चढ़ानी चाहिए। दक्षिणा में अपने दोष, दुर्गुणों को छोड़ने का संकल्प लें, अवश्य सफलता मिलेगी और मनोकामना पूर्ण होगी। यदि संभव हो तो किसी मंदिर में उक्त दक्षिणा पहुँचा दे य किसी कन्या, योग्य ब्राह्मण को दे देना चाहिए।

१७- पूजा के बाद जब पूजा करके खड़े हों, तब आसन के नीचे जल की दो बूँद डालकर

ॐ शक्राय नमः

ॐ इन्द्राय नमः

कहकर उन बूँदों को माथे से लगाकर फिर आसन के नीचे की भूमि को प्रणाम करके खड़ा होना चाहिए। यदि ऐसा नहीं किया तो आपके पूजा-पाठ, जप आदि का फल देवराज इंद्र ले जाते हैं।

१८- पूजा-अर्चना होने के बाद नमस्कार के उपरांत देवता के चारों ओर परिक्रमा करें। परिक्रमा के लिए स्थान न हो तो अपने आसन पर ही खड़े होकर उसी जगह तीन बार घूम जाएँ।

१९- विष्णु की चार, गणेश की तीन, सूर्य की सात, दुर्गा की एक एवं शिव जी की आधी परिक्रमा की जाती हैं।

२०- मंत्र का उच्चारण कर पुष्प, अक्षत देवता को अर्पित करें।

२१- फूलों को कभी तोड़ कर नहीं चढ़ाना चाहिए। कुछ लोग एक फूल के बहुत से टुकड़े करके चढ़ाते हैं, ऐसा भूल कर भी नहीं करें। यदि ऐसा किया तो पूजा में दोष लगेगा।

२२- पूजा में हमसे जाने-अनजान में हुई गलतियों व कमियों के लिए अंत में देवता से क्षमा मांगें और पूजा में हमसे जाने-अनजान में हुई गलतियों व कमियों के लिए अंत में देवता से क्षमा मांगें और पूजा की समाप्ति करें।

२३- घर के मंदिर में की हुई पूजा सामग्री या अगरबत्ती की राख को क्या करना चाहीये?

आप उनका विसर्जन कर सकते हैं क्यों की अगरबत्ती / धूप वायु तत्त्व रूप की आराधना हैं और उसमे से गंध रूपी फल निकल चूका हैं। तो वह आपके देवता द्वारा ग्रहण किया जा चुका हैं अभी उस को आप किसी भी अच्छी जगह पर विसर्जित कर सकते हैं। जहाँ किसी के पैर न पड़े या बहते हुए जल में विसर्जित कर दे तो अति उत्तम हैं।

घर के मंदिर के नियम (यदि घर में संभव हो तो, यही नियम विधिवत मंदिरो के लिए हैं)

१- मन्दिर के सभामण्डप में यथास्थान-मध्य या अग्निक्षेत्र में यथोचित विधि से हवन-कुण्ड, वेदी आदि बनाना चाहिए। (यदि घर में संभव हो तो, यही नियम विधिवत मंदिरो के लिए हैं)

२- घर के या ग्राम मंदिरो में सेरेमिक टाईल व अप्राकृतिक तरीके फर्श को पक्का नहीं करना चाहिए। फर्श पक्का करने के लिए पत्थर, संगमरमर, सफेद रंग का ग्रेनाइट, पर्ल व्हाइट ग्रेनाइट, आदि का उपयोग श्रेष्ठ होता हैं। (वास्तु शास्त्र अनुसार)

३- घर के या ग्राम मंदिरो में रंग (पेंट) करते समय देवी / देवता के अनुकूल रंगों का चुनाव किया जाना चाहिए जैसे-लाल, पीला, हरा, सुनेहरा, केसरिया, सफेद इत्यादि। काला, नीला, धूम्र रंग से कभी भी रंग नहीं करना चाहिए। (वास्तु शास्त्र अनुसार)

४- हवन-कुण्ड में मेखला, योनि आदि का यथोचित ध्यान रखना ज़रुरी हैं। (द्रष्टव्य-शारदातिलक, वशिष्ठसंहीता, अग्निपुराण अध्याय 24 सम्पूर्ण) ।

मूर्ति पूजा में अनिवार्य सावधानिया

१- गृहस्थ को घर में ज्यादा बडी मूर्ति रखना उचित नहीं हैं। बडी मूर्ति मन्दिरों में ही स्थापित हो सकती हैं, घरों में कदापि नहीं। अधिक बडी मूर्ति रखकर पाप का भागी बनना पड़ता हैं। क्योंकि जगह की पवित्रता व आकार अनुसार उनकी सेवा आदि की व्यवस्था संभव नहीं हो पाती हैं।

२- मूर्ति के आकार के अनुसार उसकी पूजा-अर्चना का विधान हैं मूर्ति के स्वरूप के अनुसार अगर पूजा पाठ की व्यवस्था नहीं हो पाती तो साधक पाप का भागी होता हैं।

३- गृहस्थ को पूजा घर में मूर्तियाँ १, ३, ५, ७, ९ इंच तक की होनी चाहिए, या जो साधक हैं उसके अपने अंगुल से आठ अंगुल तक की मूर्ति रखना उचित हैं।

४- मूर्ति के आकार के कारण आराध्य का तेज स्वरूप तत्व विधमान होता हैं तथा पूजादि संस्कारों के कारण उसमें विद्यमान तत्व जागृत होता हैं। पूजा के कृत्यों में भाव हो, तो मूर्ति में विद्यमान तत्व बढ़ता जाता हैं।

५- शिव की मानवाकृति मूर्ति नहीं बनानी (या स्थापित) चाहिए; किन्तु अर्धनारीश्वर,

वा हरिश्वर कृति दायी जा सकती हैं।

६- शिवलिंग (अरघा और लिंग) (तांत्रिक विवेचना-योनि-लिंग) का ही पूजन होना चाहिए। लिंग अनेक प्रकार के कहे गये हैं। अग्निपुराण में देवशिल्पी विश्वकर्मा के कथनानुसार १४, ४२० प्रकार के लिंग होते हैं। यथा-वाण, नर्मदेश्वर आदि। शिवलिंग का अरघा निश्चित रूप से उत्तराभिमुख ही होना चाहिए, यानी शिवलिंग पर अर्पित जलादि गिर कर उत्तर की ओर ही जाये। सुविधानुसार इस जल-प्रवाह को कुछ आगे बढ़ने के बाद अन्य दिशाओं में भी मोडा जा सकता हैं। (द्रष्टव्य-अग्निपुराण, शिवपुराण, श्री विद्यार्णव तन्त्रम्, शैवागम्, संमरागणसूत्रधार) ।

७- शिव मन्दिर में नन्दीश्वर की मूर्ति भी अत्यावश्यक हैं।

८- गणेश जी की मूर्ति दक्षिण-वाम (सूढ़ का घुमाव) भेद से दो तरह का होता हैं। दोनों का अपने आप में अलग-अलग महत्त्व हैं।

९- गणेश जी की स्थापना घर में करनी हो तो दाई ओर घुमी हुई सूंड वाले गणेश जी शुभ होते हैं। दाई ओर घुमी हुई सूंड वाले गणेश जी सिद्धिविनायक कह लाते हैं।

१०- सिद्धि विनायक मंदिर में दाई ओर सूंड वाली मूर्त हैं इसीलिए इस मंदिर की आस्था और आय आज शिखर पर हैं।

११- घर के मुख्य द्वार पर भी गणेश जी की मूर्ति या तस्वीर लगाना शुभ होता हैं। यहाँ बाई ओर घुमी हुई सूंड वाले गणेशजी की स्थापना करना चाहिए। बाई ओर घुमी हुई सूंड वाले गणेश जी विघ्नविनाशक कह लाते हैं। जब हम कहीं बाहर जाते हैं तो कई प्रकार की बलाएँ, विपदाएँ या नेगेटिव ऐनर्जी हमारे साथ आ जाती हैं। घर में प्रवेश करने से पहले जब हम विघ्नविनाशक गणेश जी के दर्शन करते हैं तो इसके प्रभाव से यह सभी नेगेटिव ऐनर्जी वहीं रुक जाती हैं व हमारे साथ घर में प्रवेश नहीं कर पाती हैं।

१२- खड़े हुए गणेश जी, सरस्वती जी, लक्ष्मी जी की मूर्तियाँ घर में नहीं होनी चाहिए।

१३- शिव-परिवार में कार्तिकेय की मूर्ति अपने वाहन-मयूर पर आरुढ़ हों तो अधिक अच्छा हैं।

१४- सूर्य की मानवाकृति मूर्ति वनी हो तो सप्त हय (घोड़ों) से युक्त रथारुड़ (बैठे हुए) स्वरुप की ही स्थापना करें, जिसमें मूर्ति के "पाद भाग" (पैर का हीस्सा) दिखाई नहीं देना चाहिए। इनकी मण्डलाकृति भी स्वीकार हैं, किन्तु मण्डल में सिर्फ सप्त रश्मियाँ उत्कीर्ण हों न कि श्मश्रु (मूंछ) युक्त मुखमण्डल।

१५- चण्डी की मूर्ति बीस वा दस भुजाओं वाली होनी चाहिए, जिनके हाथों में विविध आयुध धारित हों।

१६- दुर्गा की मूर्ति अठारह वा सोलह भुजाओं वाली बनायी जाय। (द्रष्टव्य- मन्त्रमहार्णव, तन्त्रसमुच्चय, अग्निपुराण-५० वां अध्याय) १६-श्री गणेश जी या देवी की प्रतिमा तीन तीन, शिवलिंग दो, शालिग्राम दो, दो सूर्य प्रतिमा, दो गोमती चक्र दो की संख्या में कदापि न रखें अपने मंदिर में सिर्फ प्रतिष्ठित मूर्ति ही रखें।

१७- हम देव / देवी की एक से अधिक मूर्ति या प्रतिमा रखते हैं तो उसका हमारे जीवन में व्यापक बुरा परिणाम देखने को मिलता हैं क्योंकि हम सभी मूर्तियों का तो विधि विधान से पूजा करते नहीं हैं सिर्फ घर के मंदिर में ही रखी प्रधान मूर्ति की पूजा अर्चना करते हैं परिणाम स्वरूप देव / देवी की बाकी मूर्तियों या प्रतिमाओं की अवहेलना हम जाने अनजाने करते रहते हैं जिससे कि देव / देवी हम पर कुपित रहते हैं और बुरा फल प्रदान करते हैं। अब जब देव / देवी ही कुपित हो गये तो जाहीर हैं देवो से सम्बन्धित गृह भी बुरे फल प्रदान करने लगते हैं इसके फलस्वरूप हमारे जीवन के सभी सुख चैन और समृद्धियाँ खत्म होने लगती हैं। इसलिए जीवन में देव / देवी एक स्वरूप की एक ही मूर्ति रखे।

१८- काँच, लकड़ी एवं फ़ाइबर की मूर्तियाँ न रखें एवं खण्डित, जलीकटी फोटो और टूटा काँच तुरंत हटा दें, यह अमंगलकारक हैं एवं इनसे विपत्तियों का आगमन होता हैं।

१९- कुछ साधक गण भगवान की मूर्ति गिफ्ट में दे देते हैं जिसको आप उपहार में प्रतिमा दे रहे हैं हो सकता हैं वह व्यक्ति उस मूर्ति की अच्छी तरह से पूजा-पाठ ना करे। इसलिए किसी को गिफ्ट में देने से खुद को ही दोष लगता हैं।

देव / देवी पूजन कब नहीं करना चाहिए ?

१- साधक को बिना स्नान किए, मैथुन के बाद तथा मादक पदार्थ सेवन उपरांत पूजन आदि शुभ कर्म नहीं करना चाहिए।

२- सूतक अर्थात् जननाशौच एवं मरणाशौच

जननाशौच- घर में संतान होने पर परिवार वालों को लगनेवाला अशौच दस दिनों तक अशौच रहता हैं ग्याहरवें दिन शुद्धि कर पूजा की जा सकती हैं । प्रसूतिका (माता) 40 दिन तक अशौच रहता हैं इकतालीस दिन के उपरांत ही पूजा कर सकती हैं।

मरणाशौच- मृत्यु के समय परिवार वालों को लगनेवाला अशौच १२ दिनों तक अशौच रहता हैं सूतक लगने पर कर्ता १२ वें दिन के उपरांत ही पूजा कर सकता हैं।

३- **रजस्वला स्त्री** - स्त्री को जब तक मासिक रजस्राव होता रहे तब तक देवता पूजन एवं माला जप न करें; परंतु मानसिक पूजा एवं जप अवश्य करें। मानसिक जप भी प्रणव (ॐ) के बिना करे।

घर में रजस्वला स्त्री हो तो स्त्री को उस कक्ष में नहीं जाना चाहिए जहाँ पूजा घर स्थापित हो, इस परिस्थित में घर के पुरुष को स्नानोपरांत पूजा अर्चन करना चाहिए।

स्थान के अभाव में यदि पूजा घर दूसरे कक्ष में रखना संभव न हो, तो चार दिन (स्त्री का रजोकाल समाप्त होने तक) पूजाघर को पट से (परदे से) ढककर रखें ।

विशिष्ट कारण से इस प्रकार पूजाघर को ढककर रखना अनुचित नहीं हैं। वैष्णव संप्रदाय के मंदिरों में भी 'भगवान स्नान कर रहे हैं, भगवान सो रहे हैं'आदि कारणों से भगवान की मूर्ति पट से (परदे से) ढककर रखने की पद्धति हैं। यह एक प्रकार से भगवान के लिए अलग कक्ष बनाने समान ही हैं।

गर्भवती होने के बाद शिवजी की पूजा करने के लिए इसलिए मना किया जाता हैं क्योंकि मान्यता यह हैं कि अगर गर्भवती महीला की परछाई भगवान शिव पर पड़ती हैं, तो भगवान शिव का शरीर भारी हो जाता हैं। भगवान शिव के पास मौजूद उनके सर्प की आंखें धुंधली हो जाती हैं। इसलिए हमारे यहां गर्भवती महीला को भगवान शिव के पास

जाने और पूजा करने की मनाही हैं।

ब्रह्मवैवर्त पुराण की एक कथा के अनुसार

एक शिवालय में एक गर्भवती शिवभक्ति में मग्न थी, तब उसे जब दो नागों ने उनको अकारण परेशान और दुःखी किया, तो गर्भस्थ शिशु ने नागवंश को शाप दिया कि आज के बाद नाग-नागिन, सर्प-सर्पिणी किसी गर्भवती को देखते ही अन्धे हो जायेंगे।

तभी से ऐसी मान्यता हैं कि कोई भी नाग/नागिन गर्भवती स्त्री को देख लेता हैं, तो दृष्टिहीन (अन्धा) हो जाता हैं।

एक धारणा यह भी हैं कि गर्भवती स्त्री को स्वप्न में भी नाग दिखाई नहीं देते।

ये ही गर्भस्थ शिशु श्री गोगाजी देव, श्री तेजा जी देव, कुँअर बाबा, जहरवीर के नाम से प्रसिद्ध हुए। राजस्थान में इनके अनेक मन्दिर हैं।

पूजा न करने का कारण

रजोकाल में स्त्री के रजोगुण में वृद्धि होती हैं तथा उसके अस्तित्व के कारण वातावरण एक प्रकार से अपवित्र बन जाता हैं । संपूर्ण वास्तु राजसिक स्पंदनों से दूषित होती हैं । देवता की मूर्ति पर भी राजसिक स्पंदनों का आवरण आता हैं । उपरोक्त कारणों से चार दिन देवता पूजन न करें; परंतु मानसपूजा अवश्य करें । पांचवें दिन घर में गोमूत्र (उपलब्ध न हो तो विभूति का जल) छिडककर तथा धूप दिखाकर वास्तुशुद्धि करें । तदुपरांत सदैव की भांति देवता पूजन आरंभ करें ।

अगर अज्ञानतावश पाँचवें छठे दिन भी मासिक स्राव जारी रहने पर देवी/देव् पूजन अथवा संतदर्शन कर लिया हो या इसी प्रकार की और कोई गलती हो गयी हो तो उसके प्रायश्चित के लिए 'ऋषि पंचमी' (गुरु पंचमी) का व्रत करना चाहिए।

गृह समीप बृक्ष विचार

वृक्षा दुग्धसकण्टकाश्च फलिनस्त्याज्या गृहाद्दूरतः, शस्ते चम्पकपाटले च कदली जाती तथा केतकी।

यामादूर्ध्वमशेषवृक्षसुरजा छाया न शस्ता गृहे, पार्श्वे कस्य हरेरवीशपुरतो जैनानु चण्ड्याः

कचित्।।

अर्थात् दुग्धवाले, कांटेवाले और फूलवाले वृक्ष (पादप नहीं) किसी भी भवन के समीप अच्छे नहीं होते। पुनः कहते हैं- चम्पा, गुलाब, केला, जाती (चमेली), केतकी के पौधे समीप में अच्छे होते हैं। प्रसंगवश छाया विचार पर भी प्रकाश डालते हैं- एक पहर दिन के बाद किसी वृक्ष की छाया गृह पर पड़ना अच्छा नहीं होता। पुनःएक और नियम का संकेत देते हैं कि ब्रह्मा के मन्दिर के बगल में, विष्णु शिव, और सूर्य मन्दिर के सामने, जैन मन्दिर के पीछे और देवी मन्दिर के किसी भी दिशा में गृहवास अशुभ हैं।

अब निषिद्ध वृक्षों के दुष्परिणाम को दर्शाते हैं-

सदुग्धवृक्षा द्रविणस्य नाशं कुर्वन्ति ते कण्टकिनोऽरिभीतिम्। प्रजाविनाशं फलिनः समीपे गृहस्य वर्ज्याः कलधौतपुष्पाः।। (वास्तुराज.१-२९)

अर्थात् दुग्धवाले वृक्ष धननाश, कांटेवाले वृक्ष शत्रुभय, और फूलवाले वृक्ष सन्तति नाश करते हैं। विशेष कर पीत पुष्प गृहसमीप शुभ नहीं हैं। (ध्यातव्य हैं कि यहाँ वृक्ष की बात कही जा रही हैं, पादप (छोटे पौधे) की नहीं। इसे यों समझे कि चम्पा शुभ हैं, परन्तु कटहली चम्पा अशुभ हैं। चम्पा लघुकाय होता हैं, जबकि कटहली चम्पा विशाल वृक्ष होता हैं। इस नियम के अनुसार गुलैची आदि भी अशुभ ही कहे जायेंगे। वास्तुराजवल्लभ १-३०,एवं वास्तुरत्नाकर ६-४२ में अन्य बातों के साथ-साथ वृक्ष छेदन निषेध का निर्देश करते हैं।

यथादुष्टोभूतनिषेवितोऽपि विटपी नोच्छिद्यते शक्तितस्तद्द्विल्वशमी त्वशोकवकुलौ पुन्नागसच्चम्पकौ। द्राक्षापुष्पकमण्डपं च तिलकान्कृष्णां वपेद्दाडिमीं सौम्यादेः शुभदः कपित्थकवटावौदुम्बराश्वत्थकौ।।

अर्थात् दुष्ट (निषिद्ध) एवं भूत-प्रेतादि आश्रित वृक्षों को धड़ल्ले से काट देना भी उचित नहीं हैं। (अभिप्राय हैं कि सम्यक् बलिविधान से ही छेदन करे, तथा आश्रित भूतादि को अन्यत्र (दूरस्थ) स्थान देदे)।

पुनः कहते हैं- बेल, शमी, अशोक, वकुल, चम्पा, पुन्नाग, चन्दन, अनार, कृष्णा

(पिप्पली), द्राक्षा (अंगूर), अन्य पुष्पलतायें आदि लगाना अतिशुभ हैं। घर से उत्तर में कैथ, पूरब में वट, पश्चिम में पीपल, दक्षिण में उदुम्बर (गूलर) लगाना शुभ हैं। अग्निपुराण २४२-१, २ में धन्वन्तरि-सुश्रुत संवाद में आम के अतिरिक्त अन्य कांटेदार वृक्ष भी दक्षिण दिशा में शुभ कहे गये हैं। वहीं आगे इनके रोपण का काल,मुहूर्त आदि भी वर्णित हैं।

2. देव-देवी के स्वागत व्यवस्था

देव-देवी के स्वागत

देव-देवी के स्वागत व्यवस्था का अर्थ हैं कि देवी-देव् की प्रकृति के आधार पर आतिथ्य, सत्कार अर्थात देवी-देवता को बिशिष्ट मेहमान के बराबर/समतुल्य समुचित व्यवस्था करना, उनकी देखभाल करना तथा उसे सुरक्षित महसूस कराना व विभन्न उपचारो से पूजन करना होता हैं, तथा उसकी मेजबानी के अंत में अगले मंगल कार्य का निमंत्रण प्रदान करना होता हैं।

आतिथ्य, सत्कार के निम्न चरण हैं

१. स्थान शुद्धि

२. साज सज्जा

३. पूजा स्थल एवं दर्भासिन

४. पूजन सामग्री

५. विभन्न उपचारो से पूजन

६. अगले मंगल कार्य निमंत्रण प्रदान करना

स्थान शुद्धि- जहां पूजा की जाती हैं उसे पूजा स्थल कहा जाता हैं, पूजा स्थल भूमि वर्गाकार या आयताकर होना चाहिए। साधना के लिए जिस स्थान का प्रयोग किया जाना हो, वह गंदा या अपवित्र नहीं हो, बल्कि शुद्ध होना चाहिए। इसके लिए उस स्थान को पहले पानी से साफ़ करे तथा बाद में गाय के गोबर या हल्दी से लीपकर या गंगा जल व गुलाबजल छिड़क कर शुद्ध कर लेना चाहिए।

साज सज्जा- पूजा स्थल व घर को वंदनवार, द्वार तोरण और फूलों से सजाया जाना स्वागत हैं। प्रवेश द्वार पर विशिष्ट आकृतियाँ (फूल-पत्ते, मांगलिक कलश, नारियल, आदि) अवश्य बनानी चाहिए। बहुत से लोग आम के पत्तों और गेंदा के फूलों से भी दरवाजे को

सजाते हैं। इसके साथ आधुनिक जीवन में विभिन्न प्रकार की रंगोली सजाने और दीवारों के क्षेत्र को विशिष्ट डिजाइनों का उपयोग कर सजाया जाने लगा हैं।

चित्र २. १ बंदनवार

बंदनवार –

बंदनवार - विशेष पत्तों और अन्य चीज़ों से बनी यह एक झालर होती हैं जिसे घर के मुख्य द्वार पर सजाया जाता हैं। इसे बहुत ही शुभ माना जाता हैं। किसी भी पर्व, त्योहार या मांगलिक कार्य में इसे घर की चौखट पर ज़रूर लटकाना चाहिए। फिर अगले मंगल कार्य तक इसे हटाना नहीं चाहिए। बंदनवार पूजा-अनुष्ठान के दौरान देव-देवी के आग्रह करने वाली वस्तुओं में से एक हैं।

घर का मुख्य द्वार एक ऐसा स्थान होता हैं जहां से आपकी खुशियों की और खुशियों के आगमन के लिए जिम्मेदार हैं आपके घर के मुख्य द्वार जहां से आपके घर में सकारात्मक / नकारात्मक ऊर्जा का प्रवेश भी होता हैं। यदि मुख्य द्वार साफ सुथरा, दोषरहीत और सजा हुआ हो तो यह घर के सदस्यों के जीवन में सुख, समृद्धि और शांति के द्वार खोलता हैं। भारतीय परंपरा में लोग त्योहारों और मांगलिक अवसरों पर अपने घर के द्वार पर वंदनवार लगाते हैं। मुख्य द्वार पर पर फूल पत्तों की वंदनवार लगाने से देव /

देवी गण इनकी भीनी-भीनी सुगंध से आकर्षित होकर घर में प्रवेश करते हैं। इसके अलावा घर के मुख्य द्वार पर वंदनवार लगाने से घर में सकारात्मक ऊर्जा का प्रवेश होता हैं।

पूजा-अनुष्ठान के दौरान घर के प्रवेश द्वार पर आम या अशोक के ताज़े हरे पत्तों की बंदनवार लगाई जाती हैं। इससे घर में नकारात्मक या बुरी शक्तियां प्रवेश नहीं करतीं। पूजा-अनुष्ठान के दौरान देव-देवी के साथ तामसिक शक्तियां भी घर में प्रवेश करती हैं, लेकिन मुख्यद्वार पर बंदनवार लगी होने के कारण तामसिक शक्तियां घर के बाहर ही रहती हैं। जिससे घर-परिवार में एकता और शांति बनी रहती हैं।

आम के पत्तो की बंदनवार

घर के मुख्य द्वार पर आम के पत्तों का बंदनवार लगाने से वंशवृद्धि और घर में खुशहाली बनी रहती हैं। लोग केवल मुख्य त्योहार और शुभ अवसर पर ही बंदनवार लगाते हैं लेकिन इसे हमेशा बांधकर रखना शुभफलदायी रहता हैं।

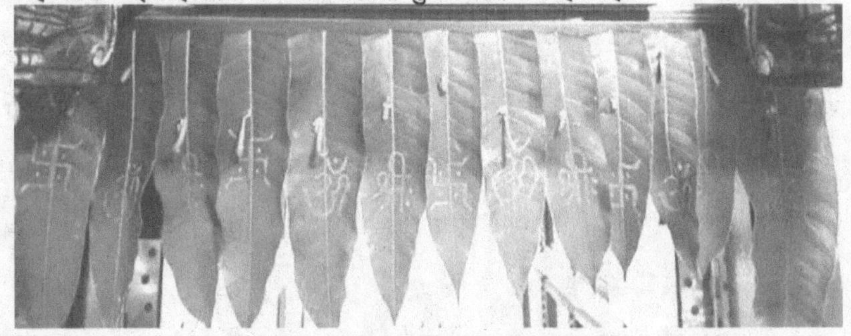

चित्र २. २ आम के पत्तो की बंदनवार

अशोक की पत्तियों का बंदनवार –

घर के मुख्यद्वार पर अशोक की पत्तियों का बंदनवार लगाने से वास्तु दोष का निवारण हो जाता हैं। घर में नकारात्मक ऊर्जा का प्रवेश नहीं हो पाता हैं और सकारात्मकता में बढ़ोतरी होती हैं।

चित्र २. ३ अशोक की पत्तियों का बंदनवार

पीली कौड़ी या सीप की बंदनवार –

पीली कौड़ी या सीप की बंदनवार लगाने से घर में किसी भी प्रकार की नकारात्मक ऊर्जा का प्रभाव नहीं होता हैं। कौड़ी और सीप ये दोनों ही चीजें माँलक्ष्मी को बहुत प्रिय हैं। कौड़ी और सीप की बंदनवार लगाने से घर पर माँलक्ष्मी की कृपा बनी रहती हैं और घर में सुख-समृद्धि आती हैं। घर की धन संबंधी समस्या को दूर कर देता हैं। इससे निकलने वाली सकारात्मक ऊर्जा माँलक्ष्मी को आपके घर आने के लिए आकर्षित करती हैं।

चित्र २.४ पीली कौड़ी की बंदनवार

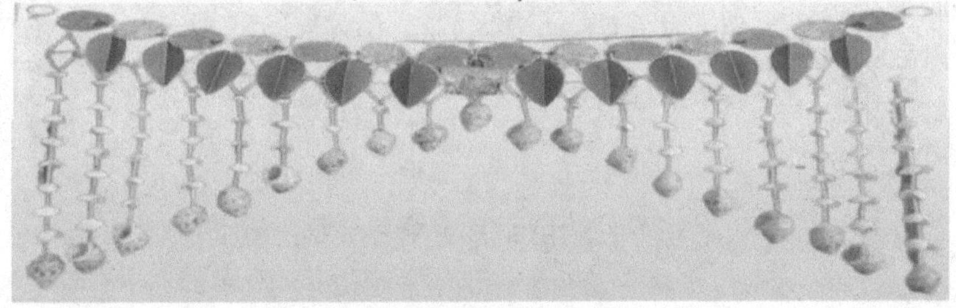

चित्र २.५ सीप की बंदनवार

नारियल के रेशों से बना बंदनवार –

घर का कर्ज बढ़ जाए या घर में सभी बीमार रहने लगे तो नारियल के रेशों से बना बंदनवार लगाना चाहिए। वंदनवार को घर की शुभता का प्रतीक भी माना जाता हैं। कहा जाता हैं कि जिस घर के दरवाजे पर वंदनवार लगा होता हैं वहां देवता का वास होता हैं। उस घर की सुख शांति को कभी किसी की नजर नहीं लगती हैं।

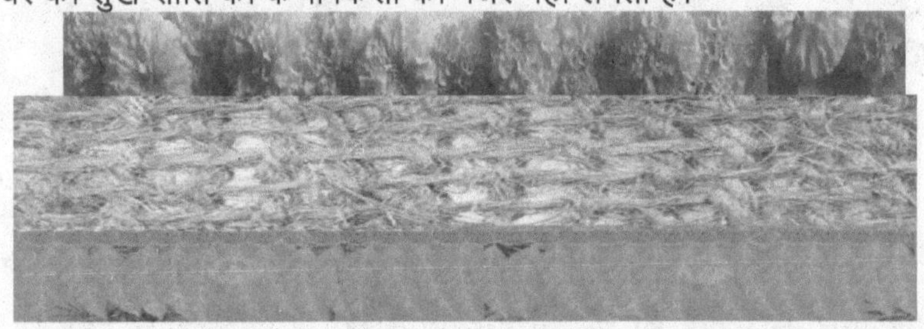

चित्र २.६ नारियल के रेशों से बना वंदनवार

गेंदे के फूल से बनी बंदनवार –

गेंदे के फूलों से बनी बंदनवार लगाने से घर का मुख्य दरवाजा बहुत ही खूबसूरत लगने लगता हैं। गेंदे के फूलों की महक से पूरा घर महकता हैं और घर में सकारात्मक ऊर्जा बनी रहती हैं। गेंदे के फूल, यह वास्तव में एक फूल नहीं बल्कि छोटे-छोटे फूलों का एक गुच्छा हैं। गेंदे के फूल को आम के पत्तों के तोरण के साथ द्वार पर लगाने से सकारात्मकता घर में आती हैं।

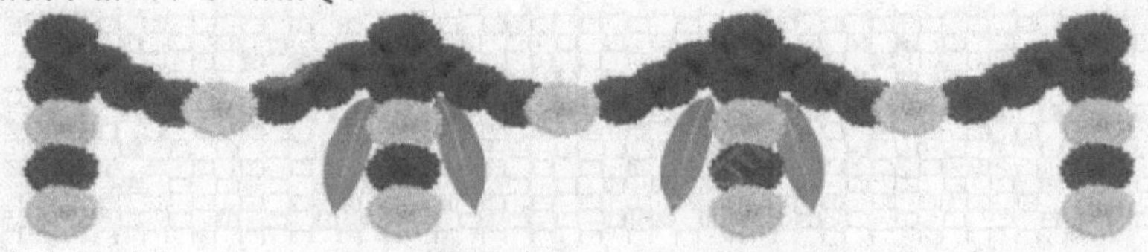

चित्र २.७ गेंदे के फूल से बनी बंदनवार

स्वास्तिक –

स्वास्तिक घर के मुख्यदार पर सिंदूर से बनाया जाना वाला स्वास्तिक बहुत ही मंगलकारी हैं, स्वास्तिक का अर्थ होता हैं - कल्याण या मंगल करने वाला । स्वास्तिक एक विशेष तरह की आकृति हैं, यह भगवान् गणेश का रूप भी माना जाता हैं जिसे किसी भी कार्य को करने से पहले बनाया जाता हैं। यह चारों दिशाओं से शुभ और मंगल चीजों को अपनी तरफ आकर्षित करता हैं इसका प्रयोग करने से व्यक्ति को सम्पन्नता, समृद्धि और एकाग्रता की प्राप्ति होती हैं । इतना ही नहीं घर में धन के आने के रास्तो को खोलता हैं। ये स्वास्तिक बहुत ही मंगलकारी हैं, मुख्यद्वार पर इसे बनाने से घर में देवी देवताओ का भी प्रवेश होता हैं इसलिए इसे घर के मुख्य द्वार पर बनाना बेहद शुभ माना गया हैं।

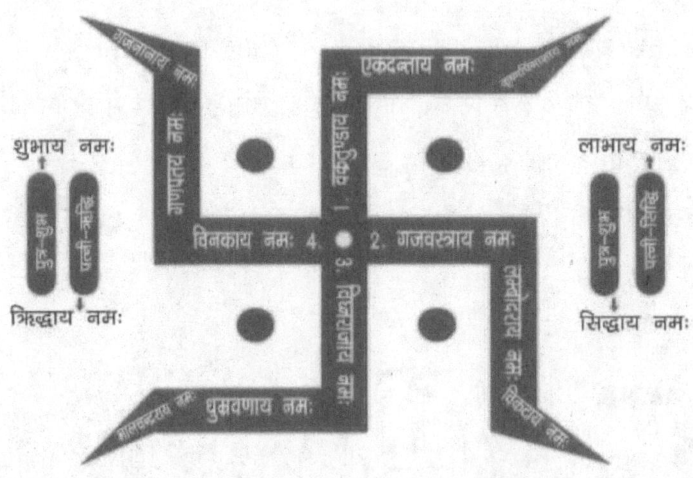

चित्र २.८ स्वास्तिक का प्रयोग

स्वास्तिक का प्रयोग कैसे करें-

१- स्वास्तिक के बिना पूजा का शुभारंभ नहीं होता हैं ।

२- स्वास्तिक की रेखाएं कोण बिलकुल सही होने चाहिए।

३- भूलकर भी उलटे स्वास्तिक का निर्माण और प्रयोग न करें।

४- लाल और पीले रंग के स्वास्तिक ही सर्वश्रेष्ठ होते हैं ।

५- स्वास्तिक चिन्ह को चंदन, कुमकुम अथवा सिंदूर से बनाने पर ग्रह दोष दूर होतें हैं।

६- स्वास्तिक घर की जिस भी दिशा में बनाया जाता हैं, वहां पर सकारात्मक ऊर्जा 100 गुना तक बढ़ जाती हैं।

७- पूजा के स्थान, पढाई के स्थान और वाहन में अपने सामने स्वास्तिक बनाने से लाभ मिलता हैं।

स्वास्तिक का वैज्ञानिक महत्व

१- आपने स्वास्तिक सही तरीके से बनाया हुआ हैं तो उसमें से ढेर सारी सकारात्मक ऊर्जा निकलती हैं।

२- यह ऊर्जा वस्तु या व्यक्ति की रक्षा, सुरक्षा करने में मददगार होती हैं।

३- स्वास्तिक की ऊर्जा का अगर घर, अस्पताल या दैनिक जीवन में प्रयोग किया जाय तो व्यक्ति रोगमुक्त और चिंता मुक्त रह सकता हैं ।

४- गलत तरीके से प्रयोग किया गया स्वास्तिक भयंकर समस्याएं भी पैदा कर सकता हैं।

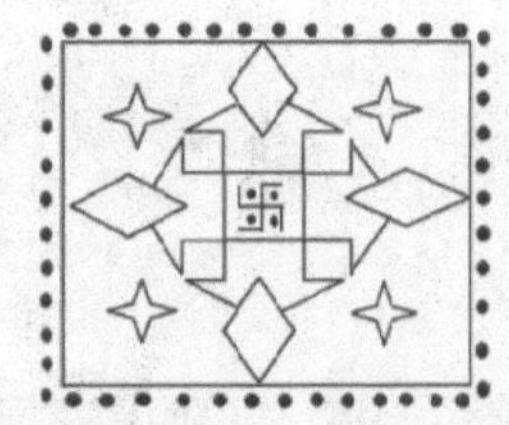

चित्र २.९ स्वास्तिक का प्रयोग

चित्र २. १० स्वास्तिक चौक

चौक (रंगोली) –

जब हम देव पूजन, यज्ञ, विवाह आदि शुभ कार्य करते हैं, शुभ कार्य के शुभ अवसर पर देवी / देवता के स्वागत के लिए अलग-अलग रंगों से चौक (रंगोली) बनाई जाती हैं। बिना चौक के भगवान को आपकी की पूजा ग्रहण नहीं होती हैं अतः सभी मांगलिक कार्यक्रमों में चौक अवश्य पूरा जाता हैं। चौक (रंगोली) आटा से तरह-तरह की आकृतियाँ बनाई जाती हैं। इन आकृतियों पर हल्दी और कुमकुम आदि से सजाया जाता हैं। फिर पाट पर देवी / देवता को स्थापित किया जाता हैं या उनका आह्वान किया जाता हैं।

चौक (रंगोली) का उद्देश्य-

चौक (रंगोली) बनाने का उद्देश्य देवी-देवता का आह्वान कर उन्हे आसन प्रदान करना होता हैं रंगोली शब्द संस्कृत के एक शब्द 'रंगावली' से लिया गया हैं। इसे अल्पना भी कहा जाता हैं। रंगोली सिर्फ त्योहारों पर ही नहीं, बल्कि शुभ अवसरों जैसे पूजा, हवन, गृह प्रवेश और विवाह आदि में भी रंगोली सजाई जाती हैं। मानव की भावनाओं से इस लोककला का सीधा सम्बन्ध रहा हैं इसलिए परम्परागत रूप से बनती चली आ रही हैं। चौक पूरनों में मांगलिक चौक, कल्याणकारी चौक, संस्कार चौक, व्रत-त्योहार चौक अनिवार्य रूप से बनाते हैं। रंगोली से देवी देवता प्रसन्न होते हैं साथ मेहमानों को भी सजावट अच्छी लगती हैं। इसके साथ ही सुख-समृद्धि, सौन्दर्य व शुभता के लिए बनाया जाता हैं

चौक (रंगोली) पूरना -

चौक-पूरना शब्द का अर्थ हैं जमीन (फर्श) को गेहू के आटे , हल्दी, रोली और चावल के आटे का उपयोग करके मांगलिक कला कृति (विशिष्ट डिजाइनों का उपयोग करना) निर्माण करना हैं इसलिए जमीन को गाय के गोबर से लीपा जाता हैं आजकल जमीन को पक्का करा दिया जाता हैं थोड़ा गाय के गोबर से लीपना उचित होता हैं अगर उपलब्ध न तो हल्दी से लीपकर जगह को पवित्र कर लेना चाहिए, उपरांत चौक पूरा जाता हैं। जिसे गेरू, सूखा आटा (गेहूं व चावल), हल्दी, अहपन (पीसे हुए चावल का घोल), फूलों, गाय के

गोबर आदि के माध्यम से बनाते हैं चौक आटा से तरह-तरह की मांगलिक आकृतियाँ बनाई जाती हैं। इन आकृतियों पर हल्दी फूल, पत्तियाँ, रोली, कुमकुम और रंगों आदि से सजाया जाता हैं। फिर चौक पर लकड़ी का पाट रखा जाता हैं। पाट पर देवी / देवता के आह्वान के बाद विराजमान होते हैं सत्यनारायण भगवान की कथा के दिन आटे से चौक पूरन की परम्परा आज भी हैं। अतः सभी मांगलिक कार्यक्रमों में चौक अवश्य पूरा जाता हैं। इसे घर की महीला व कर्मकाण्डी पुरोहीत जी बनाते हैं। चौक को कभी भी केमिकल युक्त पदार्थ से नहीं बनाना चाहिए सदैव शुद्ध और प्रकार्तिक बस्तुयों का इस्तमाल करके बनावे।

चौक-पूरना शब्द का अर्थ हैं जमीन (फर्श) को गेहू के आटे , हल्दी, रोली और चावल के आटे का उपयोग करके मांगलिक कला कृति (विशिष्ट डिजाइनों का उपयोग करना) निर्माण करना हैं इसलिए जमीन को गाय के गोबर से लीपा जाता हैं आजकल जमीन को पक्का करा दिया जाता हैं थोड़ा गाय के गोबर से लीपना उचित होता हैं अगर उपलब्ध न तो हल्दी से लीपकर जगह को पवित्र कर लेना चाहिए, उपरांत चौक पूरा जाता हैं। जिसे गेरू, सूखा आटा (गेहूं व चावल), हल्दी, अहपन (पीसे हुए चावल का घोल), फूलों, गाय के गोबर आदि के माध्यम से बनाते हैं चौक आटा से तरह-तरह की मांगलिक आकृतियाँ बनाई जाती हैं। इन आकृतियों पर हल्दी फूल, पत्तियाँ, रोली, कुमकुम और रंगों आदि से सजाया जाता हैं। फिर चौक पर लकड़ी का पाट रखा जाता हैं। पाट पर देवी / देवता के आह्वान के बाद विराजमान होते हैं सत्यनारायण भगवान की कथा के दिन आटे से चौक पूरन की परम्परा आज भी हैं। अतः सभी मांगलिक कार्यक्रमों में चौक अवश्य पूरा जाता हैं। इसे घर की महीला व कर्मकाण्डी पुरोहीत जी बनाते हैं। चौक को कभी भी केमिकल युक्त पदार्थ से नहीं बनाना चाहिए सदैव शुद्ध और प्रकार्तिक बस्तुयों का इस्तमाल करके बनावे।

विभिन्न प्रांतों की रंगोली

रंगोली को भारत में विभिन्न नामों से जाना जाता हैं, उत्तर प्रदेश में चौक पूरना, राजस्थान में मांडना, बिहार में अरिपन, बंगाल में अल्पना, महाराष्ट्र में रंगोली, कर्नाटक में रंगवल्ली, तमिलनाडु में कोल्लम, उत्तरांचल में ऐपण, आंध्र प्रदेश में मुग्गु या मुग्गुलु, हीमाचल प्रदेश में 'अद्दूपना', कुमाऊँ में लिखथाप या थापा, तो केरल में कोलम। विभिन्न प्रांतों

की रंगोली द्वार पर, रंगोली बनाकर स्वास्थ्य, समृद्धि और सौभाग्य की कामना की जाती हैं। यह परंपरा उत्तरप्रदेश और बिहार में बड़े पैमाने पर निभाई जाती हैं। रंगोली आधुनिक समय में भी एक महत्वपूर्ण स्थान रखती हैं। आदर्श रूप से रंगोली का सजावट आसानी से करने के लिए प्रेरित करता हैं। आजकल लोग सोशल मीडिया पर रंगोली की तस्वीरें शेयर करते हैं और इसे अपने घर में और अपने समुदाय में एक आदर्श विचार के रूप में बनाने के लिए प्रेरित करते हैं। इसे लोग भ्रम मुक्त रखने और अपने घरों में समृद्धि और खुशी को आमंत्रित करने के लिए एक जीवन शैली के रूप में देखते हैं।

चित्र २.११ स्वास्तिक-मांगलिक चौक

चौक प्रतीक-

चौक में स्वास्तिक, चरण, कलश, कमल, शंख, सूर्य, चन्द्र, सप्त-कमल, अष्ट-कमल

आदि प्रतीक बनाए जाते हैं जो दार्शनिक दृष्टि से महत्वपूर्ण हैं जैसे- कलश को शरीर व उसमें भरा जल जीवन रस का प्रातीक हैं तथा लक्ष्मी से भी सम्बन्धित माना जाता हैं। किसी भी शुभ अवसर या मंगलिक कार्यों में कलश स्थापना अवश्य की जाती हैं इसलिए मंगल का भी प्रतीक माना जाता हैं।

कमल (अष्टदल कमल) चौक

शुभ अवसर पर आठ पंखुडियों वाला कमल (अष्टदल कमल) चौक अधिकतर पूरा जाता हैं। इसे सार्वभौमिक चिन्ह (universal symbol) के रूप में जाना जाता हैं । यह आठ दिशाओं, आठ सिद्धियों और देवी लक्ष्मी के आठ रूपों का प्रतीक हैं । इसलिये यह चौक स्थिर लक्ष्मी दिलाने वाला हैं।

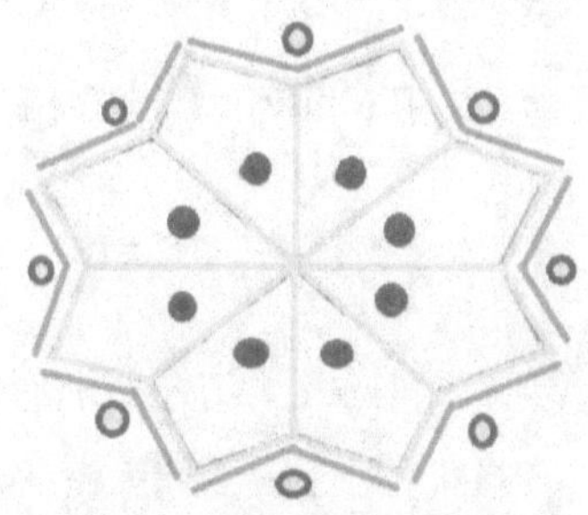

चित्र २. १२ मांगलिक कमल

(अष्टदल कमल) चौक

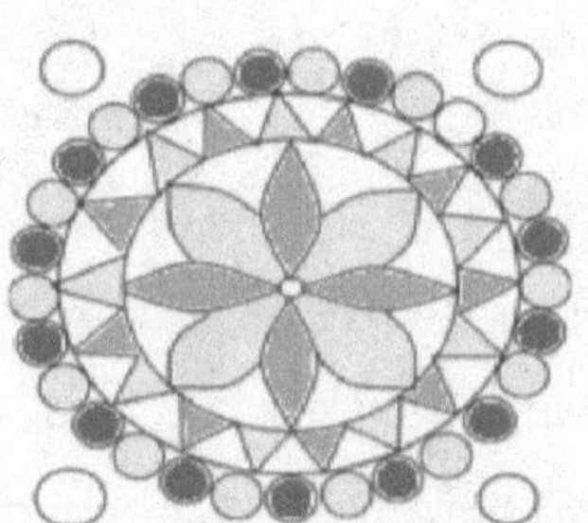

चित्र २.१३ कमल (अष्टदल कमल)

चित्र २.१४ स्वास्तिक चौक

अष्टदल कमल चौक को अत्यंत पवित्र और महत्वपूर्ण माना गया हैं, क्योंकि यह साक्षात महालक्ष्मी का प्रतीक हैं। ग्रंथों के अनुसार अष्टदल कमल में माँलक्ष्मी अपने आठ स्वरूपों में विराजमान रहती हैं। इसलिए जहां भी अष्टदल कमल होता हैं वहां सुख, संपन्नता, पैसा, वैभव, संपत्ति स्वत: खिंची चली आती हैं। अष्टदल कमल देवी लक्ष्मी को अत्यंत प्रिय हैं। विष्णु पुराण में स्वयं माँलक्ष्मी ने कहा हैं कि इस कमल में मैं स्वयं अपने

जीवंत स्वरूप में विद्यमान हूं। इसकी पूजा करने से श्रीसूक्त और कनकधारा स्तोत्र के लाखों पाठ करने के समान फल मिलता हैं।

विशेष -अष्टदल कमल के कारण उस स्थान पर शक्ति के स्पंदनों (puls) की उत्पत्ति होती हैं । ये शक्ति के स्पंदन सर्व दिशाओं में प्रक्षेपित होते हैं । इस प्रकार पूर्ण पात्र में बना अष्टदल कमल यंत्र के समान कार्य करता हैं । पूर्णपात्र में बनाए अष्टदल कमल पर सर्व देवताओं की स्थापना करते हैं। कलश में श्री वरुणदेवता का आवाहन कर उनका पूजन करते हैं। तदुपरांत पूर्ण पात्र में बनाए अष्टदल कमल पर आवाहन किए गए देवता तत्त्वों का पूजन करते हैं।

चौक को कभी भी केमिकल युक्त पदार्थ से नहीं बनाना चाहिए सदैव शुद्ध और प्रकार्तिक बस्तुयों का इस्तमाल करके बनावे। देव विसर्जन के उपरांत चौक को सुहागिन स्त्री या कन्या हाथ से जलमार्जन कर, चौक के सामान को उठाकर किसी ऐसे स्थान पर रख देना चाहिए जहां चींटी आदि खा सके कभी भी चौक के सामान को पैर नहीं लगने देना चाहिए।

पूजन सामग्री

देवी-देवता और उनकी आराधन की वस्तुएं-सामग्री- घर या मंदिर में पूजा करने के लिए कुछ विशेष सामग्री का होना जरूरी हैं। उन सभी को मिलाकर ही पूजा की जाती हैं। हालांकि पूजा सामग्री तो बहुत सारी होती हैं, लेकिन यहां शुभ कार्यों में प्रयोग आने वाली व महत्त्व सहित संक्षिप्त रूप से प्रस्तुत हैं-

पंच पल्लव- पीपल, गूलर, अशोक, आम और वट के पत्ते सामूहिक रूप से पंच पल्लव के नाम से जाने जाते हैं।

पंच पुष्प - चमेली, गुलाब, शमी (खेजड़ा), पद्म (कमल) और कनेर के पुष्प सामूहिक रूप से पंच पुष्प के नाम से जाने जाते हैं।

पंच गव्य -भूरी गाय का मूत्र (8 भाग), लाल गाय का गोबर (16 भाग), सफेद गाय का दूध (12 भाग), काली गाय का दही (10 भाग), दो रंग की गाय का घी (8 भाग) का मिश्रण पंचगव्य के नाम से जाना जाता हैं।

पंच गंध -चूर्ण किया हुआ, घिसा हुआ, दाह से खींचा हुआ, रस से मथा हुआ, प्राणी के अंग से पैदा हुआ ये पंच गंध हैं।

पंचामृत- दूध, दही, घी, चीनी (शकर), शहद का मिश्रण पंचामृत के नाम से जाना जाता हैं। पंचामृत का अर्थ पांच प्रकार के अमृत। दूध, दही, शहद, घी व शुद्ध जल के मिश्रण को पंचामृत कहते हैं।

कुछ विद्वान दूध, दही, मधु, घृत और गन्ने के रस से बने द्रव्य को 'पंचामृत कहते हैं और कुछ दूध, दही, घी, शक्कर, शहद को मिलाकर पंचामृत बनाते हैं।

मधूपर्क- मधूपर्क दधिमधुघृतम् अर्थात् मधूपर्क एक पेय पदार्थ हैं मधूपर्क में दही, घी और शहद (Honey) मिलाते हैं, शहद उपलब्ध न होने पर गुड़ का प्रयोग होता हैं। मधूपर्क शहद और दूध का एक सात्विक मिश्रण हैं।

"मधूपर्के दध्यलाभे पयो जलं वा प्रतिनिधिः। मध्वालाभे घृतं गुडो वेत्याश्वलायनः।"

मधूपर्क में दही न मिले तो दूध, या जल ले सकते हैं। मधु न मिले तो घी या गुड़ भी मिलाया जा सकता हैं- ये **महर्षि आश्वलायन** का मत हैं।"

पंचमेवा- काजू, बादाम, किशमिश, छुआरा, खोपरा पंचमेवा के नाम से जाने जाते हैं।

पंचांग- जिस पुस्तक या तालिका में तिथि, वार, नक्षत्र, करण और योग को सम्मिलित रूप से दर्शाया जाता हैं उसे पंचांग कहते हैं।

पूजा के पंच (5) पात्र

सोना, चांदी, पीतल, काँस और तांबे से बने बर्तन पूजा के लिए शुभ माने गए हैं

आचमन – छोटे से तांबे के लोटे या चौड़े मुँह के छोटे गिलाश इस पात्र को आचमन कहते हैं इसमें जल भरकर उसमें तुलसी डालकर हमेशा पूजा स्थल पर रखा जाता हैं। यह जल आचमन का जल

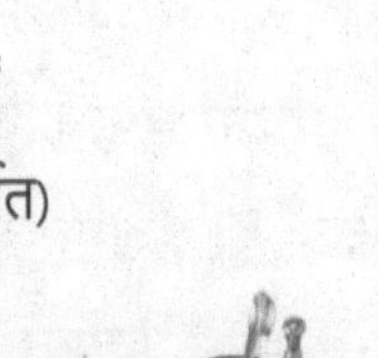

कहलाता हैं। इस जल को तीन बार ग्रहण किया जाता हैं। माना जाता हैं कि ऐसे आचमन करने से पूजा का दोगुना फल मिलता हैं। (चित्र प्रदर्शित)

आचमनी – तांबे की चम्मच को आचमनी कहते हैं। आचमन में रखे जल को तीन बार आचमनी से ग्रहण किया जाता हैं। (चित्र प्रदर्शित)

पूजा की थाल – थाली काँस अथवा ताँबे की हो। वह बड़ी थाली या तश्तरी होती हैंजिसमे मांगलिक चिन्ह स्वास्तिक इत्यादि हल्दी, चन्दन बना लेना चाहिए। जिसमें पूजा की सामग्री रखी जाती हैं। थाली में कुमकुम और चावल को अलग-अलग छोटी कटोरी में रखें। थाली में दीया, अगरबत्ती, धूपबत्ती और मिठाई भी रखें। इसे पूजा की थाली कहते हैं। (चित्र प्रदर्शित)

पूजा का लोटा-

पूजा में कलश पात्र के रूप में प्रयोग किया जाता हैं पूजा के समय शुद्ध जल की आवस्यकता होती हैं इस जल लोटे में भरकर रख लिया जाता हैं और अवस्यक्ता अनुरूप उपयोग किया जाता हैं सूर्य को अर्घ्य देने के लिए भी लोटे का उपयोग किया जाता हैं पूजा के विधान के अनुसार लोटे की साइज निर्धारित करनी चाहिए। (चित्र

प्रदर्शित)

पूजा की कटोरी

पूजा में कलश के ऊपर पूर्ण पात्र के रूप में प्रयोग किया जाता हैं, व आवश्कता अनुरूप उपयोग में लाया जाता हैं। (चित्र प्रदर्शित)

पूजा सामग्री

पाट (चौकी) दर्भासन -

एक ऐसा पटिया जिस पर उक्त सभी सामग्री को रखा जाता हैं। कुल लोग सिंहासन (चौकी, आसन) की तरह पाट बनवा लेते हैं। हालांकि आजकल बाजार में बने बनाए मंदिर आने लगे हैं जिसके अंदर यह सभी सामग्री रखी जा सकती हैं, लेकिन मंदिर और मूर्ति घर में रखना चाहिए या नहीं यह किसी लाल किताब के विशेषज्ञ से पूछकर ही रखें। पाट पर सफेद, पीला या लाल वस्त्र बिझाकर ही उस पर उक्त सामग्री रखी जाती हैं।

पूजन में आसन

भगवान की पूजा किसी भी तरह से की जा सकती हैं। लेकिन सार्थक पूजा के लिए शास्त्र सम्मत आसन विधान की जानकारी होनी आवश्यक हैं। पूजा के लिए आसन का आकार-प्रकार कैसा हो, यह जानना अत्यंत आवश्यक हैं | हमारे महर्षियों के अनुसार जिस स्थान पर प्रभु को बैठाया जाता हैं, उसे दर्भासन कहते हैं और जिस पर स्वयं साधक बैठता हैं, उसे आसन कहते हैं।

कभी भी जमीन पर बैठकर पूजा नहीं करनी चाहिए, ऐसा करने से पूजा का पुण्य भूमि को चला जाता हैं। नंगे पैर पूजा करना भी उचित नहीं हैं। हो सके तो पूजा का आसन व वस्त्र अलग रखने चाहिए जो शुद्ध रहे। प्लास्टिक, लकड़ी की चौकी, घास फूस से बनी चटाई, पत्तों से बने आसन पर बैठकर पूजन भक्त को मानसिक अस्थिरता, बुद्धि विक्षेप, चित्त विभ्रम, उच्चाटन, रोग शोक आदि उत्पन्न करते हैं। अपना आसन किसी को नहीं देने चाहिए, इससे पुण्य क्षय हो जाता हैं।

निम्न आसनों का विशेष महत्व हैं-

कंबल के आसन पर बैठकर पूजा करना सर्वश्रेष्ठ कहा गया हैं। लाल रंग का कंबल माँ भगवती, लक्ष्मी, हनुमानजी आदि की पूजा के लिए तो सर्वोत्तम माना जाता हैं। आसन हमेशा चैकोर होना चाहिए, कंबल के आसन के अभाव में कपड़े का या रेशमी आसन चल सकता हैं।

कुश का आसन: योगियों के लिए यह आसन सर्वश्रेष्ठ हैं। यह कुश नामक घास से बनाया जाता हैं, जो भगवान के शरीर से उत्पन्न हुई हैं। इस पर बैठकर पूजा करने से सर्व सिद्धि मिलती हैं। विशेषतः पिंड श्राद्ध इत्यादि के कार्यों में कुश का आसन सर्वश्रेष्ठ माना गया हैं, स्त्रियों को कुश का आसन प्रयोग में नहीं लाना चाहिए, इससे अनिष्ट हो सकता हैं। किसी भी मंत्र को सिद्ध करने में कुश का आसन सबसे अधिक प्रभावी हैं।

मृग चर्म आसन ब्रह्मचर्य, ज्ञान, वैराग्य, सिद्धि, शांति एवं मोक्ष प्रदान करने वाला सर्वश्रेष्ठ आसन हैं। इस पर बैठकर पूजा करने से सारी इंद्रियां संयमित रहती हैं। कीड़े मकोड़ों, रक्त विकार, वायु-पित्त विकार आदि से साधक की रक्षा करता हैं। यह शारीरिक ऊर्जा भी प्रदान करता हैं।

व्याघ्र चर्म आसन: इस आसन का प्रयोग बड़े-बड़े यति, योगी तथा साधु-महात्मा एवं स्वयं भगवान शंकर करते हैं। यह आसन सात्विक गुण, धन-वैभव, भू-संपदा, पद-प्रतिष्ठा आदि प्रदान करता हैं।

आसन विनियोग- पूजा में आसन विनियोग का विशेष महत्व हैं। आसन पर बैठने से पूर्व आसन का पूजन करना चाहिए या एक चम्मच जल एवं एक फूल आसन के नीचे अवश्य चढ़ाना चाहिए। आसन देवता से यह प्रार्थना करनी चाहिए कि मैं जब तक आपके ऊपर बैठकर पूजा करूं तब तक आप मेरी रक्षा करें तथा मुझे सिद्धि प्रदान करें।

पूजा के बाद अपने आसन को मोड़कर रख देना चाहिए, किसी को प्रयोग के लिए नहीं देना चाहिए।

योगियों की भाषा में यह शरीर भी आसन हैं और प्रभु के भजन

में इसे समर्पित करना सबसे बड़ी पूजा हैं। जैसा देव वैसा भेष वाली बात भक्त को अपने इष्ट के समीप पहुचा देती हैं ।

चंदन -चंदन शांति व शीतलता का प्रतीक हैं। एक चंदन की बट्टी और सिल्ली पूजा स्थल पर रहना चाहिए। चंदन की सुगंध से मन के नकारात्मक विचार समाप्त होते हैं। चंदन को शालग्राम और शिवलिंग पर लगाया जाता हैं। माथे पर चंदन लगाने ने मस्तिष्क शांत भाव में रहता हैं।

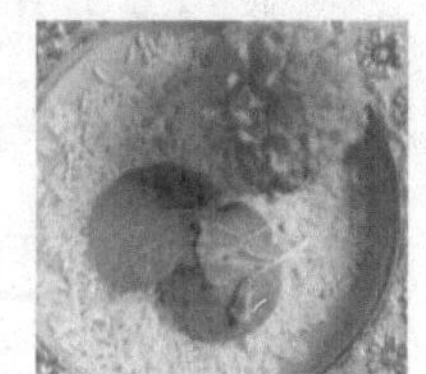

हरि चन्दन के साथ चावल भी केवल विष्णु पूजा या लक्ष्मी-नारायण पूजा के लिए इस्तेमाल करें।तांबे के पात्र में चन्दन अपवित्र हो जाता हैं

अक्षत (चावल) - अत्यंत श्रम से प्राप्त संपन्नता का प्रतीक हैं चावल जिसे अक्षत कहा जाता हैं। अक्षत अर्पित करने का अर्थ यह हैं कि अपने वैभव का उपयोग अपने लिए नहीं, बल्कि मानव की सेवा के लिए करेंगे।

शिव पूजा में कभी भी रंगीन चावल नहीं चढ़ाना चाहिए क्यों के भगवान शिव योगी हैं और उनके पूजा में चन्दन और भस्म के इलावा बाकि सारे रंगीन तिलक के सामग्री बर्जित हैं।

भगवन विष्णु या शालिग्राम जी के पूजा में अक्षत इस्तेमाल करना बर्जित हैं।पर यहाँ पर एक बात ध्यान से समझना बहुत ही जरुरी हैं की शालिग्राम या विष्णु पूजा में 'केवल अक्षत' यानि कोरे अक्षत (चावल) इस्तेमाल नहीं करना चाहिए, चंदन या हल्दी के साथ आप श्री हरी विष्णु को अक्षत अर्पित कर सकते हैं।

पुष्प - पूजा में पुष्प का बड़ा महत्व हैं। देवी या देवता की मूर्ति के समक्ष पुष्पार्पण एक प्रतीक हैं कि जिस तरह कोई फूल अपनी सारी पंखुड़ियों को खोलकर विकसित होता, मुस्कराता हैं, उसी तरह साधक का हृदय भी अपने ईश के समक्ष

खुल जाए। इसका अर्थ हैं कि हम भीतर और बाहर से सुंदर बनें। फूलों के संबंध में कहा गया हैं-

।दैवस्य मस्तकं कुर्यात्कुसुमोपहीतं सदा।

अर्थात- देवता का मस्तक सदैव पुष्प से सुशोभित रहना चाहिए।

"पुष्पैर्देवां प्रसीदन्ति पुष्पै देवाश्च संस्थिता।

न रत्नैर्न सुवर्णेन न वित्तेन च भूरिणा तथा प्रसादमायाति यथा पुष्पैर्जनार्दन॥"

(देवता रत्न, स्वर्ण, द्रव्य, व्रत, तपस्या या अन्य किसी वस्तु से उतने प्रसन्न नहीं होते, जितना पुष्प चढ़ाने से होते हैं।) (चित्र प्रदर्शित)

पूजा में पुष्प अर्पण अति आवश्यक हैं। फूलों की सुगन्ध और सौंदर्य से देवी देवता प्रसन्न होते हैं। भगवान के प्रिय पुष्प अर्पित करने से वे जल्दी प्रसन्न होते हैं और अपने भक्तों को मनोवांछित फल प्रदान करते हैं। सभी देवी देवताओं को अलग अलग फूल पसन्द हैं, साथ ही कुछ फूल नापसन्द भी हैं। इसीलिए पुष्प चयन में विशेष सावधानी बरतनी चाहिए।

१- **गणेश जी** को सभी पुष्प चढ़ाये जा सकते हैं। गणेश जी को लाल पुष्प चढ़ाने से वो अत्यन्त खुश होते हैं। **पद्मपुराण** आचाररत्न में भी लिखा हैं कि 'न तुलस्या गणाधिपम' अर्थात् तुलसी से गणेश जी की पूजा कभी न करें। हरी दुर्वा सर्वाधिक प्रिय हैं।

२- **भगवान विष्णु** को कमल का फूल अतिप्रिय हैं। मालती, मौलश्री, अशोक, चंपा, जूही, कदंब, चमेली, बसंती, केवड़ा, परिजात, तुलसी, दल चढ़ाये जाते हैं। कार्तिक मास में केतकी पुष्प में विष्णु की पूजा करने से विष्णु जी अत्यन्त प्रसन्न होते हैं। लेकिन विष्णुजी पर **आक, धतूरा, शिरीष, सहजन, सेमल, कचनार**, लोध, माधवी, अगस्त्य **और गूलर** आदि फूलों का इस्तेमाल वर्जित माना गया हैं।

३- **शिव जी** को प्रसन्न करने के लिए फूल-आक, शंखपुष्पी, नागकेसर, कनेर, चमेली, मौलसिरा, पलाश, कटेरी, कास, खस, तगर आदि के फूल चढ़ाने से शिव जी प्रसन्न हो जाते हैं। ध्यान रहे कि भगवान शिवजी को **केतकी, केवड़े का फूल और**

तुलसी दल कभी ना चढ़ाएं।

इसके अतिरिक्त भगवान भोलेनाथ को हल्दी न चढ़ाएं, नारियल का पानी भी कभी न चढ़ाएं।

४- **दुर्गाजी** पर वह सभी फूल चढ़ायें जा सकते हैं, जो शिव को चढ़ायें जाते हैं जो शिव को चढ़ाये जाते हैं। इनके अतिरिक्त बेला, लेध, कनेर, अशोक, केवड़ा, अमलतास के फूल भी दुर्गाजी को चढ़ाये जा सकते हैं। ध्यान रहे कि दुर्गाजी पर लाल गुलाब या लाल गुड़हल के पुष्प चढ़ाना श्रेष्ठ हैं। **मदार के फूलों** का प्रयोग अनुचित माना गया हैं। मदार के फूल माता को चढ़ाने से वह क्रोधित हो जाती हैं।

५- **सूर्य नारायण** - इनकी उपासना कुटज के पुष्पों से की जाती हैं। इसके अलावा कनेर, कमल, चंपा, पलाश, आक, अशोक आदि के पुष्प भी इन्हें प्रिय हैं। सूर्य देव की पूजा में **बेलपत्र** का इस्तेमाल वर्जित माना गया हैं।

६- **श्रीकृष्ण का प्रिय फूल** - श्री कृष्ण महाभारत में युधिष्ठिर से कहते हैं- मुझे कुमुद, करवरी, चणक, मालती, पलाश व वनमाला के फूल प्रिय हैं। इनके अतिरिक्त वैजंतीमाला और तुलसीदल अत्याधिक प्रिय होता हैं।

७- **माँ लक्ष्मी** को विशेष रूप से कमल का फूल अर्पित किया जाता हैं । इस फूल को पांच दिनों तक जल छिड़क कर पुन: चढ़ा सकते हैं। धन की देवी को परिजात के फूल अत्याधिक प्रिय हैं इसलिए उनकी पूजा में परिजात के फूल जरूर अर्पण करने चाहिए, इसके अलावा उन्हें पीला फूल और लाल गुलाब चढ़ाकर भी प्रसन्न किया जा सकता हैं।

८- **माँकाली** इनको गुड़हल का फूल बहुत पसंद हैं। मान्यता हैं की इनको 108 लाल गुड़हल के फूल अर्पित करने से मनोकामना पूर्ण होती हैं।

९- **माँसरस्वती** को श्वेत पुष्प प्रिय हैं। बेला, सफ़ेद कमल, पलास, चम्पा के फूल प्रिय हैं। सफेद गुलाब, सफेद कनेर या फिर पीले गेंदे के फूल से भी माँसरस्वती प्रसन्न होती हैं।

१०- **माँबगुलामुखी** देवी को पीले फूल अत्यन्त प्रिय हैं।

११- **श्रीहनुमानजी** को लाल फूल, लाल गुलाब, लाल गेंदा और तुलसीदल बहुत प्रिय होता हैं। लाल पुष्प अर्पित करने से हनुमानजी हर मनोकामना जल्दी से जल्दी पूरी कर देते हैं। हनुमान जी को **कमल का फूल** नहीं चढ़ाना चाहिए।

१२- **शनिदेव प्रिय फूल** - शनिदेव को नीला फूल बहुत ही प्रिय होता हैं।

गेंदे का फूल ही ऐसा फूल हैं जो हर देवी-देवता को प्रिय हैं और किसी भी देवी-देवता को अर्पित किया जा सकता हैं।

कमल को पांच रात, **बिल्वपत्र** को दस रात और **तुलसी** को ग्यारह रात बाद शुद्ध करके पूजन के कार्य में लिया जा सकता हैं।

रोली - यह चुने की लाल बुकनी और हल्दी को मिलाकर बनाई जाती हैं। इसका एक नाम कुंकूम भी हैं। इसे रोज नहीं लगाया जाता। प्रत्येक पूजा में इसे चावल के साथ माथे पर लगाते हैं। इसे शुभ समझा जाता हैं। यह आरोग्य को धारण करता हैं। रक्त वर्ण साहस का भी प्रतीक हैं। रोली को माथे पर नीचे से ऊपर की ओर लगाना अपने गुणों को बढ़ाने की प्रेरणा देता हैं।(चित्र प्रदर्शित)

धूप - धूप सुगंध का विस्तार करती हैं। सुगंध से आपके मन और मस्तिष्क में सकारात्मक भाव और विचारों का जन्म होता हैं। इससे आपके मन और घर का वातारवण शुद्ध और सुगंधित बनता हैं। सुगंध का जीवन में बहुत महत्व हैं। धूप जिसमें जलाते हैं उसका एक अलग से पात्र आता हैं। घर में अगरबत्ती की जगह धूप जलाएं।

अगरबत्ती बांस की बनी होती हैं। शास्त्रों में बांस की लकड़ी जलाना मना हैं फिर भी लोग अगरबत्ती जलाते हैं। यह अगरबत्ती जलाने से पितृदोष लगता हैं। शास्त्रों में पूजन विधान में कहीं भी अगरबत्ती का उल्लेख नहीं मिलता सब जगह **धूप** ही लिखा हुआ

मिलता हैं। अगरबत्ती केमिकल से बनाई जाती हैं भला केमिकल या बांस जलने से भगवान खुश कैसे होंगे? हर्बल धूप लेपित (धूपबत्ती) व जिसमे बांस की लकड़ी का उपयोग न हुआ हो उसको उपयोग में लाया जा सकता हैं।(चित्र प्रदर्शित)

दीप (दीपक) - पारंपरिक दीपक मिट्टी का ही होता हैं। इसमें पांच तत्व हैं मिट्टी, आकाश, जल, अग्नि और वायु। इन पांच तत्वों से ही सृष्टि का निर्माण हुआ हैं। अतः प्रत्येक अनुष्ठान में पंचतत्वों की उपस्थिति अनिवार्य होती हैं। लेकिन पूजा के समय दीपक के कुछ नियम हैं । **आसन विनियोग** के बाद भक्त को सबसे पहले पूर्व या उत्तर की ओर भगवान के सम्मुख दीपक जलाना चाहिए और दीपक जलाते समय यह मंत्र अवश्य बोलना चाहिए-

दीपो ज्योतिः परं ब्रह्मा दीपो ज्योतिर्जनार्दनः ।

दीपो ज्योतिः हरतु मे पापं, दीप ज्योतिःनमोऽस्तुते।

दीप प्रकाश का द्योतक है, और प्रकाश ज्ञान का। परमात्मा से हमें संपूर्ण ज्ञान मिले इसीलिए दीप प्रज्वलन करने की परंपरा है। अतैव, किसी भी पूजा या समारोह का शुभारंभ। समस्त शुभ कार्यों का आरंभ दीप प्रज्वलन से होता है।

दीपक के नियम हैं -

अ. पूजा के समय दीपक को आधार देने के लिए उसके नीचे चावल या जो भी उपलब्ध धान्य हैं रखना चाहिए।

आ. पूजा करते वक्त दो दिये होने चाहिए, एक मुख्य दीपक और एक आरती का दीपक, मुख्य दीपक से आरती नही करणी चाहिए।

इ. एक बार जब मुख्य दिया जलाने के बाद उसे पूजा पुरी होने तक नही हीलाना नही चाहिए।

ई. घर के मंदिर में सुबह एवं शाम को दीपक अवश्य जलाएं ।

उ. एक दीपक घी का और एक दीपक तेल का जलाना चाहिए।

ऊ. दीपक की ज्योती ऐसी होनी चाहिए की चार उंगली के उपर उसका दाह (आंच) नही लगना चाहिए!

ऋ. प्रज्ज्वलित दीपक को देवताओं के सामने बुझाना नहीं चाहिए।

ल. आरती का दिया देवता के पैर से **चार बार**, मध्य से **दो बार** और सिर के उपर से **एक बार** ऐसा सात बार घुमाना चाहिए।

ऍ. दीपक से दीपक को जलाने से प्राणी दरिद्र और रोगी होता हैं।

ऐ. दीपक से धूपबत्ती जलाना भी दरिद्रता का कारक होता हैं।

जल कलश - जल से भरा कलश देवताओं का आसन माना जाता हैं। दरअसल, हम जल को शुद्ध तत्व मानते हैं, जिससे ईश्वर आकृष्ट होते हैं। इसे मंगल कलश भी कहा जाता हैं। एक कांस्य या ताम्र कलश में जल भरकर उसमें कुछ आम के पत्ते डालकर उसके मुख पर नारियल रखा होता हैं। कलश पर रोली, स्वस्तिक का चिह्न बनाकर, उसके गले पर मौली (नाड़ा/कलावा) बांधी जाती हैं। जल कलश में पान और सुपारी भी डालते हैं।(चित्र प्रदर्शित)

कौड़ी -पुराने समय से कुछ ऐसी परंपराएं या उपाय प्रचलित हैं जिन्हें अपनाने पर देवी लक्ष्मी की कृपा प्राप्त होती हैं। पीली कौड़ी को देवी लक्ष्मी का प्रतीक माना जाता हैं। एक-एक पीली कौड़ी को अलग-अलग लाल कपड़े में बांधकर घर में स्थित तिजोरी और जेब में रखने से धन समृद्धि बढ़ती हैं।(चित्र प्रदर्शित)

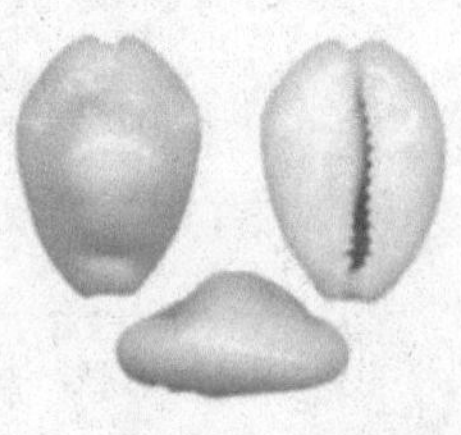

सिक्का- चांदी, तांबे का सिक्का में सात्विक लहरें उत्पन्न करने की क्षमता अन्य धातुओं की अपेक्षा अधिक होती हैं। कलश में उठती हुई लहरें वातावरण में प्रवेश कर जाती हैं। यदि कलश में चांदी, तांबे के पैसे डालते हैं, तो इससे घर में शांति और समृद्धि के द्वार खुलेंगे। देखने में ये उपाय छोटे से जरूर लगते हैं लेकिन इनका असर जबरदस्त होता हैं।(चित्र प्रदर्शित)

गंगा जल- एक तांबे के कलश (बुत) से छोटे लोटे में गंगाजल भरकर अवश्य रखें। कई बार हमें इस जल की आवश्यकता पड़ती हैं। गंगाजल का कलश भी जल कलश की तरह रखें। प्लास्टिक की बोतल में या किसी अपवित्र धातु के बर्तन में गंगाजल नहीं रखना चाहिए। अपवित्र धातु जैसे एल्युमिनियम और लोहे से बने बर्तन में गंगाजल नहीं रखना चाहिए, चर्म पात्र में गंगाजल अपवित्र हो जाता हैं।

हल्दी की गांठ- भगवान विष्णु की पूजा के साथ हल्दी का तिलक लगाने से उनकी कृपा प्राप्त होती हैं। साथ ही दीपावली की उपासना में देवी लक्ष्मी के चरणों में हल्दी की एक गांठ चढ़ाना भी शुभ माना जाता हैं। ऐसा माना जाता हैं कि पूजा के दौरान हल्दी की एक गांठ देवी लक्ष्मी के चरणों में समर्पित करनी चाहिए और फिर इस गांठ को

अपने घर या कार्यालय में रखना शुभ होता हैं। ऐसा करने से माँलक्ष्मी प्रसन्न होती हैं। हल्दी की गांठ का उपयोग करने से गुरु ग्रह (गुरु दोष के उपाय) भी मजबूत होता हैं और संबंधित सभी दोषों से मुक्ति मिल जाती हैं।

यज्ञोपवीत- सूत से बने 'यज्ञोपवीत' या फिर कहें जनेऊ में पवित्र तीन धागे ब्रह्मा, विष्णु और महेश के प्रतीक होते हैं, जनेऊ के तीन धागों में 9 लड़ होती हैं, यह गायत्री मंत्र के तीन चरणों का प्रतीक हैं। यह तीन आश्रमों का प्रतीक हैं। यज्ञोपवीत संस्कार बिना पूजा, पाठ, अथवा व्यापार करना सभी निर्थरक हैं।

कर्पूर- पूजा-पाठ, हवन या यज्ञ अनुष्ठान में **कर्पूर** जलाने के बहुत से आध्यात्मिक लाभ हैं। कपूर सकारात्मकता और शांति का प्रतीक माना हैं और घर से सभी नकारात्मकता को दूर करता हैं। इसे अक्सर आरती के बाद या आरती करते वक्त जलाया जाता हैं।

इत्र की शीशी – पूजा-पाठ, हवन या यज्ञ अनुष्ठान में फूल के साथ इत्र भी अर्पित किया जाता हैं। देवी की पूजा में इत्र का सर्वाधिक प्रयोग किया जाता हैं। लक्ष्मी के चरणों में गुलाब का इत्र लगाएं फिर पूजा के पश्चात् उसी शीशी में से थोड़ा इत्र स्वयं को लगा लें। इसके बाद रोजाना इसी इत्र में से थोड़ा-सा लगा कर, आर्थिक संकट में गुलाब का इत्र आपको इस समस्या से बाहर निकाल सकता हैं। 'हर शुक्रवार को देवी लक्ष्मी के चरणों में गुलाब का इत्र लगाएं। यदि आप ऐसा करेंगे तो धीरे से आपकी आर्थिक दशा सुधरने लगेगी।

नाड़ा/कलावा (मौली) - पूजा के दौरान हाथ पर कलावा बांधने से जीवन में आने वाले संकट से रक्षा होती हैं, कलावा बांधने से ईश्वर की पूर्ण कृपा और आशीष प्राप्त होता हैं। लाल रंग हमेशा ऊर्जा को आकर्षित करता हैं इसलिए मौली बांधने के नियम

i.   पुरुषों और अविवाहीत कन्याओं को दाएं हाथ में कलावा बांधना चाहिए।

ii.   विवाहीत स्त्रियों के लिए बाएं हाथ में कलावा बांधने का नियम हैं।

शहद (मधु) - पूजा की सबसे महत्वपूर्ण चीज़ "पंचामृत" बिना शहद के बन ही नहीं सकती, औषधि में शहद का एक महत्वपूर्ण प्रयोग एक त्वरित बलवर्धक के रूप में किया जाता हैं। यह भगवान शिव को बहुत ही प्रिय हैं।

पान, इलायची (छोटी), लौंग, सुपारी - ग्रंथों में पान की उत्पत्ति अमृत की बूंदों से हुई, जब समुद्र मन्थन हुआ था। पान के पत्ते में सभी देवी-देवताओं का वास होता हैं इसी कारण से हर पूजा-पाठ और अनुष्ठान में पान के पत्ते का इस्तेमाल किया जाता हैं। कहा जाता हैं कि पान के ऊपरी भाग में इंद्रदेव, पान के मध्य भाग में  माँसरस्वती और पान के नीचे वाली हीस्से में माँलक्ष्मी का वास होता हैं। वहीं पान के अंदर के हीस्से में भगवान विष्णु, बाहरी हीस्से में भगवान शिव का स्थान माना जाता हैं। पान के पत्ते में सभी देवी-देवताओं के वास होने के कारण हर एक पूजा में विधि-विधान से इसका प्रयोग शुभ माना जाता हैं। पूजा में पान का प्रयोग सभी प्रकार की सिद्धि प्रदान करने वाला माना गया हैं पान के पत्ते के साथ सुपारी और इलायची, लौंग चढ़ाएं। ईश्वर को नैवैद्य को पान के पत्ते पर रखकर अर्पित करने की प्राचीन परम्परा हैं।

नैवेद्य - देवी-देवताओं को भोज्य प्रदार्थ (द्रव्य) निवेदित करना ही नैवेद्य हैं। सभी प्रकार के भोज्य प्रदार्थ जिसे ग्रहण किया जा सके जो सात्विक हो तथा शरीर को बल प्रदान करने वाले हो जिसमे प्रमुख रूप से शामिल किया जाता हैं जैसे –  दूध - मिश्री, शहद - नारियल, गुड़ - नारियल, फल, मेवे, खीर, पंचामृत, घर में बनी मिठाइयाँ व भोजन में प्रयुक्त पदार्थ इत्यादि।

देवी - देवता को नैवद्य अर्पित करते रहने से आपके जीवन में मधुरता, सौम्यता और सरलता बनी रहेगी। नैवेद्य के पदार्थ बनाते समय मिर्च, नमक और तेल का प्रयोग अल्प मात्रा में करें और घी जैसे सात्विक पदार्थों का प्रयोग अधिक किया जाता हैं। नैवेद्य के लिए सिद्ध (तैयार) की गई थाली में नमक नहीं परोसा जाता हैं नमक की जगह मीठा परोसें।

नैवेद्य समर्पण में सर्वप्रथम इष्ट देवी - देवता से प्रार्थना कर, देवी - देवता के समक्ष भूमि पर जल से चौकोर मण्डल बनाएं तथा उस पर नैवेद्य की थाली रखें उसके बाद थाली के चारों ओर घड़ी की दिशा (क्लॉक वाइज) में एक ही बार जल का मण्डल बनाएं तथा विपरीत दिशा में जल का मण्डल न बनाएं। नैवेद्य निवेदित करते समय ऐसा भाव रखें कि 'हमारे द्वारा अर्पित नैवेद्य देवी - देवता तक पहुंच रहा हैं तथा वह उसे ग्रहण कर रहे हैं।

'पत्रं, पुष्पं, फलं, तोयं यो मे भक्त्या प्रयच्छति

तदहं भक्त्युपहृतमश्रामि प्रयतात्मन:।'

अर्थ - जो कोई भक्त मेरे लिए प्रेम से पत्र, पुष्प, फल, जल आदि अर्पण करता हैं, उस शुद्ध बुद्धि निष्काम प्रेमी का प्रेमपूर्वक अर्पण किया हुआ वह पत्र-पुष्पादि मैं सगुण रूप में प्रकट होकर प्रीति सहीत खाता हूं। -**श्रीकृष्ण**

मण्डल, जिनकी उत्पत्ति सदियों पहले भारत में हुई थी और हिंदू धर्म में इनका बहुत महत्व हैं। मण्डल कला संतुलन और सद्भाव का प्रतिनिधित्व करती हैं। जल, हल्दी, कुमकुम, रोली आदि से चौकोर मण्डल बनाया जा सकता हैं अगर अन्य सामग्री उपलब्ध न हो तो केवल जल से मण्डल का निर्माण करना चाहिए। ऊन व लकड़ी के बने मण्डल स्थायी रूप से प्रयोग में लाये जा सकते हैं लेकिन इनकी साफ सफाई करते रहना चहीये। मण्डल एक क्षेत्र निश्चित करता हैं, तथा नैवेद्य की नकारात्मक शक्तियों व किट पतंगो से रक्षा करता हैं, मानव जीवन और मन के विभिन्न पहलुओं को देवी देवता के समक्ष व्यक्त करता हैं।

नैवेद्य में इसका भी रखे ध्यान

∴ वैदिक परंपरा में ईश्वर को नैवेद्य अर्पित करना बताया हैं। भोग या प्रसाद नहीं।

∴ घर में निर्मित कोई भी खाद्य पदार्थ बनाकर ईश्वर के समक्ष रखने से अन्न का दोष निकल जाता हैं।

∴ भगवान को अर्पित किया कोई पदार्थ या अन्न, जल, मेवा, मिष्ठान को नैवेद्य कहा जाता हैं।

∴ नैवेद्य को हमेशा पान के पत्ते या केले के पत्ते पर रखकर ही लगाना चाहिए। चढ़ाने के बाद यह प्रसाद कहलाता हैं और जब सबको बांटते या वितरित करते हैं, तो यह भोग हो जाता हैं।

∴ भगवान को भोज्य पदार्थ अर्पित करना नैवेद्य कहलाता हैं

∴ भगवान को चढ़ाने के बाद यह प्रसाद कहलाता हैं और जब सबको बांटते या वितरित करते हैं, तो यह भोग हो जाता हैं।

∴ भक्तगण नैवेद्य की जगह प्रसाद या भोग शब्द का उच्चारण करते हैं। इससे घर की बरक्कत नहीं रहती हैं।

∴ स्कंदपुराण के अनुसार- बिना मंत्रों के उच्चारण द्वारा ईश्वर को अर्पित किया गया नैवेद्य घर में दरिद्रता, तनाव देता हैं।

भोग-प्रसाद-नैवेद्य में अंतर -

∴ पूजा के समय जब कोई खाद्य सामग्री देवी-देवताओं के समक्ष प्रस्तुत की जाती हैं तो इसे नैवेद्य कहते हैं।

∴ खाद्य सामग्री देवी-देवताओं के समक्ष प्रस्तुत सामग्री तो वह प्रसाद के रूप में वितरण होती हैं।

∴ पूजा-पाठ या आरती के बाद तुलसीकृत जलामृत व पंचामृत के बाद बांटे जाने वाले पदार्थ को प्रसाद कहते हैं।

∴ नैवेद्य चढ़ाने के बाद प्रसाद रूप में जो सबको बांटते हैं और बाद में फिर, जो लोग या भक्त इसे ग्रहण कर सभी खाते हैं, उसे भोग कहा जाता हैं।

∴ वैसे तो भोग कहना भगवान के लिए सही शब्द नहीं हैं। रुद्र संहिता तथा व्रतराज ग्रन्थ के मुताबिक ईश्वर को नैवेद्य अर्पित किया जाता हैं।

भोग शब्द न बोले, यह झूठन हैं-

∴ भोग झूठन शब्द हैं। कोशिश करें कि- ईश्वर को कुछ भी खाद्य-पदार्थ अर्पित करें, तो नैवेद्य कहना उचित होगा।

नैवेद्य अर्पित करने का प्राचीन वैदिक तरीका

∴ ईश्वर को नैवेद्य देते समय ये मन्त्र बोले, तभी नैवेद्य ग्रहण कर भोलेनाथ, किसी भी योनि रूप में रह रहे हमारे पितरों, पितृमातृकाओं तथा मातृमात्रकाओं को नैवेद्य का कुछ अंश उन्हें प्रदान करते हैं, तो उनकी आत्मा प्रसन्नतापूर्वक हमें आशीर्वाद देती हैं। जिससे घर में सुख-समृद्धि, धन-धान्य एवं आरोग्यता की कमी नहीं रहती।

नैवेद्य पान पत्ते पर ही रखें। इसका भी रखे ध्यान

∴ नैवेद्य हमेशा पीतल की थाली या केले के पत्ते पर ही नैवेद्य परोसा जाए, पात्र के नीचे पान के पत्ते पर ही रखकर अर्पित करना चाहिए। नैवेद्य के पत्ते का डंठल देवता की ओर व अग्रभाग अपनी ओर हो, नैवेद्य लगाते समय निम्नलिखित 5 मन्त्र अवश्य बोले अन्यथा ईश्वर या देवता इसे ग्रहण नहीं करते-

नैवेद्य अर्पित करने हेतु ५ मंत्रों का महत्व

∴ नीचे लिखे मंत्र को बोलते हुए एक-एक निवाला अर्पित करते जाएं

१- ॐ व्यानाय स्वाहा

२- ॐ उदानाय स्वाहा

३- ॐ अपानाय स्वाहा

४- ॐ समानाय स्वाहा

५- ॐ प्राणाय स्वाहा

अंत में जल हाथ में लेकर प्रसाद के चारो तरफ घुमाकर **ॐ ब्रह्मअणु स्वाहा** बोलते हुए प्रथ्वी पर छोड़ना चाहिए। ताकि वायु द्वारा नैवेद्य की खुशबू जीव-जगत के सुक्ष कीटाणुओं को भी मिल सके।

∴ उसके उपरांत **'नैवेद्यमध्येपानीयं समर्पयामि।'** बोलते हुए दाहिने हाथ से ताम्रपात्र में थोडा जल छोड़ें व पुन: 'ॐ प्राणाय...', पंचप्राणों से संबंधित इस मंत्र का

उच्चारण करें। उसके उपरांत **'नैवेद्यम् समर्पयामि, उत्तरापोशनम् समर्पयामि, हस्तप्रक्षालनम् समर्पयामि, मुखप्रक्षालनम् समर्पयामि'** बोलते हुए दाहीने हाथ से ताम्रपात्र में जल छोड़ें ।

∴ अन्यथा हमारा नैवेद्य दुष्ट-दूषित, छल-कपटी आत्माएं ग्रहण कर हमारे सदैव परेशान करती हैं। इस प्रकार से नैवेद्य अर्पित करने से घर में धन-धान्य की कमी नहीं होती।

∴ सुख-समृद्धि बढ़ती हैं। एक बार 51 दिन नियमित रूप से ऐसा करके देखें। जीवन में चमत्कार होने लगेगा।

नैवेद्य पान के पत्ते पर ही अर्पित क्यों करना चाहिए-

∴ **स्कंदपुराण** के नैवेद्य प्रकरण श्लोक के अनुसार बिना पान के पत्ते पर रखा गया नैवेद्य रोग उत्पन्न कर भोग्यहीन-भाग्यहीन, दरिद्र बना देता हैं। अनेक परेशानियां खड़ी करता हैं।

गृहकलेश का कारण हैं-अज्ञानता

∴ देवता भी पान रहित नैवेद्य कभी स्वीकार नहीं करते। इस नैवेद्य का भोजन भूत-प्रेत एवं दुष्ट आत्माएं ग्रहण करती हैं। जो खाकर, गर्राती हैं और परेशान करती रहती हैं।

∴ धीरे-धीरे वे घर में अपना अधिकार जमाकर मानसिक क्लेश पैदा करके परिवार का माहौल अशांत कर देती हैं। घर में वास्तुदोष लगता हैं।

∴ स्कंदपुराण के अनुसार- बिना मंत्रों के अर्पित किया गया नैवेद्य तनाव का कारण होता हैं। शिव रहस्य सूत्र, कालितन्त्र, रहस्योउपनिषद एवं व्रतराज संहिता आदि शास्त्रों में भी ऐसा वर्णन हैं।

पान में हैं-ईश्वर की जान

∴ आयुर्वेद ग्रंथों में पान की उत्पत्ति अमृत की बूंदों से हुई, जब समुद्र मन्थन हुआ था।

∴ पान पर रखा हुआ नैवेद्य देवी-देवताओं को अतिप्रिय हैं, तभी ईश्वर को नैवेद्य,

भोग को पान के पत्ते पर रखकर अर्पित करने की प्राचीन परम्परा हैं।

देवी - देवता के प्रिय नैवेद्य

i.   **गणेश जी** को हरी दुर्वा सर्वाधिक प्रिय हैं। मोदक या लड्डू गन्ने की गडेरी, जामुन, सूखी गरी और गुड़, नारियल, तिल और सूजी के लड्डू भी उनको अर्पित किए जाते हैं। मोदक से वो अत्यन्त खुश होते हैं।

ii.   **भगवान विष्णु** को मेवा युक्त चावल की खीर तुलसी दल के साथ, आवले, पीले रंग के मिष्ठान्न, किशमिश, मधूपर्क, गुड़-चना, चना-मिश्री, नारियल-मिठाई, लड्डू, फल, दूध और सूखे मेवे अर्पित करने से विष्णु जी अत्यन्त प्रसन्न होते हैं।

iii.   **श्री कृष्ण -** को मिष्ठान्न, किशमिश, मधूपर्क, गुड़-चना, चना-मिश्री, नारियल-मिठाई, लड्डू, फल, दूध और सूखे मेवे, **श्री कृष्ण - को बिना तुलसीदल के नैवेद्य नहीं लगता** हैं।

तुलसीदल दल तोड़ने का मंत्र

महाप्रसाद जननी सर्वसौभाग्यवधिनी!

आधी व्याधि जरा मुक्तम तुलसी त्वम नमोस्तुते!!

ॐ त्रिपुराय विद्गहे! तुलसी पत्राय धीमही!!तन्त्रो: तुलसी प्रचोदयात

iv.   **माँलक्ष्मी** को विशेष रूप से मेवा युक्त चावल की खीर तुलसी दल के साथ, पीले रंग के मिष्ठान्न, किशमिश, नारियल-मिठाई, लड्डू, फल, दूध से बना पेड़ा अत्यन्त प्रिय हैं।

v.   **शिव जी** को प्रसन्न करने के लिए गुड़, चना और चिरौंजी, दूध, भांग, पंचामृत , रेवड़ी, और मिश्री, दूध और पंच मेवा चढ़ाने से शिव जी प्रसन्न हो जाते हैं।

vi.   **दुर्गा जी** पर खीर, मालपुए, मीठा हलुआ, केले, नारियल, धान का लावा और मिष्ठान्न दूध से बनी मिठाई भी प्रिय हैं।

vii.   **माँसरस्वती** को धान के लावा की खीर और मिष्ठान्न दूध से बनी मिठाई प्रिय हैं।

viii.   **माँबगुलामुखी** गुड़, चना, गुड़ के मिष्ठान्न, बेसन के मिष्ठान्न अत्यन्त प्रिय हैं।

विशेष कथन

देवी या देवता को नैवेद्य / भोग में पंचामृत / मधूपर्क अवश्य चढ़ाना चाहिए। दूध, दही, घी, शहद, शकर को मिलाकर पंचामृत बनाया जाता हैं। पंचामृत का अर्थ हैं 'पांच अमृत' । पंचामृत में यदि सब वस्तु प्राप्त न हो सके तो केवल दुग्ध मात्र से पंचामृतजन्य फल जाता हैं।

मूर्ति- अतिरिक्त पूजन सामग्री

1. **गणेशजी मूर्ति :** गणेशजी की पीतल की छोटी सी मूर्ति, जो मूर्ति स्थापित हो उसमें आवाहन और विसर्जन नहीं होता हैं । **मिट्टी की मूर्ति का आवाहन और विसर्जन** होता हैं, और अंत में शास्त्रीयविधि से गंगा य बहते हुए जल में प्रवाह भी किया जाता हैं। **निषिध** गणेश जी को तुलसी दल नहीं चढ़ाना चाहिए।

2. **शिवलिंग :** शिव की एक प्रकार की मूर्ति जो प्रायः नाग का गोलाकार में जनेऊ धारण किए होती हैं। इसे शिवलिंग कहा जाता हैं अर्थात शिव की ज्योति। यह सभी तरह की मूर्तियों से बढ़कर हैं और सिर्फ इसी की पूजा का विधान हैं। शालग्राम और शिवलिंग के घर में होने से घर की ऊर्जा में संतुलन कायम होता हैं और सभी तरह की शुभता बनी रहती हैं। शिव त्रिमूर्ति के रूप में माने जाते हैं। उन्हें महादेव, रुद्र, नीलकंठ, आदि नामों से भी पुकारा जाता हैं। शिव की आराधना तपस्या, ध्यान, और मेधावीता के माध्यम से की जाती हैं। शिव को महाकाल, वैराग्य, और संहार के देवता के रूप में माना जाता हैं। **केतकी का फूल शिवलिंग पर अर्पित नहीं करना चाहिए।**

3. **दुर्गामूर्ति :** दुर्गा जी की स्वर्ण, रजत या ताम्र मूर्ति रखें। अगर ये उपलब्ध न हो सकें, तो मिट्टी की मूर्ति अवश्य होनी चाहिए। लेकिन मूर्ति का साइज बहुत बड़ा नहीं होना चाहिए। चूंकि नवरात्रि में माता की पूजा विशेष रूप से की जाती हैं इसलिए माता की मूर्ति जरूर होना चाहिए। मिट्टी की मूर्ति का **आवाहन और विसर्जन** होता हैं, और अंत में शास्त्रीयविधि से गंगा य बहते हुए जल में प्रवाह भी किया जाता हैं। **निषिद्ध** दूर्वा, तुलसीदल, तमाल आदि पुष्प दुर्गाजी पर नहीं चढ़ाने चाहिए।

4. **शालग्राम :** विष्णु जी की एक प्रकार की मूर्ति जो प्रायः पत्थर की गोलियों या बटियों आदि के रूप में होती हैं और उस पर चक्र का चिह्न बना होता हैं। जिस शिला पर यह चिह्न नहीं होता वह पूजन के लिए उपयुक्त नहीं मानी जाती। यह सभी तरह की मूर्तियों से बढ़कर हैं और सिर्फ इसी की पूजा का विधान हैं। शालिग्राम का आवाहन तथा विसर्जन नहीं होता।

5. **विष्णु :** विष्णु हिंदू धर्म के एक प्रमुख देवता हैं और उन्हें परमात्मा के रूप में माना जाता हैं। विष्णु की आराधना मुख्य रूप से भक्ति, उपासना, और पूजा के माध्यम से की जाती हैं। उन्हें स्थिति, संरक्षण, और सृष्टि के संरक्षक के रूप में जाना जाता हैं। **निषिद्ध** आक, धतूरा, शिरीष, सहजन, सेमल, कचनार, गूलर, आदि के फूल विष्णु जी को नहीं चढ़ाने चाहिए। विष्णु जी पर कोरे अक्षत भी नहीं चढ़ाने चाहिए।

6. **गरुड़ घंटी :** जिन स्थानों पर घंटी बजने की आवाज नियमित आती हैं, वहां का वातावरण हमेशा शुद्ध और पवित्र बना रहता हैं। इससे नकारात्मक शक्तियां हटती हैं। नकारात्मकता हटने से समृद्धि के द्वार खुलते हैं। घर के पूजा स्थान पर गरुड़ घंटी रखी जाती हैं।

7. **शंख :** जिस घर में शंख होता हैं वहां लक्ष्मी का वास होता हैं। शंख सूर्य व चंद्र के समान देवस्वरूप हैं जिसके मध्य में वरुण, पृष्ठ में ब्रह्मा तथा अग्र में गंगा और सरस्वती नदियों का वास हैं। तीर्थाटन से जो लाभ मिलता हैं, वही लाभ शंख के दर्शन और पूजन से मिलता हैं।

8. खड़ा धनिया, दूर्वा, रुद्राक्ष व स्फटीक की माला और पूजन समग्री।

पंचोपचार देव-देवि (पांच उपचार) पूजा -

गंध, पुष्प, धूप, दीप और नेवैद्य अर्पित करना पंच उपचार पूजा कहलाती हैं।

देवता को गंध (चंदन) लगाना तथा हलदी-कुमकुम चढ़ाना

सबसे पहले अपने आराध्य को अनामिका से (कनिष्ठिका के समीप की उंगली से) चंदन लगाएं। फिर दाएं हाथ के अंगूठे और अनामिका के बीच चुटकीभर कर पहले

हलदी, फिर कुमकुम देवता के चरणों में अर्पित करें ।

देवता को पत्र-पुष्प (पल्लव) चढ़ाना

देवता को कागज, प्लास्टिक आदि के कृत्रिम और सजावटी फूल न चढ़ाएं। ताजे और सात्विक पुष्प चढ़ाएं । देवता को चढ़ाए जानेवाले पत्र-पुष्प न सूंघें । देवता को पुष्प चढ़ाने से पूर्व पत्र चढ़ाएं।

विशिष्ट देवता को उनका तत्त्व अधिक मात्रा में आकर्षित करनेवाले विशिष्ट पत्र-पुष्प चढ़ाएं, उदाहरण के लिए शिवजी को बिल्वपत्र तथा श्री गणेशजी को दूर्वा और लाल पुष्प । पुष्प देवता के सिर पर न चढ़ाकर उनके चरणों में अर्पित करें। डंठल देवता की ओर एवं पंखुड़ियां (पुष्पदल) अपनी ओर कर पुष्प अर्पित करें।

देवता को धूप दिखाना (होम, धूप अथवा अगरबत्ती दिखाना)

देवता को धूप दिखाते समय उसे हाथ से न फैलाएं। धूप दिखाने के बाद विशिष्ट देवता का तत्त्व अधिक मात्रा में आकर्षित करने हेतु विशिष्ट सुगंध की अगरबत्तियों से उनकी आरती उतारें, उदाहरण के लिए शिवजी को हीना से तथा श्री लक्ष्मीदेवी की गुलाब से। धूप दिखाते समय तथा अगरबत्ती घुमाते समय बाएं हाथ से घंटी बजाएं।

देवता की दीप-आरती करना

दीप-आरती तीन बार धीमी गति से उतारें। दीप-आरती उतारते समय बाएं हाथ से घंटी बजाएं। दीप जलाने के संदर्भ में ध्यान में रखने योग्य सूत्र

i. पूजाघर में प्रतिदिन तेल के दीप की नई बाती जलाएं ।

ii. दीप प्रज्वलित करने हेतु एक दीप से दूसरा दीप न जलाएं ।

iii. तेल के दीप से घी का दीप न जलाएं ।

देवता को नैवेद्य निवेदित करना

देवता को नैवेद्य निवेदित करने से पहले अन्न ढंककर रखें । नैवेद्य समर्पण में सर्वप्रथम इष्टदेवता से प्रार्थना कर, देवता के समक्ष भूमि पर जल से **चौकोर मण्डल बनाएं** तथा उस पर नैवेद्य की थाली रखें। नैवेद्य समर्पण में थाली के चारों ओर घड़ी के कांटे की

दिशा में एक ही बार जल का मण्डल बनाएं। फिर विपरीत दिशा में जल का मण्डल न बनाएं। नैवेद्य निवेदित करते समय ऐसा भाव रखें कि **हमारे द्वारा अर्पित नैवेद्य देवता तक पहुंच रहा हैं** तथा देवता उसे ग्रहण कर रहे हैं।"

देवतापूजन के उपरांत किए जानेवाले कृत्य

यद्यपि पंचोपचार पूजन में 'कर्पूर दीप जलाना" यह उपचार नहीं हैं, तथापि कर्पूर की सात्विकता के कारण उस का दीप जलाने से सात्विकता प्राप्त होने में सहायता मिलती हैं। अतएव नैवेद्य दिखाने के उपरांत कर्पूरदीप जलाएं। शंखनाद कर देवता की भावपूर्वक आरती उतारें। आरती ग्रहण करने के उपरांत नाक के मूल पर (आज्ञाचक्र पर) विभूति लगाएं और तीन बार तीर्थ प्राशन करें। अंत में प्रसाद ग्रहण करें तथा उसके उपरांत हाथ धोएं।

सूर्य की दो परिक्रमा, गणेश की एक परिक्रमा, शक्ति की तीन, विष्णु की चार तथा शिव की आधी परिक्रमा की जाती हैं।

3. देव-देवी पूजन कर्म प्रवेश

स्थान व सामग्री

देवी-देव पूजन, यज्ञ, हवन आदि में सर्व प्रथम साफ व स्वक्ष जगह का चयन करे, उसके उपरांत गाय के गोबर या हल्दी से लीपकर जगह को पवित्र कर, चौकोर मण्डल बनाकर अष्टकमल या स्वास्तिक चौक बनावे उस पर सप्त धान्य या जो भी धान्य उपलब्ध हैं रखकर लकड़ी का पाटा रखे, आसान हेतु पाटा पर कपड़ा बिछावे। सामूहिक देव पूजन या यज्ञ हो तो प्रत्येक साधक जोड़े (पति-पत्नी) य एकेले के हिसाब से वेदी पर आवश्यक सामग्री रहनी चाहिए, कर्मकाण्ड ठीक से होते चलें, सामान्य व्यवस्था के साथ जिन वस्तुओं की जरूरत विशेष कर्मकाण्ड में पड़ती हैं, उन्हें प्रारम्भ में ही देख लेना चाहिए अगर कोई वस्तु कम हैं तो पूजा प्रारम्भ होने से पहले ही बाजार से मंगा लेना चाहिए। वस्त्र एवं यज्ञोपवीत, पुष्पोपहार, हल्दी, पुष्प, अक्षत, दुर्वा और द्रव्य, हवन सामग्री, आम की लकड़ी, आमतौर पर हवन में प्रयोग लायी जाती हैं सभी बस्तुएं पर्याप्त हो तथा कोशिश करना चाहिए बीच में उठना न पढ़े। सभी व्यवस्थाएँ पहले से बनाकर रखनी चाहिए।

सामान्य पूजन सामग्री –

देवी देव पूजा में सामन्य सामग्री जरूरत हमेशा पड़ती हैं अतः यह सामग्री प्रचुर मात्रा लाना चाहिए वह हैं- फल, फूल, दीप, धूप, कपूर, कलश, नारियल, सिंदूर, कुमकुम, चंदन, चावल, इन सभी पूजा में विशेष महत्त्व हैं।

पूजन के मुख्य छ: प्रकार हैं-- पंचोपचार (5 प्रकार), दशोपचार (10 प्रकार), षोडशोपचार (16 प्रकार), द्वात्रिंशोपचार (32 प्रकार), चतुषष्टि प्रकार (64 प्रकार), एकोद्वात्रिंशोपचार (132 प्रकार), जिसमे पंचोपचार (5 प्रकार) व षोडशोपचार (16 प्रकार) जनमानस में अधिक का अधिक प्रयोग में लाया जाता हैं। सामन्य पूजन क्रम में पंचोपचार

अधिक प्रयोग किया जाता हैं घरेलू व सामन्य पूजन में पंचोपचार व्यवस्था का पालन किया जाता हैं।

पंचोपचार देव-देवि पूजन का क्रम-

देवता को गंध (चंदन) लगाना तथा हलदी-कुमकुम चढ़ाना,

सबसे पहले अपने आराध्य को अनामिका से (कनिष्ठिका के समीप की उंगली से) चंदन लगाएं। फिर दाएं हाथ के अंगूठे और अनामिका के बीच चुटकीभर कर पहले हलदी, फिर कुमकुम देवता के चरणों में अर्पित करें।

देवता को पत्र-पुष्प (पल्लव) चढ़ाना

देवता को ताजे और सात्विक पुष्प चढ़ाएं। देवता को चढ़ाए जानेवाले पत्र-पुष्प न सूंघें। देवता को पुष्प चढ़ाने से पूर्व पत्र चढ़ाएं। विशिष्ट देवता को उनका तत्त्व अधिक मात्रा में आकर्षित करनेवाले विशिष्ट पत्र-पुष्प चढ़ाएं, उदाहरण के लिए शिवजी को बिल्वपत्र तथा श्री गणेशजी को दूर्वा और लाल पुष्प। पुष्प देवता के सिर पर न चढ़ाकर उनके चरणों में अर्पित करें। डंठल देवता की ओर एवं पंखुड़ियां (पुष्पदल) अपनी ओर कर पुष्प अर्पित करें। कागज, प्लास्टिक आदि के कृत्रिम और सजावटी फूल न चढ़ाएं।

देवता को धूप दिखाना (होम, धूप अथवा अगरबत्ती दिखाना)

देवता को धूप दिखाते समय उसे हाथ से न फैलाएं। देवता को धूप दिखाने के बाद विशिष्ट देवता का तत्त्व अधिक मात्रा में आकर्षित करने हेतु विशिष्ट सुगंध की **धूप** (अगरबत्तियों) से उनकी आरती उतारें, उदाहरण के लिए शिवजी को हीना से तथा श्री लक्ष्मीदेवी की गुलाब से। धूप दिखाते समय तथा अगरबत्ती घुमाते समय बाएं हाथ से घंटी बजाएं।

देवता की दीप-आरती करना

दीप-आरती तीन बार धीमी गति से उतारें। दीप-आरती उतारते समय बाएं हाथ से घंटी बजाएं।

दीप जलाने के संदर्भ में ध्यान में रखने योग्य सूत्र

i.   दीप प्रज्वलित करने हेतु एक दीप से दूसरा दीप न जलाएं ।

ii.   तेल के दीप से घी का दीप न जलाएं ।

iii.   पूजाघर में प्रतिदिन तेल के दीप की नई बाती जलाएं ।

iv.   देवता को नैवेद्य निवेदित करना

नैवेद्य निवेदित करना

नैवेद्य के पदार्थ बनाते समय मिर्च, नमक और तेल का प्रयोग अल्प मात्रा में करें और घी जैसे सात्विक पदार्थों का प्रयोग अधिक करें। नैवेद्य के लिए सिद्ध (तैयार) की गई थाली में नमक न परोसें। देवता को नैवेद्य निवेदित करने से पहले अन्न ढंककर रखें । नैवेद्य समर्पण में सर्वप्रथम इष्टदेवता से प्रार्थना कर, देवता के समक्ष भूमि पर जल से चौकोर मण्डल बनाएं तथा उस पर नैवेद्य की थाली रखें । नैवेद्य समर्पण में थाली के चारों ओर घड़ी के कांटे की दिशा में एक ही बार जल का मण्डल बनाएं। फिर विपरीत दिशा में जल का मण्डल न बनाएं। नैवेद्य निवेदित करते समय ऐसा भाव रखें कि 'हमारे द्वारा अर्पित नैवेद्य देवता तक पहुंच रहा हैं तथा देवता उसे ग्रहण कर रहे हैं।"

देवतापूजन के उपरांत किए जानेवाले कृत्य

यद्यपि पंचोपचार पूजन में 'कर्पूरदीप जलाना" यह उपचार नहीं हैं, तथापि कर्पूर की सात्विकता के कारण उस का दीप जलाने से सात्विकता प्राप्त होने में सहायता मिलती हैं। अतएव नैवेद्य दिखाने के उपरांत कर्पूरदीप जलाएं। शंखनाद कर देवता की भावपूर्वक आरती उतारें। आरती ग्रहण करने के उपरांत नाक के मूल पर (आज्ञाचक्र पर) विभूति लगाएं और तीन बार तीर्थ प्राशन करें। अंत में प्रसाद ग्रहण करें तथा उसके उपरांत हाथ धोएं।

षोडशोपचार देव-देवि पूजन का क्रम-

षोडशोपचार (16 प्रकार) विशेष सामग्री-

धूपबत्ती, कपूर, केसर, चंदन, यज्ञोपवीत 05, रोली, चावल (अक्षत शिव में श्वेत अक्षत, देवी में रक्त (लाल) अक्षत, अन्य में पीत (पीला) अक्षत), हल्दी, कलावा, रुई, सुपारी 15

नग , 5 नग पान के पत्ते, खुले फूल 500 ग्राम (गुलाब एवं लाल कमल 02 नग), फूलमाला 02 नग, बन्दनवार, कुशा व दूर्वा, पंचमेवा, गंगाजल, शहद, शक्कर, शुद्ध घी 500 ग्राम, दही, दूध, ऋतुफल, नारियल गोला, मिष्ठान्न, चौकी या पटा आसन, केले के पत्ते, पंचामृत, विष्णु में तुलसी दल, शिव में बिल्बपत्र, गणेश में दूर्वा, कलश पात्र (कांसा, तांबे या मिट्टी का), सफेद कपड़ा (आधा मीटर), लाल या पीला (आधा मीटर), नैवेद्य या मिष्ठान्न (पेड़ा, मालपुए इत्यादि) इलायची (छोटी), लौंग, मौली (कलावा), इत्र की शीशी, सिंहासन (चौकी, आसन), पंच पल्लव (बड़, गूलर, पीपल, आम और पाकर के पत्ते), केले के पत्ते (यदि उपलब्ध हों तो खंभे सहीत), पंच रत्न (सामर्थ्य अनुसार), एक नई थैली में हल्दी की गाँठ, कौड़ी ताम्बे या चांदी का सिक्का, अर्घ्य पात्र सहित अन्य सभी पात्र (पूजा की थाल, आचमनी (तांबे की चम्मच), आचमन (चौड़ा ग्लास कांसा य ताम्बा), कटोरी,) हाँथ धोने के लिए एक पात्र ।

अविवाहीतों को **एक** (1) यज्ञोपवीत तथा विवाहीतों को **जोड़ा** (2) पहनाने का नियम हैं। यदि यज्ञोपवीत न हुआ हो, तो नया यज्ञोपवीत और हो गया हो, तो एक के स्थान पर जोड़ा पहनाने का संस्कार विधिवत् किया जाना चाहिए।

देव-देवी जी मूर्ति- मूर्ति देव / देवी जी की पीतल की छोटी सी मूर्ति, जो मूर्ति स्थापित हो उसमें आवाहन और विसर्जन नहीं होता हैं । मिट्टी की मूर्ति का **आवाहन और विसर्जन** होता हैं, और अंत में शास्त्रीयविधि से गंगा य बहते हुए जल में प्रवाह भी किया जाता हैं।

षोडशोपचार पूजन पद्धित

१- **प्रथम उपचार : देवता का आवाहन करना (देवता को बुलाना)**

देवता अपने अंग, परिवार, आयुध और शक्ति सहीत पधारें तथा मूर्ति में प्रतिष्ठित होकर हमारी पूजा ग्रहण करें। इस हेतु संपूर्ण शरणागतभाव से देवता से प्रार्थना करना, अर्थात उनका आह्वान करना। हर देवता का आवाहन मंत्र अलग होता हैं। फिर भी अगर आप चाहे तो किसी भी देवता का ध्यान मंत्र पढ कर उस देवता का आवाहयामि ऐसा

करके आवाहन कर सकते हैं। आह्वान के समय हाथ में चंदन, अक्षत एवं तुलसीदल अथवा पुष्प लें। आह्वान के बाद देवता का नाम लेकर अंत में 'नमः" बोलते हुए उन्हें चंदन, अक्षत, तुलसीदिल अथवा पुष्प अर्पित कर हाथ जोड़ें। देवता के रूप के अनुसार उनका नाम लें, उदाहरण के लिए श्री गणपति के लिए

'श्री गणपतये नमः", श्री भवानीदेवी के लिए **'श्री भवानीदेव्यै नमः"** आदि।

मंत्र 'श्री गणपतये नमः आवाहयामि",

'श्री भवानीदेव्यै नमः आवाहयामि"

ॐ **अमुक** देवतां / देवीं *(देवता/देवी का नाम)* आवाह्यामि ।

अमुक के स्थान पर आप जिस देवी - देवता का पूजन कर रहे है उनका नाम लेना है जैसे - ॐ कृष्णाय नमः, ॐ दुर्गा दैव्ये नमः।

२- **दूसरा उपचार** - देवता को आसन (विराजमान होने हेतु स्थान) देना, देवता के आगमन होने पर, उन्हें विराजमान होने के लिए सुंदर आसन दिया जाता हैं, ऐसी कल्पना कर विशिष्ट देवता को प्रिय पत्र-पुष्प आदि।

उदाहरण के लिए श्रीगणेशजी को दूर्वा, शिवजी को बेल, श्रीविष्णु को तुलसी अथवा अक्षत अर्पित करें।

मंत्र

अनेक रत्न संयुक्तं नाना मणि गणान्वितम

आसनं च यमा दत्तं गृहाण परमेश्वर।

अगर देवी हैं तब परमेश्वर की जगह परमेश्वरी ऐसा बोल सकते हैं।

३- **तीसरा उपचार** - पाद्य (देवता को चरण धोने के लिए जल देना पाद-प्रक्षालन) देवता को ताम्रपात्र में रखकर उनके चरणों पर आचमनी से जल चढ़ाएं।

४- **चौथा उपचार** - अर्घ्य (देवता को हाथ धोने के लिए जल देना; हस्त-प्रक्षालन) आचमनी में जल लेकर उसमें चंदन, अक्षत तथा पुष्प डालकर, उसे मूर्ति के हाथ पर चढ़ाएं ।

५- **पांचवां उपचार** – (देवता को कुल्ला करने के लिए जल देना; मुख प्रक्षालन) आचमनी में कर्पूर-मिश्रित जल लेकर, उसे देवता को अर्पित करने के लिए ताम्रपात्र में छोड़ें।

६- **छठा उपचार** - स्नान (देवता पर जल चढ़ाना) धातु की मूर्ति, यंत्र, शालिग्राम इत्यादि हों, तो उन पर जल चढ़ाएं। मिट्टी की मूर्ति हो, तो पुष्प अथवा तुलसीदल से केवल जल छिड़कें। चित्र हो, तो पहले उसे सूखे वस्त्र से पोंछ लें। फिर गीले कपड़े से, पुनः सूखे कपड़े से पोंछें। देवताओं की प्रतिमाओं को पोंछने के लिए प्रयुक्त वस्त्र स्वच्छ हो। वस्त्र नया हो, तो एक-दो बार पानी में भिगोकर तथा सुखाकर प्रयोग करें। अपने कंधे के उपरने से अथवा धारण किए वस्त्र से देवताओं को न पोंछें।

i. देवताओं को पहले पंचामृत से स्नान करवाएं। इसके अंतर्गत दूध, दही, घी, मधु तथा शक्कर से क्रमानुसार स्नान करवाएं। एक पदार्थ से स्नान करवाने के उपरांत तथा दूसरे पदार्थ से स्नान करवाने से पूर्व जल चढ़ाएं। उदाहरण के लिए दूध से स्नान करवाने के उपरांत तथा दही से स्नान करवाने से पूर्व जल चढ़ाएं।

ii. देवता को चंदन तथा कर्पूर-मिश्रित जल से स्नान करवाएं।

iii. आचमनी से जल चढ़ाकर सुगंधित द्रव्य-मिश्रित जल से स्नान करवाएं।

iv. देवताओं को उष्णोदक से स्नान करवाएं। उष्णोदक अर्थात अत्यधिक गरम नहीं बल्कि गुनगुना पानी।

v. देवताओं को सुगंधित द्रव्य-मिश्रित जल से स्नान करवाने के उपरांत गुनगुना जल डालकर महाभिषेक स्नान करवाएं। महाभिषेक करते समय देवताओं पर धीमी गति की निरंतर धारा पड़ती रहे इसका ध्यान रखें। इसके लिए अभिषेकपात्र का प्रयोग करें। संभव हो तो महाभिषेक के समय **विविध सूक्तों** का उच्चारण करें।

vi. महाभिषेक के उपरांत पुनः आचमन के लिए ताम्रपात्र में जल छोड़ें तथा देवताओं की प्रतिमाओं को पोंछकर रखें।

७- **सातवां उपचार - देवता को वस्त्र देना,** देवताओं को कपास के दो वस्त्र अर्पित

करें। एक वस्त्र देवता के गले में अलंकार के समान पहनाएं तथा दूसरा देवता के चरणों में रखें।

८- **आठवां उपचार : देवता को उपवस्त्र अथवा यज्ञोपवीत,** जनेऊ अर्पित करना, पुरुष देवताओं को यज्ञोपवीत (उपवस्त्र) अर्पित करें।

९- **नौंवे उपचार से तेरहवें उपचार तक ,** पंचोपचार अर्थात देवता को गंध (चंदन) लगाना, पुष्प अर्पित करना, धूप दिखाना (अथवा अगरबत्ती से आरती उतारना), दीप-आरती करना तथा नैवेद्य निवेदित करना। नैवेद्य दिखाने के उपरांत दीप-आरती और फिर कर्पूर-आरती करें।

१०- **चौदहवां उपचार -** देवता को मन:पूर्वक नमस्कार करना।

११- **पंद्रहवां** उपचार - परिक्रमा करना, नमस्कार के उपरांत देवता के चारों ओर परिक्रमा करें। परिक्रमा करने की सुविधा न हो, तो अपने स्थान पर ही खड़े होकर तीन बार घूम जाएं।

१२- **सोलहवां उपचार-** मंत्रपुष्पांजलि, परिक्रमा के उपरांत मंत्रपुष्प-उच्चारण कर, देवता को अक्षत अर्पित करें। फिर पूजा में हमसे हुई ज्ञात-अज्ञात चूकों तथा त्रुटियों के लिए अंत में देवता से क्षमा मांगें और पूजा का समापन करें।अंत में विभूति लगाएं, तीर्थ प्राशन करें और प्रसाद ग्रहण करें ।

पंचदेव

गृहस्थ को कभी भी एक मूर्ति य एक देव् का पूजन न करते हुए पंच देव् य शिव परिवार, राम दरबार, राधा कृष्ण जिसमे परिवार की संयुक्तता हो उस स्वरूप की पूजा करनी चाहिए, **सूर्य, गणेश, दुर्गा, शिव और विष्णु** ये पंचदेव कहलाते हैं दैनिक पूजन करते समय इन पंचदेव का ध्यान करना चाहिए इनकी पूजा सभी मांगलिक कार्यों में अनिवार्य रूप से की जाती हैं पंचदेव के पूजन में उनका आवाहन करना, ध्यान करना, आसन देना, स्नान करवाना, धूप-दीप, अक्षत (चावल), कुमकुम, चंदन, पुष्प (फूल), नैवेद्य (निवेदन योग्य खाद्य पदार्थ) आदि अनिवार्य रूप से किया जाता हैं। इससे लक्ष्मी कृपा

प्राप्त होती हैं और हमारे चारो ओर सुख समृद्धि का वाश होता हैं।

निराकार ब्रह्म के साकार रूप हैं पंचदेव

परब्रह्म परमात्मा निराकार व अशरीरी हैं, अत: साधारण मनुष्यों के लिए उसके स्वरूप का ज्ञान असंभव नहीं हैं । इसलिए निराकार ब्रह्म ने अपने साकार रूप में पांच देवों को उपासना के लिए निश्चित किया जिन्हें पंचदेव कहते हैं । ये पंचदेव हैं- सूर्य, गणेश, शक्ति, शिव और विष्णु।

आदित्यं गणनाथं च देवीं रुद्रं च केशवम् ।

पंचदैवतभित्युक्तं सर्वकर्मसु पूजयेत् ।।

एवं यो भजते विष्णुं रुद्रं दुर्गां गणाधिपम् ।

भास्करं च धिया नित्यं स कदाचित्र सीदति ।। (उपासनातत्व)

अर्थात्—सूर्य, गणेश, देवी, रुद्र और विष्णु—ये पांच देव सब कामों में पूजने योग्य हैं, जो आदर के साथ इनकी आराधना करते हैं वे कभी हीन नहीं होते, उनके यश-पुण्य और नाम सदैव रहते हैं ।

पंचदेव पंचभूतों के अधिष्ठाता (स्वामी) हैं

पंचदेव- आकाश, वायु, अग्नि, जल और पृथ्वी इन पंचभूतों के अधिपति हैं ।

सूर्य- वायु तत्व के अधिपति हैं इसलिए उनकी अर्घ्य और नमस्कार द्वारा आराधना की जाती हैं ।

गणेश- जल तत्व के अधिपति होने के कारण उनकी सर्वप्रथम पूजा करने का विधान हैं, क्योंकि सृष्टि के आदि में सर्वत्र 'जल' तत्व ही था।

शक्ति- (देवी, जगदम्बा) अग्नि तत्व की अधिपति हैं इसलिए भगवती देवी की अग्निकुण्ड में हवन के द्वारा पूजा करने का विधान हैं।

शिव- पृथ्वी तत्व के अधिपति हैं इसलिए उनकी शिवलिंग के रुप में पार्थिव-पूजा करने का विधान हैं।

विष्णु- आकाश तत्व के अधिपति हैं इसलिए उनकी शब्दों द्वारा स्तुति करने का

विधान हैं।

पंचदेव और उनके उपासक

विष्णु के उपासक **'वैष्णव'** कहलाते हैं,

शिव के उपासक **'शैव'** के नाम से जाने जाते हैं,

गणपति के उपासक **'गाणपत्य'** कहलाते हैं,

सूर्य के उपासक **'सौर'** होते हैं, और

शक्ति के उपासक **'शाक्त'** कहलाते हैं ।

इनमें शैव, वैष्णव और शाक्त विशेष रूप से प्रसिद्ध हैं ।

पंचदेवों के ही विभिन्न नाम और रूप हैं अन्य देवता

सत्यनारायण, लक्ष्मीनारायण, शालिग्राम, गोविन्ददेव, सिद्धिविनायक, हनुमान, भवानी, भैरव, शीतला, संतोषीमाता, वैष्णोदेवी, कामाख्या, अन्नपूर्णा आदि आदि अन्य देवता इन्हीं पंचदेवों के रूपान्तर (विभिन्न रूप) और नामान्तर या अंशावतार हैं।

पंचायतन में किस देवता को किस कोण (दिशा) में स्थापित करें

पंचायतन विधि—पंचदेवोपासना में पांच देव पूज्य हैं । पूजा की चौकी या सिंहासन पर अपने इष्टदेव को मध्य में स्थापित करके अन्य चार देव चार दिशाओं में स्थापित किए जाते हैं । इसे 'पंचायतन' विधि कहा जाता हैं। शास्त्रों व धर्माचार्यों के अनुसार इन पाँच देवों की मूर्तियों को अपने इष्टदेव के अनुसार सिंहासन में स्थापित करने का भी एक निश्चित क्रम हैं । इसे 'पंचायतन क्रम' कहते हैं ।

जैसे -

विष्णु पंचायतन- विष्णु इष्ट हों तो मध्य में विष्णु, ईशान कोण में शिव, आग्नेय कोण में गणेश, नैऋत्य कोण में सूर्य और वायव्य कोण में शक्ति की स्थापना होगी ।

सूर्य पंचायतन- सूर्य को इष्ट के रूप में मध्य में स्थापित किया जाए तो ईशान कोण में शिव, अग्नि कोण में गणेश, नैऋत्य कोण में विष्णु और वायव्य कोण में शक्ति की स्थापना होगी ।

दुर्गा (देवी) पंचायतन- देवी **दुर्गा / शक्ति** इष्ट रूप में मध्य में हों तो ईशान कोण में विष्णु, आग्नेय कोण में शिव, नैऋत्य कोण में गणेश और वायव्य कोण में सूर्य रहेंगे ।

शिव पंचायतन- **शिव** इष्ट रूप में मध्य में हों तो ईशान कोण में विष्णु, आग्नेय कोण में सूर्य, नैऋत्य कोण में गणेश और वायव्य कोण में शक्ति का स्थान होगा ।

शिव गणेश		विष्णु शिव		विष्णु सूर्य	
विष्णु		गणेश		शिव	
दुर्गा सूर्य		दुर्गा सूर्य		दुर्गा गणेश	

			विष्णु पञ्चायतन
विष्णु शिव		शिव गणेश	गणेश पञ्चायतन
दुर्गा		सूर्य	शिव पञ्चायतन
			दुर्गा पञ्चायतन
सूर्य गणेश		दुर्गा विष्णु	सूर्य पञ्चायतन

गणेश पंचायतन— इष्ट रूप में मध्य में गणेश की स्थापना हैं तो ईशान कोण में विष्णु, आग्नेय कोण में शिव, नैऋत्य कोण में सूर्य तथा वायव्य कोण में शक्ति की पूजा होगी । शास्त्रों व धर्माचर्यो के अनुसार यदि पंचायतन में देवों को अपने स्थान पर न रखकर अन्यत्र स्थापित कर दिया जाता हैं तो वह साधक के दुःख, शोक और भय का कारण बन जाता हैं। पंचायन मण्डल चित्र में दर्शाएं गए हैं इष्ट के अनुशार साधक अपना मण्डल बनाकर साधना कर अधिक से अधिक लाभ ले सकता हैं।

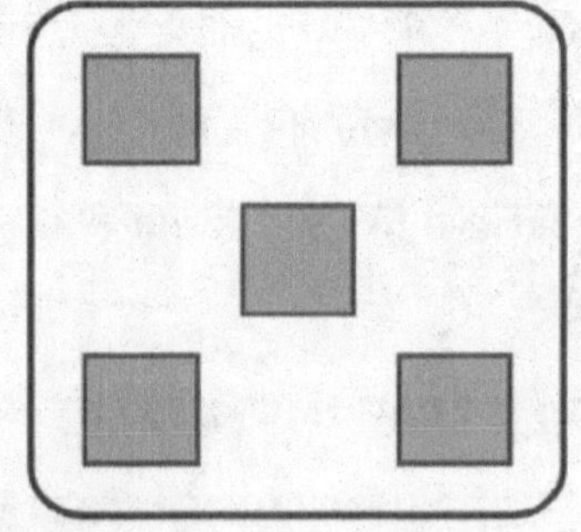

पंचायन मण्डल

देवता चाहे एक हो, अनेक हों, तीन हों या तैंतीस प्रकार के हो, उपासना 'पंचदेवों' की ही प्रसिद्ध हैं । इन सबमें गणेश का पूजन अनिवार्य हैं । यदि अज्ञानवश गणेश का पूजन

न किया जाए तो विघ्नराज गणेशजी उसकी पूजा का पूरा फल हर लेते हैं ।

पँचायतन पूजा कैसे करें:-

पँचदेव पूजन के लिए सबसे पहले देवताओं का ध्यान कर उनका पूजन करे, वैदिक व शास्त्रोक्त मंत्रो से पूजन करना चाहिए अगर सम्भव न हो पा रहा हो तो केवल मूल मंत्रो से ही पूजन पाठन करे। लेकिन बिना मन्त्र के पूजन नहीं करना चाहिए अगर मंत्र बिना साधना की जाती हैं तो नकारत्मक शक्तियाँ पूजन का हरण कर लेती हैं। पँचदेव पूजन के लिए ध्यान कर उनका पूजन करें:-

ध्यातव्य हैं कि पूजन के इस प्रकरण के अभ्यास से संकल्प विशेष का परिवर्तन करके विविध पूजा के आयोजन सामान्य रूप से कराये जा सकते हैं।

(1) विष्णु का ध्यान:-

उद्यत्कोटिदिवाकराभमनिशं शंख गदां पंकजं

चक्रंबिभ्रतमिन्दिरावसुमतीसंशोभिपार्श्वद्वयम्।

कोटीरांगदहारकुण्डलधरं पीताम्बरं कौस्तुभे-

दीप्तं श्विधरं स्ववक्षसि लसच्छीवत्सचिह्नं भजे॥ **(ध्यान मंत्र)**

मंत्र-

'ॐ नमो भगवते वासुदेवाय'

॥ॐ श्री विष्णवे नमः॥ (विष्णु का मूल और सबसे सरल मंत्र हैं)

ध्यानार्थे अक्षतपुष्पाणि समर्पयामि॥

॥ॐ विष्णवे नमः॥ पाद्यं, अर्घ्यं, आचमन्यं, स्नानं, चन्दनानुलेपनं, अक्षतान्, पुष्पमालां, सुगन्धिद्रव्यं, धूपमाग्रापयामि, दीपं, **हस्तप्रक्षालन** - 'ॐ हृषीकेशाय नमः' कहकर हाथ धो ले। नैवेद्यं आचमनीयं जलं समर्पयामि। ऋतुफलानि समर्पयामि, मुखप्रक्षालनं समर्पयामि। ताम्बूलं समर्पयामि, द्रव्यदक्षिणां समर्पयामि, पुष्पाञ्जलिं समर्पयामि।

(2) ॥शिव का ध्यान:॥

ध्यायेन्नित्यं महेशं रजतगिरिनिभं चारूचंद्रावतंसं।

रत्नाकल्पोज्ज्वलांग परशुमृगवराभीतिहस्तं प्रसन्नम्।

पद्मासीनं समन्तात् स्तुतममरगणैर्व्याघ्रकृत्तिं वसानं।

विश्वाद्यं विश्वबीजं निखिलभय हरं पंचवक्त्रं त्रिनेत्रम्॥

मंत्र

॥ॐ नमः शिवाय॥ (शिव का मूल और सबसे सरल मंत्र हैं)

ॐ त्र्यम्बकं यजामहे सुगन्धिं पुष्टिवर्धनम्।

उर्वारुकमिव बन्धनानत् मृत्योर्मुक्षीय मामृतात्॥

ध्यानार्थे अक्षतपुष्पाणि समर्पयामि।

॥ॐ नमः शिवाय॥ पाद्यं, अर्घ्यं, आचमन्यं, स्नानं, चन्दनानुलेपनं, अक्षतान्, पुष्पमालां, सुगन्धिद्रव्यं, धूपमाघ्रापयामि, दीपं, **हस्तप्रक्षालन -** 'ॐ हृषीकेशाय नमः' कहकर हाथ धो ले। नैवेद्यं आचमनीयं जलं समर्पयामि। ऋतुफलानि समर्पयामि, मुखप्रक्षालनं समर्पयामि। ताम्बूलं समर्पयामि, द्रव्यदक्षिणां समर्पयामि, पुष्पाञ्जलिं समर्पयामि।

(3) ॥गणेश का ध्यानः॥

खर्व स्थूलतनुं गजेन्द्रवदनं लम्बोदरं सुन्दरं।

प्रस्यन्दन्मदगन्धलुब्धमधूपव्यालोलगण्डस्थलम्।

दन्ताघातविदारितारिरुधिरैः सिन्दूरशोभाकरं।

वन्दे शैलसुतासुतं गणपतिं सिद्धिप्रदं कामदम्॥

मंत्र

॥ॐ श्री गणेशाय नमः॥ (गणेश का मूल और सबसे सरल मंत्र हैं)

वक्रतुण्ड महाकाय सूर्यकोटि समप्रभ।

निर्विघ्नं कुरू मे देव सर्वकार्येषु सर्वदा॥

ध्यानार्थे अक्षतपुष्पाणि समर्पयामि॥

॥ॐ श्री गणेशाय नमः॥ पाद्यं, अर्घ्यं, आचमन्यं, स्नानं, चन्दनानुलेपनं, अक्षतान्, पुष्पमालां, सुगन्धिद्रव्यं, धूपमाघ्रापयामि, दीपं, हस्तप्रक्षालन - 'ॐ हृषीकेशाय नमः'

कहकर हाथ धो ले। नैवेद्यं आचमनीयं जलं समर्पयामि। ऋतुफलानि समर्पयामि, मुखप्रक्षालनं समर्पयामि। ताम्बूलं समर्पयामि, द्रव्यदक्षिणां समर्पयामि, पुष्पाञ्जलिं समर्पयामि।

(4) ॥सूर्यनारायण का ध्यान:॥

रक्ताम्बुजासनमशेषगुणैकसिन्धुं भानुं समस्तजगतामधिपं भजामि।

पद्मद्वयाभयवरान् दधतं कराब्जैर्माणिक्यमौलिमरुणांगरुचिं त्रिनेत्रम्॥

मंत्र

॥ॐ श्री सूर्याय नमः॥ (सूर्य का मूल और सबसे सरल मंत्र हैं)

ध्यानार्थे अक्षतपुष्पाणि समपर्यामि।।

॥ॐ श्री सूर्याय नमः॥ पाद्यं, अर्घ्यं, आचमन्यं, स्नानं, चन्दनानुलेपनं, अक्षतान्, पुष्पमालां, सुगन्धिद्रव्यं, धूपमाघ्रापयामि, दीपं, हस्तप्रक्षालन - 'ॐ हृषीकेशाय नमः' कहकर हाथ धो ले। नैवेद्यं आचमनीयं जलं समर्पयामि। ऋतुफलानि समर्पयामि, मुखप्रक्षालनं समर्पयामि। ताम्बूलं समर्पयामि, द्रव्यदक्षिणां समर्पयामि, पुष्पाञ्जलिं समर्पयामि।

(5) ॥दुर्गा का ध्यान:॥

सिंहस्था शशिशेखरा मरकतप्रख्यैश्चतुर्भिर्भुजैः।

शंख चक्रधनुः शरांश्च दधती नेत्रैस्त्रिभिः शोभिता।

आमुक्तांगदहारकंकणरणत्काञ्चीरणन्नूपुरा।

दुर्गा दुर्गतिहारिणी भवतु नो रत्नोल्लसत्कुण्डला॥

मंत्र

॥ॐ श्री दुर्गायै नमः॥ (दुर्गा का मूल और सबसे सरल मंत्र हैं)

ध्यानार्थे अक्षतपुष्पाणि समपर्यामि।

॥ॐ श्री दुर्गायै नमः॥ पाद्यं, अर्घ्यं, आचमन्यं, स्नानं, चन्दनानुलेपनं, अक्षतान्, पुष्पमालां, सुगन्धिद्रव्यं, धूपमाघ्रापयामि, दीपं, हस्तप्रक्षालन - 'ॐ हृषीकेशाय नमः'

कहकर हाथ धो ले। नैवेद्यं आचमनीयं जलं समर्पयामि। ऋतुफलानि समर्पयामि, मुखप्रक्षालनं समर्पयामि। ताम्बूलं समर्पयामि, द्रव्यदक्षिणां समर्पयामि, पुष्पाञ्जलिं समर्पयामि।

महालक्ष्मी मंत्र

ॐ श्रीं श्रीं महालक्ष्म्यै श्रीं श्रीं ॐ नम:

ॐ श्रीं ह्रीं श्रीं कमले कमलालये प्रसीद प्रसीद ॐ श्रीं ह्रीं **श्रीं महालक्ष्मयै नम:॥**

विशेष पूजा में अनिवार्य देव –

घर में या मंदिर में जब भी कोई विशेष पूजा करें तो अपने इष्टदेव के साथ ही **स्वस्तिक, कलश, नवग्रह देवता, पंच लोकपाल, षोडश मातृका, सप्त मातृका, कुल देवता, कुल देवी, घर के वास्तु देवता, ग्राम देवता** का भी पूजन अनिवार्य रूप से किया जाना चाहिए। हो सके तो सविस्तार करे अन्यथा संक्षिप्त करे।

पूजन चरण (पूजा क्रम)

प्रथम चरण -

➤ पूजन के आरंभमें, आचमन, प्राणायाम इत्यादि धार्मिक कृतियां करने से पूजक की सात्त्विकता बढ़ती हैं । इससे पूजक को देवता पूजन से प्राप्त चैतन्य का आध्यात्मिक स्तर पर अधिक लाभ होता हैं । प्रथम चरण हैं

➤ संकल्प के उपरांत श्रीमहागणपति **यथालब्धोपचारै** पूजन के लिए महागणपतिका आवाहन किया जाता हैं ।

➤ तदुपरांत वस्त्र, चंदन, पुष्प एवं दूर्वा, हलदी, कुमकुम, धूप, दीप, नैवेद्य इत्यादि उपचार अर्पित कर पूजन करते हैं   ।

➤ श्री गणपति दिशाओं के स्वामी हैं । इसलिए प्रथम श्री महागणपति पूजन करनेसे सर्व दिशाएं खुल जाती हैं । परिणामस्वरूप सर्व देवतातत्त्वों की तरंगोंको बिना किसी अवरोध पूजन विधि के स्थान पर आना सुलभ होता हैं ।

ट्रूसरा चरण -

➢ श्री महागणपति पूजन के उपरांत पंचोपचार विधि से कलश, शंख, घंटा, दीप इन पूजाके उपकरणों का पूजन किया जाता हैं ।

➢ तत्पश्चात जल प्रोक्षण (जल क्षिणक कर) कर पूजा सामग्री की शुद्धि की जाती हैं ।

➢ इसके पश्चात वरुण देवता की स्थापना के लिए पटा पर सप्तधान्य या गेहूँ, अक्षत (चावल) फैला कर रखना चाहिए धान्य के ऊपर कलश रखना चाहिए।

➢ कलश में जल डाला जाता हैं।

➢ उपरांत कलश में भरे जल में चंदन, आम्रपल्लव, सुपारी एवं सिक्का रखा जाता हैं।

➢ कलशको वस्त्र अर्पित किया जाता हैं।

➢ तदुपरांत कलश पर अक्षत (चावल) से भरा पूर्णपात्र रखा जाता हैं ।

➢ इस पूर्णपात्र में रखे चावलपर कुमकुम से अष्टदल कमल बनाते हैं ।

➢ कलशको अक्षत समर्पित कर उसमें वरुण देवता का आवाहन किया जाता हैं।

➢ उपरांत चंदन, हलदी, कुमकुम, अक्षत, एवं पुष्प अर्पित कर पूजन किया जाता हैं।

➢ पूजन करनेके उपरांत चावल से भरे पूर्ण पत्र पर अक्षत अर्पित कर सर्व देवताओं का आवाहन किया जाता हैं ।

तृतीय चरण - श्रीविष्णु पूजन सत्यनारायण कथा हेतु

➢ सर्व देवताओं के पूजनके उपरांत प्रधान देवता की षोडशो उपचार पूजा करते हैं

➢ उपरांत अक्षत अर्पित कर ध्यानमंत्र बोलते हुए, मूर्ति में भगवान विष्णु जी का आवाहन किया जाता हैं ।

➢ अक्षत या पुष्प अर्पित कर देवताओं को आसन दिया जाता हैं ।

➢ उपरांत श्री भगवान विष्णु जी को अभिषेक करने हेतु ताम्रपात्रमें रखा जाता हैं ।

➢ अब श्री भगवान विष्णु जी को आचमनीसे जल छोडकर पाद्य, अर्घ्य, स्नान आदि उपचार किए जाते हैं ।

➢ तत्पश्चात दूध, दही, घी, मधु एवं शर्करा से अर्थात पंचामृत स्नान का उपचार किया

जाता हैं।

➤ उपरांत गंधोदक एवं उष्णोदक स्नानका उपचार किया जाता हैं ।

➤ चंदन और पुष्प अर्पित किए जाते हैं ।

➤ अभिषेक के उपरांत श्री भगवान विष्णु जी को स्वच्छ वस्त्रसे पोंछकर पुन: पूर्व स्थान पर रखा जाता हैं ।

➤ उपरांत यज्ञोपवीत, वस्त्र, उपवस्त्र, अंगवस्त्र, गंध (इत्र), हल्दी कुमकुम, कंकणादि, अलंकार, पुष्प एवं पुष्पमाला अर्पित की जाती हैं ।

➤ उपरांत धूप, दीप आदि उपचार समर्पित किए जाते हैं ।

➤ उपरांत कथा का श्रवण किया जाता हैं

➤ नैवेद्य एवं मीठा पान चढ़ाया जाता हैं ।

➤ इसके बाद **होम या हवन** किया जाता हैं **

➤ अंत में श्री भगवान विष्णु जी की आरती उतारकर, मंत्रपुष्पांजली अर्पित कर क्षमा याचना की जाती हैं ।

➤ उपरांत प्रशादी वितरण एवं भंडारा आदि का आयोजन किया जाता हैं

4. देव-देवी पूजन कर्म प्रारंभ

पूजन कर्म मे स्नान आदि नित्य कर्म कर स्वच्छ वस्त्र पहने हो सके तो लाल य पिले रंग के वस्त्र पहन लें, शुद्ध भारतीय वस्त्र पहन कर पूजन व हवन प्रारंभ करें।

१- नदियों का आवाहन

आचमन के जलपात्र को पृथ्वी पर रखें दोनों हथेलियों से जल को ढकें तथा मन्त्र का उच्चारण करें।

गङ्गे च यमुने चैव गोदावरि सरस्वति।

नर्मदे सिन्धु कावेरि जलेऽस्मिन् सन्निधिं कुरु ॥

गंगा, यमुना, गोदावरि, सरस्वति, नर्मदा, सिन्धु तथा कावेरि इस जल में समावेश करें। ऐसा अनुभव करें कि इस मन्त्र के द्वारा पात्र के जल में सब नदियों का समावेश हो रहा हैं। हाथ हटा कर नमस्कार करें।

२- पृथ्वी पूजन (आसन शुद्धि)

आसन के नीचे जल छिडकें, प्रार्थना करें कि सारे संसार को आधार देने वाली पृथ्वी मेरा आसन पवित्र करें।

ॐ पृथ्वी त्वया घता लोका देवि त्वं विष्णुना धृता ।

त्वं च धारय माँदेवि पवित्रं कुरु च आसनम् ॥

दिये मंत्र का उच्चारण करते हल्दी, रोली, अक्षत, पुष्प से पूजन करें।

३- पवित्रीकरण

ॐ अपवित्रो पवित्रो वा सर्वावस्थां गतोपि वा ।

यः स्मरेत् पुण्डरीकाक्षं स बाह्याभ्यंतर: शुचि:॥

प्राणी अपवित्र हो या पवित्र अथवा किसी भी दशा में स्थित हो, जो पुण्डरीकाक्ष (कमलनयन भगवान विष्णु) का स्मरण करता हैं, वह बाहर और भीतर सब ओर से शुद्ध

हो जाता हैं ।

मन्त्र बोलते हुए पुष्प से या कुश से शरीर पर ३ बार जल छिड़कें, कुछ आचार्य पात्र से शुध्द जल अपने बायें हाथ की हथेली पर लेते हैं दाहीने हाथ का । अंगूठा, मध्यमा और अनामिका जोडकर बायें हाथ के जल को तीन बार अपने ऊपर छिडकते हैं। प्रार्थना करें कि हे कमलनयन भगवान विष्णु हम आपका स्मरण कर अपने को पवित्र करते हैं।

४- आचमन

शिव संकल्प करिये कि ये तीनों आचमन मुझे तीनों वेदों (ऋग्वेद, यजुर्वेद, सामवेद) की विद्या का अधिकारी बनायें, मुझे तीनों गुणों (सतोगुण, रजोगुण, तमोगुण) के पार होने का बल प्राप्त हो, मैं त्रयतापों (आध्यात्मिक, आधिदैविक, आधिभौतिक) से छूटकर सच्चिदानन्द में विचरण करूं। तीनों बार बायें हाथ से दाहीने हाथ में जल डालें । मन्त्रोच्चारण करके जल को पी लें।

१- **ॐ केशवाय स्वाहा।** (प्रथम आचमन के केशव भगवान रक्षक एवं भव भयहारी हैं।

२- **ॐ माधवाय स्वाहा।** (द्वितीय आचमन के माधव भगवान दाता और सुखकारी हैं।

३- **ॐ नारायणाय स्वाहा।** (तृतीय आचमन के नारायण यानी विष्णु भगवान कर्त्ता, भर्त्ता, स्वामी, अन्तरयामी एवं मंगलकारी हैं।

४- **ॐ गोविंदाय नम:** मन्त्र कहते हुए २ बार हाथ धो लें। मन्त्र का अभिप्राय यह हैं कि आनन्द उत्साह एवं दृढ़ विश्वास के साथ अनुभव करिये कि परमेश्वर के ध्यान से और उनकी उपस्थिति से स्वयं को सुख, विजय, श्री, आनन्द, सौभाग्य एवं वाञ्छित फल की प्राप्ति हो।

५- पवित्रीधारण

दिए गए मन्त्र का उच्चारण कर पवित्री (पवित्री कुश का होना चाहीय अगर उपलब्ध नाहो तो स्वर्ण मुद्रिका (अंगूठी) धारण करें

पवित्रेस्थो वैष्णव्यौ सवितुर्वः प्रसव उत्पुनाम्यच्छिद्रेण पवित्रेण सूर्यस्य रश्मिभिः।
तस्यते पवित्रपते पवित्र पूतस्य यात्कामः पुने तच्छकेयम ।।

पवित्री पहनकर आचमन करने मात्र से कुश जूठा नही होता । दोनो पवित्रियाँ देवकर्म, ऋषिकर्म तथा पितृकर्म में उपयोगी हैं। पवित्रियों को प्रतिदिन बदलना आवश्यक नही हैं। स्नान, संध्योपासनादि के पश्चात यदि इन्हे पवित्र स्थानमे रख दिया जाय तो दुसरे कामों मे बार-बार धारण किया जा सकता हैं। जूठी हो या श्राद्ध किया जाय, तब इन्हे त्याग देना चाहीये।

६- शिखाबन्धन-

चिद्रूपिणि महामाये दिव्यतेजः समन्विते ।
तिष्ठ देवि शिखामध्ये तेजोवृद्धि कुरुव मे ।।

चित्रस्वरूपी महामाया है, जो दिव्य तेजोमयी है, वह महामाया शिखा के मध्य में निवास करें और तेज में वृद्धि करें।

विशेष- ग्रंथों के अनुसार व्यक्ति को लघुशंका, दीर्घशंका, मैथुन एवं किसी शव यात्रा को कंधा देते वक्त शिखा को खोल देना चाहिए। शिखा ज्ञान प्राप्त करने का और अपनी देह को स्वस्थ रखने का उत्तम माध्यम है।

७- रक्षा विधान -

'ॐ भुर्भुवः स्वः'

अर्थ - हम स्थावर जंगम रूप सम्पूर्ण विश्व को उत्पन्न करने वाले उस प्रकाशमय परमेश्वर के भजने योग्य तेज का ध्यान करते हैं जो हमारी बुद्धियों को सत्कर्म की ओर प्रेरित करते हैं और जो **भूर्भुवः स्वः** स्वरूप ब्रह्म हैं।

अपनी रक्षा के लिये अपने चारों ओर जल छिडकें।

८- प्राणायाम

श्वास को धीमी गति से गहरी खींचकर रोकना व बाहर निकालना प्राणायाम के क्रम में आता हैं। श्वास खींचने के साथ भावना करें कि प्राण शक्ति, श्रेष्ठता श्वास के द्वारा अन्दर

खींची जा रही हैं, छोड़ते समय यह भावना करें कि हमारे दुर्गुण, दुष्प्रवृत्तियाँ, बुरे विचार प्रक्षवास के साथ बाहर निकल रहे हैं। प्राणायाम निम्न मन्त्र के उच्चारण के साथ किया जाए।

ॐ भूः ॐ भुवः ॐ स्वः ॐ महः, ॐ जनः ॐ तपः ॐ सत्यम्।

ॐ तत्सवितुर्वरेण्यं भर्गो देवस्य धीमहि धियो यो नः प्रचोदयात्।

ॐ आपोज्योतीरसोऽमृतं, ब्रह्म भूर्भुवः स्वः ॐ।

९- न्यास

इसका प्रयोजन हैं-शरीर के सभी महत्त्वपूर्ण अंगों में पवित्रता का समावेश तथा अन्तः की चेतना को जगाना ताकि देव-पूजन जैसा श्रेष्ठ कृत्य किया जा सके। बाएँ हाथ की हथेली में जल लेकर दाहीने हाथ की पाँचों उँगलियों को उनमें भिगोकर बताए गए स्थान को मन्त्रोच्चार के साथ स्पर्श करें।

ॐ वाँ मे आस्येऽस्तु। (मुख को)

ॐ नसोर्मे प्राणोऽस्तु। (नासिका के दोनों छिद्रों को)

ॐ अक्ष्णोर्मे चक्षुरस्तु। (दोनों नेत्रों को)

ॐ कर्णयोर्मे श्रोत्रमस्तु। (दोनों कानों को)

ॐ बाह्वोर्मे बलमस्तु। (दोनों भुजाओं को)

ॐ ऊर्वोर्मे ओजोऽस्तु। (दोनों जंघाओं को)

ॐ अरिष्टानि मेऽगानि (मेंअंगानि), तनूस्तन्वा मे सह सन्तु। (समस्त शरीर पर) आत्मशोधन की ब्रह्म संध्या के उपरोक्त पाँचों कृत्यों का भाव यह हैं कि साधक में पवित्रता एवं प्रखरता की अभिवृद्धि हो तथा मलिनता-अवांछनीयता की निवृत्ति हो। **पवित्र-प्रखर व्यक्ति ही भगवान के दरबार में प्रवेश के अधिकारी होते हैं।**

१०- दीप पूजन

दीप पूजन हेतु **शुद्ध घी** का दीपक प्रज्ज्वलित करके, **इष्ट देवता की दाहिना** दिशा में अक्षत बिछाकर उस पर रखे दें। दीपक प्रज्ज्वलित कर, हाथ धो लें। हाथ में गंध

एवं पुष्प लेकर निम्न मंत्र बोलकर दीपक पर गंध-पुष्प अर्पित करें, मंत्र -

भो दीप देवस्वरुपस्त्वं कर्म साक्षी सविघ्नकृत ।

यावत्कर्म समाप्तिः स्यात् तावत्वं सुस्थिरो भव ।1।

भो दीप ब्रह्मरूपस्त्वं ज्योतिषां प्रभुरव्यय:!

आरोग्यं देही पुत्रांश्च दीपज्योति: नमोस्तुते !2!

दीपोज्योति: परब्रह्म: दीपोज्योति: जनार्दन:।

दीपोहरतिमे पापं संध्या दीपोज्योति नामोस्तुते ।3।

शुभम करोति कल्याणं आरोग्यम् सुख संपद:।

द्वेषबुद्धि विनाशाय, आत्म ज्योति नमोस्तुते ।4।

आत्मज्योति प्रदीप्ताय, ब्रह्मज्योति नमोस्तुते।

ब्रह्मज्योति प्रदीप्ताय, गुरुज्योति नमोस्तुते ।5।

प्रणाम करें। (उक्त मंत्र बोलकर गंध व पुष्प, दीपक पर अर्पित करें

११- संकल्प :

मंत्र बोले

दाँये हाथ में पुष्प, कुश, तिल, जौ, जल, द्रव्य लेकर संकल्प करना चाहिए। शास्त्रों के अनुसार किसी भी प्रकार के पूजन से पहले संकल्प अवश्य लेना चाहिए। पूजा से पहले अगर संकल्प ना लिया जाए तो उस पूजन का पूर्ण फल प्राप्त नहीं हो पाता हैं। संकल्प के बिना की गई पूजा का सारा फल इन्द्र देव को प्राप्त हो जाता हैं। इसीलिए प्रतिदिन की पूजा में भी पहले संकल्प लेना चाहिए, फिर पूजन करना चाहिए।

'ॐ विष्णु विष्णुर्विष्णु : श्रीमद् भगवतो महापुरुषस्य विष्णोराज्ञया प्रवर्त्तमानस्य अद्य श्री ब्रह्मणोऽहिद्वितीय परार्धे श्री श्वेत वाराह कल्पै वैवस्वत मन्वन्तरे अष्टाविंशतितमे युगे कलियुगे कलि प्रथमचरणे भूर्लोके जम्बूद्वीपे भारत वर्षे भरत खंडे आर्यावर्तान्तर्गतैकदेशे.................(अपने नगर का नाम बोलें) नगरे...............(ग्राम/ कॉलोनी का नाम बोलें) ग्रामे वा बौद्धावतारे

विजय नाम संवत्सरे श्री सूर्ये दक्षिणायने/............... ऋतौ महामाँगल्यप्रद मासोत्तमे शुभ........... मासे ....पक्षे...............तिथौ ....वासरे .... नक्षत्रे .... योगे .... करणे .... राशि स्थिते चन्द्रे .... राशि स्थिते सूर्य .... राशि स्थिते देवगुरौ शेषेषु ग्रहेषु च यथा यथा राशि स्थान स्थितेषु सत्सु एवं ग्रह गुणगण विशेषण विशिष्टायाँ .... शुभ पुण्य तिथौ .... (गौत्र बोलें) गौत्रः .... नाम बोलकर अमुक शर्मा, वर्मा, गुप्ता, दासोऽहं मम आत्मनः श्रीमन् महागणपति प्रीत्यर्थम् यथालब्धोपचारैस्तदीयं पूजनं करिष्ये।

"इसके पश्चात् पुष्प, कुश, तिल, जौ, हाथ का जल किसी पात्र में छोड़ देवें।

गणेश जी एवं अम्बिका पूजन (सुपारी में मौली लपेटकर) को स्थापित करें निम्न मंत्र बोलकर आवाहन करें। (पश्चात् निम्न मंत्रों का पाठ करें) -

१२- **स्वस्तिवाचन :** हाथ में पुष्प लेकर गणेश जी महाराज और माँ अम्बिका का ध्यान करें करते हुए, निम्न मन्त्रों का पाठ-उच्चारण करें -

१- ॐ स्वस्ति न इन्द्रो वृद्धश्रवाः। स्वस्ति नः पूषा विश्ववेदाः।

स्वस्ति नस्ताक्ष्र्यो अरिष्टनेमिः। स्वस्ति नो बृहस्पतिर्दधातु॥

२- सुमुखश्चैकदन्तश्च कपिलो गजकर्णकः।

लम्बोदरश्च विकटो विघ्ननाशो विनायक:॥

धूम्रकेतुर्गणाध्यक्षो भालचन्द्रो गजानन:।

द्वद्शैतानि नामानि यः पठे च्छ्रिणुयादपी॥

विद्यारंभे विवाहे च प्रवेशे निर्गमे तथा।

संग्रामे संकटे चैव विघ्नस्तस्य न जायते॥

३- अभिप्सितार्थ सिद्ध्यर्थ पूजितो य: सुरासुरै:।

सर्वविघ्नहरस्तस्मै गणाधिपतये नम: ॥

४- सर्वमङ्गलमाङ्गल्ये शिवे सर्वार्थसाधिके।

शरण्ये त्र्यम्बिके गौरी नारायणि नमोस्तुते॥

५- स्मृतेःसकल कल्याणं भाजनं यत्र जायते।

पुरुषं तमजं नित्यं व्रजामि शरणं हरम्॥

६- सर्वेष्वारंभ कार्येषु त्रयःस्त्री भुवनेश्वराः।

देवा दिशन्तु नः सिद्धिं ब्रह्मेशानजनार्दना:॥

७- विश्वेशम् माधवं दुन्धिं दण्डपाणिं च भैरवम्।

वन्दे कशी गुहां गंगा भवानीं मणिकर्णिकाम्॥

८- मङ्गलम् भगवान विष्णुः, मङ्गलम् गरुणध्वजः।

मङ्गलम् पुण्डरी काक्षः, मङ्गलाय तनो हरिः॥

९- सर्वदा सर्वकार्येषु नास्ति तेषाममङ्गलम्।

येषां हृदयस्थो भगवान् मङ्गलायतनो हरि:॥

१०- तदेव लग्नं सुदिनं तदेव ताराबलं चन्द्रबलं तदेव।

विद्याबलं दैवबलं तदेव लक्ष्मीपते तेन्द्रियुगं स्मरामि॥

११- लाभस्तेषां जयस्तेषां कुतस्तेषां पराजय:।

येषामिन्दीवरश्यामो हृदयस्थो जनार्दन:॥

ॐ श्री गणेशाम्बिकाभ्यां नम: ।

लक्ष्मी-नारायणाभ्याम् नम: ।

उमा-महेश्वराभ्याम् नम: ।

मातृ-पितृ चरण कमलैभ्यो नम: ।

इष्ट-देवताभ्यो नम: ।

कुल-देवताभ्यो नम: ।

सर्वेभ्यो देवेभ्यो नम: ।

सर्वेभ्यो ब्राह्मणेभ्यो नम: ।

हाथ में लिया हुआ पुष्प गणेश जी महाराज माँ अम्बिका की मूर्ति या सुपारी

से बनाए हुए भगवान् पर चढ़ा दें।

ॐ गणेशाम्बिकाभ्यां नमः !!

आवाहयामि, स्थापयामि, ध्यायामि। आह्वान, ध्यान कर चंदन, अक्षत, धूप, दीप, नैवेद्य अर्पित कर पूजन करें।

१३- कलश स्थापना (संक्षिप्त विधि)

कलश को सुख-समृद्धि, वैभव और मंगल कामनाओं का प्रतीक माना गया हैं। विशेष मांगलिक कार्यों के शुभारंभ पर जैसे गृह प्रवेश के समय, व्यापार में नये खातों के आरम्भ के समय, नवरात्र, नववर्ष के समय, दीपावली के पूजन के समय आदि के अवसर पर कलश स्थापना की जाती हैं। बिना जल के कलश को स्थापित करना अशुभ माना गया हैं। इसी कारण कलश में पानी, पान के पत्ते, आम्रपत्र, केसर, अक्षत, कुंमकुंम, दुर्वा-कुश, सुपारी, पुष्प, सूत (कलावा), नारियल, अनाज आदि का उपयोग कर पूजा के लिए रखा जाता हैं। इससे न केवल घर में सुख-समृद्धि आती हैं बल्कि सकारात्मकता ऊर्जा भी प्राप्त होती हैं। कलश (**मिट्टी अथवा तांबे** का लोटा) पर रोली से स्वास्तिक का चिन्ह रोली, कुमकुम से बनावे, कलश (लोटे) के गले में कलावा (तीन धागे वाली मौली (नाड़ा)) लपेटें व सजा कर, शुद्ध जल में गंगा जल मिलाकर कलश के लोटे में भर दे उसके बाद बताये अनुसार स्थापित करे।

कलश

कलश स्थापित करने की संक्षिप्त विधि निम्न हैं-

कलश स्थापित (रखने) किए जाने हेतु लकड़ी के एक पटा पर रोली, कुंकुम से अष्टदल कमल की आकृति बनाकर उस पर धान्य (गेहूँ) य चावल (अक्षत) बिछा कर कलश को उस पर स्थापित करें। इसके साथ कलश में चंदन, सर्वोषधि (मुरा, जटामांसी, वच, कुष्ठ, हल्दी, दारु हल्दी, सठी, चम्पक, मुक्ता आदि), दूब, पंचपल्लव (बरगद, गूलर, पीपल, आम,पाकर) और सप्तमृत्तिका (घुड़साल, हाथी खाना, बांबी, संगम नदियों की मिट्टी, तालाब, गौशाला और राजमहल के द्वार की मिट्टी) यदि आराधक सप्त जगह की मिट्टी एकत्र न कर पाए तो सुपारी और पंच रत्न आदि जल कलश में डाल सकते हैं। इसके बाद कलश पर चावल का पात्र रखकर लाल वस्त्र से लपेटा नारियल रखना चाहिए। पूजन के मन्त्र बोलने के साथ-साथ कलश का पूजन किया जाए। सब लोग भावनापूर्वक हाथ जोड़ें।

अब वरुण देवता का स्मरण करते हुए आह्वान करें, हाथ में अक्षत और पुष्प लेकर उच्चारण करें

ॐ तत्त्वायामि ब्रह्मणा वन्दमानः, तदाशास्ते यजमानो हविर्भिः।

अहेडमानो वरुणेह बोध्युरुश, समानऽआयुः प्रमोषीः।

ॐ वरुणाय नमः।

ॐ भूर्भुवः स्वः भो वरुण, आवाहयामि, स्थापयामि, ध्यायामि, स्थापयामि पूजयामि।

ॐ अपांपतये वरुणाय नमः। ॐ कलशस्थ देवताभ्यो नमः।

बोलकर कलश पर जल, गन्ध, अक्षत, पुष्प, धूप, दीप, नैवेद्य आदि से कलश का पूजन करें।

जलम्, गन्धाक्षतं, पुष्पाणि, धूपं, दीपं, नैवेद्यं समर्पयामि। हाथ जोड़कर प्रणाम करें।

अब कलश के जल में देवी-देवताओं के आह्वान के लिए हाथ जोड़कर देवी-देवताओं का आह्वान करें -

निम्न मंत्र का उच्चारण करें–

कलशस्य मुखे विष्णुः कंठे रुद्रः समाश्रितः ।

मूले त्वस्य स्थतो ब्रह्मा मध्ये मातृगणाः स्मृताः ॥

कुक्षौ तु सागराः सर्वे, सप्तद्वीपा वसुंधराः ।

अर्जुनी गोमती चैव चंद्रभागा सरस्वती ॥

कावेरी कृष्णवेणी च गंगा चैव महानदी ।

ताप्ती गोदावरी चैव माहेन्द्री नर्मदा तथा ॥

नदाश्च विविधा जाता नद्यः सर्वास्तथापराः ।

पृथिव्यां यान तीर्थानि कलशस्तानि तानि वैः ॥

सर्वे समुद्राः सरितस्तीर्थर्यानि जलदा नदाः ।

आयान्तु मम कामस्य दुरितक्षयकारकाः ॥

ऋग्वेदोऽथ यजुर्वेदः सामवेदो ह्यथर्वणः ॥

अंगैश्च सहीताः सर्वे कलशं तु समाश्रिताः ।

अत्र गायत्री सावित्री शांति पुष्टिकरी तथा ॥

आयान्तु देवपूजार्थं दुरितक्षयकारकाः ।

गंगे च यमुने चैव गोदावरि सरस्वति ॥

नर्मदे सिंधु कावेरी जलेऽस्मिन् सन्निधिं कुरु ।

नमो नमस्ते स्फटिक प्रभाय सुश्वेतहाराय सुमंगलाय ।

सुपाशहस्ताय झषासनाय जलाधनाथाय नमो नमस्ते ॥

ॐ अपां पतये वरुणाय नमः ।

ॐ वरुणाद्यावाहीत देवताभ्यो नमः।

अब कलश पर सब देवी-देवताओं का ध्यान करें एवं जलम्, गन्धाक्षतं, पुष्पाणि, धूपं, दीपं, नैवेद्यं समर्पयामि। हाथ जोड़कर प्रणाम करें।

अंत में बोलें - **'कृतेन अनेन पूजनेन कलशेवरुणाद्यावाहीतदेवताः प्रीयन्तां न**

मम।'

१४- दीपपूजनम्-

कलश के साथ दीपक भी पूजा वेदी पर रखा जाता हैं। इसे सर्वव्यापी चेतना का प्रतीक मानकर पूजना चाहिए। वैज्ञानिक भी यह स्वीकार करने लगे हैं कि मूलतः चेतना से पदार्थ बना हैं, पदार्थ से चेतना नहीं। उस महाचेतन ज्योतिरूप, परम प्रकाश का पूजन, आराधन दीपक के माध्यम से करें।

ॐ अग्निज्ज्योर्तिज्ज्योतिरग्निः स्वाहा।

सूर्यो ज्योतिज्ज्योतिः सूर्यः स्वाहा।

अग्निर्वच्चार् ज्योतिर्वर्च्चः स्वाहा।

सूर्यो वच्च् ज्योतिर्वर्च्चः स्वाहा।

ज्योतिः सूम्रयः सूम्रयो ज्योतिः स्वाहा।

1. श्री सत्यनारायण पूजन प्रारंभ

ध्यान- हाथ में अक्षत-पुष्प लेकर श्री सत्यनारायण भगवान का ध्यान करें।

१- ध्यान मंत्र

ॐ ध्यायेत्सत्यं गुणातीतं गुणत्रय समन्वितम्।

लोकनाथं त्रिलोकेशं कौस्तुभरणं हरिम्॥

ॐ श्री सत्यनारायणाय नमः ध्यानार्थे पुष्पाणि समर्पयामि। बोलते हुए अक्षत पुष्प अर्पित कर दें।

२- आह्वान-मंत्र

आगच्छ भगवन्! देव! स्थाने चात्र स्थिरो भव। यावत् पूजां करिष्येऽहं तावत् त्वं संनिधौ भव॥

ॐ श्री सत्यनारायणाय नमः, श्री सत्यनारायणाय आवाहयामि, आवाहनार्थे पुष्पाणि समर्पयामि।

३- प्रतिष्ठापन

आवाहन के पश्चात देवता का प्रतिष्ठापन करें-

(प्रतिमा का प्रथमवार पूजन हो रहा हो तब प्राण प्रतिष्ठित करे अन्यथा आगे का विधान करे)

४- प्राणप्रतिष्ठा मंत्र —

अस्यै प्राणा प्रतिष्ठन्तु अस्यै प्राणाः क्षरन्तु च ।

अस्यै देवत्वमर्चायै मामहेति च कश्चनः ।।

५- आसन मंत्र

अनेक रत्नसंयुक्तं नानामणिगणान्वितम् ।

भवितं हेममयं दिव्यम् आसनं प्रति गृह्याताम ॥

ॐ श्री सत्यनारायणाय नमः, आसनं समर्पयामि । भगवान को बैठने के लिए पीले चावल का आसन दें ।

६- पाद्यं मंत्र

नारायण नमस्तेऽतुनरकार्णवतारक ।

पाद्यं गृहाण देवेश मम सौख्यं विवर्धय ॥

ॐ श्री सत्यनारायणाय नमः, पादयोः पाद्यं समर्पयामि । भगवान के पैर धुलायें ।

७- अर्घ्य मंत्र

गन्धपुष्पाक्षतैर्युक्तमर्घ्यं सम्पादितं मया ।

गृहाण भगवन् नारायण प्रसन्नो वरदो भव ॥

ॐ श्री सत्यनारायणाय नमः, हस्तयोरर्घ्यं समर्पयामि । भगवान को अर्घ्य दें ।

८- आचमन मंत्र

कर्पूरेण सुगन्धेन वासितं स्वादु शीतलम् ।

तोयमाचमनीयार्थं गृहाण परमेश्वर ॥

ॐ श्री सत्यनारायणाय नमः, आचमनीयं जलं समर्पयामि । भगवान को आचमन करायें।

९- **स्नान मंत्र**

मन्दाकिन्याः समानीतैः कर्पूरागुरू वासितैः ।

स्नानं कुर्वन्तु देवेशा सलिलैश्च सुगन्धिभिः ॥

ॐ श्री सत्यनारायणाय नमः, स्नानीयं जलं समर्पयामि । भगवान का शुद्ध जल से स्नान करें ।

१०- **पंचामृत स्नान मंत्र**

पयो दधि घृतं चैव मधुशर्करयान्वितम् ।

पंचामृतं मयाऽऽनीतं स्नानार्थं प्रतिगृह्यताम् ॥

ॐ श्री सत्यनारायणाय नमः, पंचामृतस्नानं समर्पयामि, भगवान का पंचामृत- दूध, दही, घी शक्कर एवं शहद मिलाकर पंचामृत से स्नान करें ।

११- **शुद्धोदक स्नान मंत्र**

मन्दाकिन्यास्तु यद्वारि सर्वपापहरं शुभम् ।

तदिदं कल्पितं तुभ्यं स्नानार्थं प्रतिगृह्यताम् ॥

ॐ श्री सत्यनारायणाय नमः, शुद्धोदकस्नानं समर्पयामि । शुद्ध जल से स्नान करें ।

१२- **वस्त्र मंत्र**

शीतवातोष्णसंत्राणं लज्जाया रक्षणं परम् ।

देहालंकरणं वस्त्रं धृत्वा शांति प्रयच्छ मे ॥

ॐ श्री सत्यनारायणाय नमः, वस्त्रं समर्पयामि । भगवान को वस्त्र या वस्त्र के रूप में कलावा अर्पित करें । (वस्त्र अर्पित करें, आचमनीय जल दें।)

१३- **यज्ञोपवीत**

नवभिस्तन्तुभिर्युक्तं त्रिगुणं देवतामयम् ।

यज्ञो-पवीतम् मया दत्तं गृहाण परमेश्वर ॥

ॐ श्री सत्यनारायणाय नमः, यज्ञोपवीतं समर्पयामि । भगवान को जनेऊ अर्पित करें ।

१४- **चन्दन**

श्रीखण्डं चन्दनं दिव्यं गन्धाढ्यं सुमनोहरम् ।

विलेपनं सुरश्रेष्ठ चन्दनं प्रतिगृह्यताम् ॥

ॐ श्री सत्यनारायणाय नमः, गन्धं समर्पयामि । भगवान को चंदन अर्पित करें ।

१५- अक्षत

अक्षताश्च सुरश्रेष्ठ कुंकुमाक्ताः सुशोभिताः ।

मया निवेदिता भक्त्या गृहाण परमेश्वर ॥

ॐ श्री सत्यनारायणाय नमः, अक्षतान् समर्पयामि । भगवान को चावल अर्पित करें ।

१६- पुष्पमाला

माल्यादीनि सुगन्धीनि मालत्यादीनि वै प्रभो ।

मयाऽऽहृतानि पुष्पाणि गृहाण परमेश्वर ॥

ॐ श्री सत्यनारायणाय नमः, पुष्पं पुष्पमालां च समर्पयामि ।- भगवान को पुष्प तथा फूलमाला चढ़ायें ।

१७- दूर्वा

दूर्वांकुरान् सुहरितानमृतान् मंगलप्रदान् ।

आनीतांस्तव पूजार्थं गृहाण परमेश्वर ॥

ॐ श्री सत्यनारायणाय नमः, दूर्वांकुरान् समर्पयामि । भगवान को दूर्वा अर्पित करें ।

१८- धूप, दीप

वनस्पतिरसोद्भूतो गन्धाढ्यः गन्ध उत्तमः ।

आघ्रेयः सर्वदेवानां धूपोऽयं प्रतिगृह्यताम् ॥ धूपं

साज्यं च वर्तिसंयुक्तं वह्निना योजितं मया ।

दीपं गृहाण देवेश! त्रैलोक्यतिमिरापहम् ॥

ॐ श्री सत्यनारायणाय नमः, धूपं, दीपं दर्शयामि । भगवान को धूप दीप दिखायें । (हाथ धोलें)

१९- नैवेद्य

(पंचमिष्टान्न व सूखी मेवा अर्पित करें)

शर्कराखण्डखाद्यानि दधिक्षीरघृतानि च ।

आहारं भक्ष्यभोज्यं च नैवेद्यं प्रतिगृह्यताम् ॥

ॐ श्री सत्यनारायणाय नमः, नैवेद्यं निवेदयामि । भगवान को मिठाई अर्पित करें ।

विभिन्न नैवेद्य में मोदक, ऋतु के अनुकूल उपलब्ध फल अर्पित करें। नैवेद्य वस्तु का पहले शुद्ध जल से प्रोक्षण करें। धेनु-मुद्रा दिखाकर देवता के सम्मुख स्थापित करें।

धेनु-मुद्रा

२०- ऋतुफल

फलेन फलितं सर्वं त्रैलोक्यं सचराचरम् ।

तस्मात् फलप्रदादेन पूर्णाः सन्तु मनोरथाः ॥

ॐ श्री सत्यनारायणाय नमः, ऋतुफलं निवेदयामि। मध्ये आचमनीयं जलं उत्तरापोऽशनं च समर्पयामि । भगवान को केले, आम, सेवफल आदि चढ़ायें।

२१- ताम्बूल

पूगीफलं महद्दिव्यं नागवल्लीदलैर्युतम् ।

एलालवंगसंयुक्तं ताम्बूलं प्रतिगृह्यताम् ॥

ॐ श्री सत्यनारायणाय नमः, मुखवासार्थे ताम्बूलं समर्पयामि । भगवान को पान सुपारी अर्पित करें ।

२२- दक्षिणा

हीरण्यगर्भ गर्भस्थं हेमबीजं विभावसोः ।

अनन्तपुण्यफलदमतः शान्तिं प्रयच्छ मे ॥

ॐ श्री सत्यनारायणाय नमः, दक्षिणां समर्पयामि । भगवान को अपना कमाई का एक अंश के रूप में कुछ द्रव्य अर्पित करें ।

कथा श्रवण एवं होमाज्याहुति (हवन)

पूजन का क्रम पूरा होने पर क्रमशः भगवान श्री सत्यनारायण की कथा का पाठ स्वयं करें या किसी योग्य ब्राह्मण से सुने । कथा समापन के बाद होम या हवन किया जाता हैं उसके बाद श्री सत्यनारायण भगवान की आरती करें

२३- नीराजन (आरती) व विसर्जन (बिदाई)

आरती के बाद मंत्रपुष्पांजलि अर्पित करें । अंत में शांतिपाठ कर क्षमा याचना का भाव करते हुए श्री सत्यनारायण भगवान की बिदाई करें ।

२४- कर्पूर-नीराजनम्

कर्पूरगौरं करुणावतारं संसारसारं भुजगेन्द्रहारम्।

सदा बसन्तं हृदयारबिन्दे भबं भवानीसहीतं नमामि।।

ॐ श्री सत्यनारायणाय नमः, कर्पूर-नीराजनम् समर्पयामि॥

(हाथ जोड़कर प्रणाम करें, आरती लेने के पश्चात हाथ अवश्य धोएँ)

२५- मंत्रपुष्पांजलि समर्पण

ॐ यझेन यज्ञमयजन्त देवास्तनि धर्माणि प्रथमान्यासन् ।

ते ह नाकं महीमानः सचंत यत्र पूर्वे साध्याः संति देवाः ।।

ॐ राजाधिराजाय प्रसह्य साहीने । नमो वयं वैश्रवणाय कुर्महे ।

स मसकामान् काम कामाय मह्यं। कामेश्वरो वैश्रवणो ददातु कुबेराय वैश्रवणाय ।

महाराजाय नमः ।

ॐ स्वस्ति। साम्राज्यं भौज्यं स्वाराज्यं वैराज्यं पारमेष्ठ्यं राज्यं महाराज्यमाधिपत्य मयं

वैराज्यं पारमेष्ठ्यं राज्यं महाराज्यमाधिपत्य मयं समंतपर्यायीस्यात् सार्वभैम: सार्वायुष आं तादापरार्धात् पृथिव्यै समुद्रपर्यंताया एकेराळिति तदप्येष: श्लोको भिगीतो मरूत: परिवेष्टारो मरूतस्यावसन् गृहे। आविक्षितस्य कामप्रेर्विश्वेदेवा: सभासद इति ।।

२६- **प्रदक्षिणा**

यानि कानि च पापानि जन्मान्तरकृतानि च।

तानि सर्वाणि नश्यन्तु प्रदक्षिणपदे पदे।।

 (प्रदक्षिणा करे।)

२७- **क्षमाप्रार्थना**

मन्त्रहीनं क्रियाहीनं भक्तिहीनं जनार्दन ।

यत्पूजितं मया देव परिपूर्णं तदस्तु मे ।।

२८- **पूजाकर्म समर्पण**

ॐ स्वस्ति प्रजाभ्यः परिपालयन्तां, न्याय्येन मार्गेण महीं महीशाः ।

गोब्राह्मणेभ्यः शुभमस्तु नित्यं, लोकाः समस्ताः सुखिनो भवन्तु॥१॥

सर्वे भवन्तु सुखिनः, सर्वे सन्तु निरामयाः ।

सर्वे भद्राणि पश्यन्तु, मा कश्चिद् दुःखमाप्नुयात्॥२॥

श्रद्धां मेधां यशः प्रज्ञां, विद्यां पुष्टिं श्रियं बलम् ।

तेज आयुष्यमारोग्यं, देही मे हव्यवाहन॥३॥

ॐ असतो मा सद्गमय। तमसो मा ज्योतिर्गमय। मृत्योर्मामृतं गमय ॥

२९- **विसर्जन मंत्र**

गच्छ गच्छ सुरश्रेष्ठ स्वस्थाने परमेश्वर।

पूजाराधनकाले च पुनरागमनाय च॥४॥

ॐ ब्रह्मार्पणमस्तु ।

ॐ आनंद ! ॐ आनंद !! ॐ आनंद !!!

5. संक्षिप्त हवन के नियम

संक्षिप्त हवन विधि

संक्षिप्त हवन विधि के विभिन्न रहस्यों का गहन मंथन और सरल संकलन प्रस्तुत हैं जिसमे कई विद्वानों के अनुभव और आलेखों का भी सारांश लिया गया हैं। हवन करना सिर्फ धार्मिक मान्यता भर नहीं हैं अपितु एक पूर्ण वैज्ञानिक प्रमाणिकता के आधार पर, शारीरिक, मानसिक एवं पर्यावरण को अदभुत लाभप्रद अतिसुक्ष्म चिकित्सा विज्ञान भी हैं।

हवन प्रतिदिन करना देवी-देवता को प्रसन्न करता हैं आपके घर परिवार में सुख-समृद्धि की वृद्धि होती हैं। प्रतिदिन य नवरात्रि पर आप आसानी से घर पर ही स्वयं हवन कर सकते हैं। इसके लिए आपको सही मंत्र और आहुति से जुड़ी सही जानकारी होना चाहिए। आप सभी के लिए सहज व सरल भाषा में गुरु आशीर्वाद से सही जानकारी प्रस्तुत कर रहा हु, पूजन-हवन कर्म के विशेष हवन सामग्रीयों से हवन स्वयं या किसी योग्य ब्राह्मण से कराएं और निरोगी जीवन का आनन्द लें।

नोट- अगर कोई क्रम रह जाये तो सूचित करे व सुधार का अवसर प्रदान करे।

हवन पूर्व व्यवस्था -

हवन आरम्भ करने से पहले अग्रि वास देख ले । अग्रि वास देखने की विधि सबसे पहले गणना के लिए ध्यान रखना हैं कि रविवार को 1 तथा शनिवार को 7 संख्या मानकर वार गिने जायेंगे। शुक्लपक्ष प्रतिपदा तिथि को 1 तथा अमावस्या को 30 मानकर गणना होगी । जिस दिन हवन करना हो उसी दिन की तिथि एवं वार की संख्या जोड़कर जो संख्या प्राप्त होगी उसमे 1(+) जोड़ें , तत्पश्चात 4 से भाग (divide) करें यदि कुछ भी शेष न रहे अर्थात संख्या पूरी भाग हो जाये तो अग्रि का वास पृथ्वी पर जाने । यदि 3 शेष बचे तो भी अग्रि का वास पृथ्वी पर जाने । यदि 1 शेष बचे तो अग्रि का वास आकाश में जाने। यदि 2 शेष बचे तो अग्रि वास पाताल में जाने। यदि अग्रि वास पृथ्वी पर हैं तो सुखकारक यदि आकाश में हैं तो प्राण हानिकारक यदि पाताल में हैं तो धनहानि कारक होता हैं।

नित्य हवन, संस्कार व अनुष्ठान को छोड़कर अन्य पूजन कार्य में हवन के लिये अग्रिवास अवश्य देख लेना चाहिए।

ध्यान रखने योग्य बाते –

१- स्नान आदि नित्य कर्म कर स्वच्छ वस्त्र पहने हो सके तो लाल य पिले रंग के वस्त्र पहन लें, शुद्ध भारतीय वस्त्र पहन कर हवन करें।

२- हवन के लिए साधारण रूप से पश्चिम में बैठे और मुंह पूर्व दिशा की ओर होना चाहीये।

३- सामान्यतः हमें चतुर्वर्ग के आकार के कुण्ड का ही प्रयोग करना हैं।

४- शांति कार्यों में स्वर्ण, रजत या तांबे का हवन कुण्ड होना चाहिए ।

५- यझ-हवन कुण्ड को सजाया हुआ होना चाहिए ।

६- मुँह से फूंक मारकर, कपड़े या अन्य किसी वस्तु से धोक देकर हवन कुण्ड में अग्रि प्रज्ज्वलित नही करना चाहिए।

७- हवन कुण्ड की अग्रि को हीलाना – डुलाना या छेड़ना नही चाहिए ।

८- हवन कुण्ड में प्रज्ज्वलित हो रही अग्नि शिखा वाला भाग ही अग्नि देव का मुख कहलाता हैं। इस भाग पर ही आहुति करने से सर्वकार्य की सिद्धि होती हैं।

९- हवन कुण्ड में कम जलने वाला भाग नेत्र – यहाँ आहुति डालने पर अंधापन होता हैं।

१०- हवन कुण्ड में धुँआ वाला भाग नासिका – यहां आहुति डालने से मानसिक कष्ट होता हैं।

११- हवन कुण्ड में अंगारा वाला भाग मस्तक – यहां आहुति डालने पर धन नाश होता हैं।

१२- हवन कुण्ड में काष्ठ वाला भाग अग्नि देव का कर्ण कहलाता हैं। यहां आहुति करने से शरीर में कई प्रकार की व्याधि हो जाती हैं।

१३- हवन कुण्ड अग्नि को पानी डालकर बुझाना नही चाहिए।

१४- यज्ञ - हवन कुण्ड के ईशान कोण में कलश की स्थापना करें ।

१५- कलश के चारो ओर स्वस्तिक का चित्र अंकित करें ।

१६- दीपक को बाजोट पर पहले से बनाये हुए चन्दन के त्रिकोण पर ही रखे ।

१७- घी का दीपक देवता के दक्षिण भाग में लगाया जाना चाहिए ।

१८- तेल का दीपक देवता के बाएँ ओर लगाया जाना चाहिए।

१९- विशेष कामना पूर्ति के लिये अलग अलग होम सामग्रीयों का प्रयोग किया जाता हैं।

हवन लाभ

१- हवन करने से पूरे घर में सकारात्मक ऊर्जा का संचार होता हैं।

२- हवन और यज्ञ के दौरान बोले जाने वाले मंत्र, प्रज्जवलित होने वाली अग्नि और धुए से होने वाले अनेकों प्राकृतिक लाभ मिलते हैं,जो हमें एवं हमारी प्रकृति को लाभ पहुंचाते हैं।

३- हवन की प्राकृतिक सामग्री यानी समिधा वातावरण में फैले रोगाणु और विषाणुओं

को नष्ट करती हैं

४- हवन सुगंध व ऊष्मा मन व तन की अशांति व थकान को भी दूर करने वाली होती हैं।

५- हवन स्वस्थ और निरोगी जीवन का श्रेष्ठ धार्मिक और वैज्ञानिक उपाय हैं।

६- हवन के समय तांबे के पात्र के जल का आचमन करने से हमारी इंद्रियां सक्रिय हो जाती हैं तथा शरीर में सकारात्मक ऊर्जा उत्पन्न होने तन-मन स्वस्थ्य रहता हैं।

७- हवन से जल्दी ही ग्रहों के शुभ प्रभाव मिलने लगते हैं। पीड़ा देने वाले ग्रह से संबंधित वार को संकल्प करके ग्यारह या इक्कीस व्रत रखकर उसके उपरांत हवन, होम करके पूर्णाहुति देने से रोग, शोक, कष्ट और बाधाओं का निवारण होता हैं।

८- हवन के जरिए आसपास की नकारात्मक ऊर्जा और बुरी आत्माओं के प्रभाव को खत्म किया जाता हैं।

पूजन सामग्री-

१- रोली 10g या सिंदूर 10g,चावल (अक्षत) – ५० ग्राम, लौंग का जौड़ा 32, कमल गट्टा 15, सुपारी 15, कपूर 50G, बेलपत्र 21, शहद 50g, सुगंध, **साहयक सामग्री** - रूई, आम की लकड़ी 5 Kg, और माचिस 1, घी की आहुति के लिए चम्मच या लकड़ी का सुरवा, झंडी 5, चौक (रंगोली) पूरने के लिए- गेंहू का आटा, पीसी हुई हल्दी, पिली सरसो, राई, पूर्णाहुति के लिए गरी (नारियल) गोला ।

२- हवन कुण्ड, **स्तुवा** हवन कुण्ड में घी की आहुति देंगे (न मिले तो साफ बड़े चम्मच से भी काम चला सकते हैं), दो कटोरी, एक तांबे का लोटा, एक चम्मच, एक प्लेट य थाली, घी की कटोरी, आचमन, संकल्प व विनियोग के लिए कुण्ड के चारों तरफ जल की एक-एक कटोरी, संकल्प के लिए अक्षत व पुष्प रखें । संकल्प, विनियोग का जल डालने के लिए एक थाली ।

हवन (हविष्य) सामग्री -

हवन (हविष्य) सामग्री - हविष्य वह मिश्रण हैं जो अग्नि में जल सकने वाला पदार्थ हैं

हविष्य जो विभिन्न प्रकार सामग्री को मिलाकर तैयार होत। हैं, हविष्य सामग्री को यज्ञ (हवन/होम) के दौरान हवन कुण्ड की अग्नि में मंत्रो द्वारा समर्पित की जाती हैं। हवन सामग्री के घटक हवन के प्रकार के अनुसार परिवर्तित होते हैं, पर मुख्य घटक हवन के लिए आवश्यक सामग्री के रूप में सबसे जरूरी हैं –

१- सुगन्धित - केशर, अगर, तगर, चन्दन, इलायची, जायफल, जावित्री छड़ीला कपूर कचरी बालछड़ पानड़ी आदि!

२- पुष्टिकारक - घृत, गुग्गुल ,सूखे फल, जौ, तिल, चावल शहद नारियल आदि।

३- मिष्ट (मीठा) – शक्कर, छूहारा, दाख, मिश्री, शहद आदि।

४- रोग नाशक - गिलोय, जायफल, सोमवल्ली, ब्राह्मी, तुलसी, अगर, तगर, काले तिल, तिल, इंद्र जौ (जव), आमला, मालकांगनी, हरताल, तेजपत्र, प्रियंगु, केसर, सफ़ेद चन्दन, जटामांसी, आदि।

उपरोक्त चारों प्रकार की वस्तुएँ हवन में प्रयोग होनी चाहिए।

अन्नों के हवन से मेघ-मालाएँ अधिक अन्न उपजाने वाली वर्षा करती हैं। सुगन्धित द्रव्यों से विचारों शुद्ध होते हैं, मिष्ट पदार्थ स्वास्थ्य को पुष्ट एवं शरीर को आरोग्य प्रदान करते हैं, इसलिए चारों प्रकार के पदार्थों को समान महत्व दिया जाना चाहिए।

उदाहरण- सामग्री लगभग २ किलो ५०० ग्राम - काले तिल – १ किलो, जौ (जवा) – ५०० ग्राम, चावल (अक्षत) – २५० ग्राम, गूगल – ५० ग्राम, मिश्री – ५० ग्राम, घी- ५० ग्राम देसी घी (गाय का घी सर्वोत्तम), कमलगट्टा – १० ग्राम, कपूर पाउडर – १० ग्राम, शहद ५० ग्राम, जटामसी – १० ग्राम, चंदनचुरा – १० ग्राम, पंचमेवा ५० ग्राम (नारियल, मखाना, काजू किसमिस, छुहारा), चीनी बूरा ५० ग्राम, ये सभी मिला लें । २५० ग्राम आहुति डालने के लिए घी (गाय का घी सर्वोत्तम) अलग से ।

इसके अलावा जड़ी बूटियां मिला सकते हैं थोड़ी थोड़ी जैसे:- गिलोय, जायफल, ब्राह्मी, अगर, तगर, इन्द्र जव, सफेद चंदन, लाल चन्दन, जटामांसी, शंखपुष्पी, भोजपत्र आदि। भी मिला सकते पर जरूरी नहीं हैं।

आसान पर बैठकर, अपने ऊपर गंगा जल छिड़के इसके बाद हवन, पूजन सामग्री को भी गंगा जल से पवित्र कर लें फिर ऊपर लिखी हवन सामग्री को एक खुले बर्तन में देसी घी के साथ मिलाकर उसका मिश्रण तैयार कर ले, अब आपकी आहुति देने के लिए हवन सामग्री (हविष्य) तैयार हो चुकी हैं।

यदि सभी वस्तुएँ उपलब्ध न हों, तो जो मिले उसी से मिश्रण तैयार कर ले अथवा केवल घी, तिल, जौ, चावल से भी नियमित हवन कर सकते हैं या बाजार की हवन सामग्री का भी प्रयोग कर सकते हैं। मेरे अनुभव में गायत्री परिवार की हवन सामग्री श्रेष्ठ रहती हैं।

हवन में चढ़ाने के लिए प्रसाद की मिठाई और हलवा-पूरी, आचमन के लिए शुद्ध जल।

नोट - हवन सामग्री को जरूरत के अनुसार कम य ज्यादा किया जा सकता हैं।

2.5 हवन के लिए समिधा (लकड़ी) –

समिधा का अर्थ हैं वह लकड़ी जिसे जलाकर यज्ञ किया जाए अथवा जिसे यज्ञ में डाला जाए, आम, पीपल, पलाश, बड, ढाक, अपामार्ग, शमी, बिल्बसमिधा, चंदन आदि। **हवन के लिए आम की लकड़ी का इस्तेमाल करना सबसे अच्छा होता हैं।** लेकिन इसके अलावा पीपल, पलाश, बड, चंदन या ढाक की लकड़ी का भी इस्तेमाल कर सकते हैं। **नीम या बबूल की लकड़ी का प्रयोग न करें।** आप यह भी ध्यान रखें कि उस लकड़ी पर दीमक, चींटी या घुन ना हो, जिससे हवन के दौरान किसी भी तरह की जीव हत्या ना हो।

नवग्रह (शान्ति) के लिये समिधा

सूर्य की समिधा मदार की, चन्द्रमा की पलाश की, मंगल की खैर की, बुध की चिड़चिडा की, बृहस्पति की पीपल की, शुक्र की गूलर की, शनि की शमी की, राहु दूर्वा की और केतु की कुशा की समिधा कही गई हैं। मदार की समिधा रोग को नाश करती हैं, पलाश की सब कार्य सिद्ध करने वाली, पीपल की प्रजा (सन्तति) काम कराने वाली, गूलर की स्वर्ग देने वाली, शमी की पाप नाश करने वाली, दूर्वा की दीर्घायु देने वाली और कुशा

की समिधा सभी मनोरथ को सिद्ध करने वाली होती हैं।

इनके अतिरिक्त **देवताओं के लिए पलाश वृक्ष की समिधा** जाननी चाहिए।

हवन व्यवस्था

हवन से पहले शुद्धि का मंत्र-

ॐ अपवित्र: पवित्रो सर्वावस्थां गतोपिवा

य: स्मरेत पुण्डरीकाक्ष स: वाह्यभ्यतरे: शुचि:।

हाथ य चम्मच में जल लेकर अपने ऊपर व जो साथ में बैठे हैं उनके ऊपर छिड़क दे।

इसके बाद एक मिट्टी का अथवा जो भी उपलब्ध दिया (दीपक) हो प्रज्वलित करें दीपक को सुरक्षित स्थान पर अक्षत य पुष्प का आसान देकर कर स्थापित करे हवन के दौरान बुझे ना इसका विशेष ध्यान रखे।

दीपो ज्योति: परं ब्रम्ह दीपो ज्योति: जनार्दन: ।

दीपो हरतु में पापं दीपज्योति: नमोऽस्तु ते ।।

अब हवन कुण्ड तांबे का या मिट्टी का कुण्ड ले ले, बाजारों में उपलब्ध तांबे का हवन कुण्ड बेहतरीन विकल्प होता हैं। जिसकी लम्बाई चौडाई बराबर मात्रा में हो जैसे छोटा हवनकुण्ड 15×15 सेंटीमीटर का रहता हैं उपयुक्त हैं। यह दैनिक पूजा अर्चना के लिए ठीक हैं। हवन कुण्ड तांबे का इस्तेमाल कर रही/ रहे हैं तो उस पर भी आप चिकनी मिट्टी की लिपाई अच्छी तरह करें। इसके बाद आप उस पर गाय के गोबर से लेप करना ना भूलें अब हवन कुण्ड स्वच्छ स्थान पर रखकर उसके बीच गंगाजल के थोड़े छींटे लगाकर शुद्ध कर लेना हैं। हवन कुण्ड इस तरह स्थापित करना हैं कि जब आप आहुति देने बैठे तों आपका मुख पूर्व अथवा उत्तर दिशा की तरफ होना चाहिए, हवन कुण्ड के चारों तरफ कलावा बांध दें।

गणेशजी का स्मरण

वक्रतुंड महाकाय कोटिसूर्यसमप्रभ ।

निर्विघ्नं कुरु मे देव सर्वकार्येषु सर्वदा ।।

दिकबन्धन

ॐ पूर्वे रक्षतु वाराहः, आग्नेयां गरुड़ध्वजः।
दक्षिणे पद्मनाभस्तु, नैऋत्यां मधुसूदनः।।
पश्चिमे चैव गोविन्दो, वायव्यां तु जनार्दनः।
उत्तरे श्री पति रक्षेत्, देशान्यां ही महेश्वरः।।
अनुक्तमपि यत् स्थानं रक्षतु।
अनुक्तमपि यत् स्थानं रक्षत्वीशो ममाद्रिधृक्।।
अपसर्पन्तु ये भूताः ये भूताः भुवि संस्थिताः।
ये भूताः विघ्नकर्तारस्ते गच्छन्तु शिवाज्ञाया।।
अपक्रमन्तु भूतानि पिशाचाः सर्वतोदिशं।
सर्वेषां विरोधने यज्ञकर्म समारभे।।

कुण्ड में अग्नि स्थापन-

इसके बाद हवन कुण्ड में स्वास्तिक य तीन छोटी लकड़ी से अपनी ओर नोंक वाला त्रिकोण बनाएं, अग्नि बीज रं लिख कर। उसे **"अस्त्रायफट"** कहते हुए तर्जनी व मध्यमा से घेरें। फिर मुट्ठी बंद कर तर्जनी उंगली निकाल कर **"हूं फट"** मंत्र पढ़ें। हवन कुण्ड या पात्र में आम की लकड़ियों को जमा कर रखे।

अग्निस्थापनम -

अग्नि देव् का आवाहन करेंगे।

त्वं मुखं सर्वदेवां सप्तार्चिरभिद्यते। आगच्छ भगवन्नग्रे यज्ञेऽस्मिन्सत्रिद्यो भवः।।
अग्नि आवाहयामि। स्थापयामि। इहागच्छ। इहतिष्ठ।

अब कर्पूर की सहायता से अग्नि उत्पन्न करे,

"ह्रीं सांग सांग सायुध सवाहन सपरिवार नम:" मंत्र बोलते हुए अग्नि प्रज्वलित करें।

"ॐ पावकानायें नम:", अग्निदेव को प्रणाम कर, (पञ्चोपचार पूजा करें) हाथ अथवा आचमनी से हवन कुण्ड के ऊपर से 3 बार जल को घुमा कर अग्नि देव को प्रणाम करें अग्नि देव का यथा उपलब्ध सामग्री से पूजन करे मिष्ठान का भोग लगाएं, पुष्प माला हवन कुण्ड पर चढ़ाए, ना कि अग्नि में डाले, तदोपरांत अग्नि देव से मानसिक प्रार्थना करे हैं अग्नि देव में जिन देवी देवताओं के निमित्त हवन कर रहा हूँ उनका भाग उनतक पहुचाने का कष्ट करें व उनसे अनुरोध करे की हवन समाप्ति तक स्थिर रहने की कृपा करे।

अब हाथ को जोड़ कर अग्नि से प्रार्थना करें -

ॐ अग्रे चण्डिल्यगोत्रमेषध्वज । प्राङ् मुख मम सम्मुखो भव।।

चंद्रमा मनसो जात: तच्चक्षो: सूर्यअजायत श्रोताद्वायुप्राणश्च मुखादार्गिनजायत।

अग्नि प्रज्वल करने का मंत्र:-

जब अग्नि पूरी तरह से तेज हो जाये तब निम्न मंत्रो से **समिधा-घी** की आहुतियां,

समिधा आहुति

पलाश की तीन समिधाओं (3 लकड़ी घी) को घी में भिगोकर खड़े होकर निम्न मंत्र से अग्नि में छोड़े।

१- **ॐ समिधोभ्यादाय स्वाहा**

२- **"रं अग्नि अग्रेयै वह्नि चैतन्याय स्वाहा"** मंत्र से आग में घी (1 घृत आहुति) डालें।

अग्नि संस्कार, घी (घृत) आहुति

अब घी से आहुत्ति करे

१- **ॐ अस्याग्रे गर्भाधान संस्कार करोमि स्वाहा।**

२- **ॐ अग्रे पुनसवनः संस्कार करोमि स्वाहा।**

३- **ॐ अंगने सीमन्तोत्रयन संस्कार करोमि स्वाहा।**

इन ३ मंत्रो से अग्नि उठाए (महीला अकेली हो तो घी से आहुति न करे।) पुरुष ही घी

की आहुति करे ।)

घी आहुति (महीला व पुरुष दोनों आहुति दे)

१- **ॐ प्रजापतये स्वाहा ।** (अग्नि में) **इदं प्रजापतये इदं न मम॥** (पानी में)।

२- **ॐ इन्द्राय स्वाहा ।** (अग्नि में) **इदं इन्द्राय इदं न मम॥** (पानी में)।

३- **ॐ अग्नये स्वाहा ।** (अग्नि में) **इदं अग्नये इदं न मम॥** (पानी में)।

४- **ॐ सोमाय स्वाहा ।** (अग्नि में) **इदं सोमाय इदं न मम॥** (पानी में)।

५- **ॐ भूः स्वाहा ।** (अग्नि में) **इदं अग्नये इदं न मम॥** (पानी में)।

६- **ॐ भुवः स्वाहा ।** (अग्नि में) **इदं वायवे इदं न मम॥** (पानी में)।

७- **ॐ स्वः स्वाहा ।** (अग्नि में) **इदं सूर्याय इदं न मम॥** (पानी में)।

निम्न मंत्रो से केवल घी की आहुती मंत्र बोलते हुए दे, मंत्र के बाद स्वाहा अवश्य लगाए, मंत्र के बाद **स्तुवा** को घी में डूबाएं। उससे पहले अग्नि और फिर पानी से भरे पात्र में घी से आहुतियां दें। एक कटोरी में जल भर कर रखे उसमे घी डालते जाए।

हविष्य आहुति

हवन की मुद्रा **मृगी या हंसी** रहेगी, आहुति देने वाले सभी लोग साथ- साथ थोड़ा आगे हाथ बढ़ाकर आहुतियाँ डालें, जिससे सामग्री अग्नि में ही गिरे, इधर- उधर न बिखरे। हवन करते समय किन-किन उँगलियों का प्रयोग किया जाय, इसके सम्बन्ध में मृगी और हंसी मुद्रा को शुभ माना गया हैं।

मन्त्र की जितनी आहुतियाँ देनी हों, उसी अनुपात से सामग्री, घी, समिधा आदि की व्यवस्था पहले से ही कर लेनी चाहिए। जिस प्रकार अति सम्माननीय अतिथि को प्रेमपूर्वक भोजन परोसा जाता हैं, उसी प्रकार श्रद्धा- भक्ति और सम्मान की भावना के साथ अग्निदेव के मुख में आहुति दी जानी चाहिए।

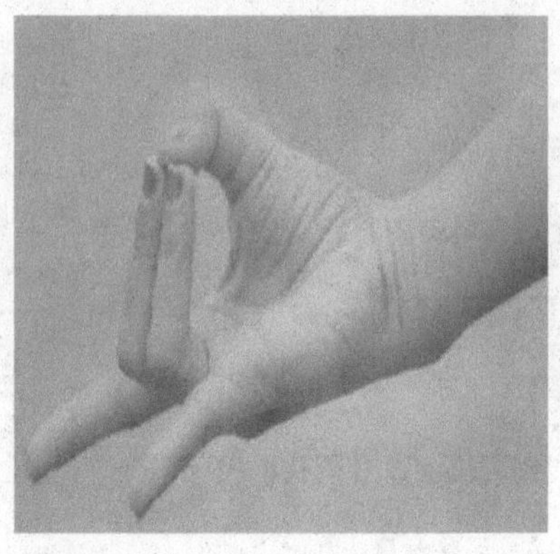 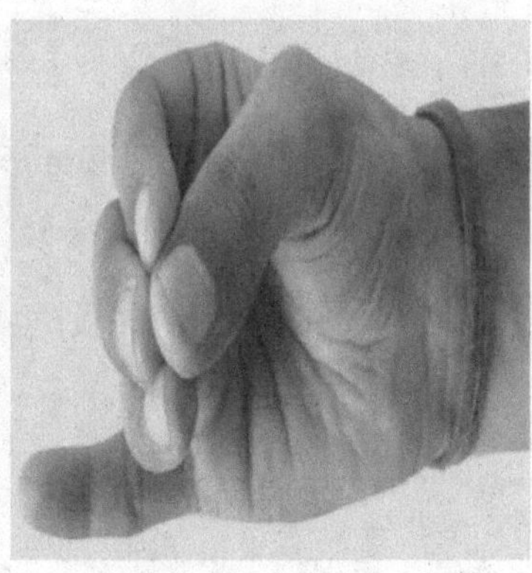

1. मृगी मुद्रा   **2. हंसी मुद्रा**

मृगी मुद्रा वह हैं जिसमें अँगूठा, मध्यमा और अनामिका उँगलियों से सामग्री होमी जाती हैं। मध्यमा और अनामिका अँगुलियों पर सामग्री रखी जाए और अँगूठे का सहारा देकर उसे आगे खिसकाने का प्रयोजन पूरा करना चाहिए।

हंसी मुद्रा वह हैं, जिसमें सबसे छोटी उँगली कनिष्ठका का उपयोग न करके शेष तीन उँगलियों तथा अँगूठे की सहायता से आहुति छोड़ी जाती हैं। छोटी उँगली कनिष्ठका का उपयोग न करके शेष तीन उँगलियों पर सामग्री रखी जाए और अँगूठे का सहारा देकर उसे आगे खिसकाने का प्रयोजन पूरा करना चाहिए।

निम्न मंत्र से तीन बार आहुति करें।

१- ॐ वैश्वानर जातवेद इहावह लोहीताक्ष सर्व कार्याणि साधय स्वाहा ।। (1 **आहुति करें) ।**

२- ॐ गणानां त्वा गणपति (गूं) हवामहे प्रियाणां त्वा प्रियपति (गूं) हवामहे निधिनां त्वा निधिपति (गूं) हवामहे वसो मम आहमजानि गर्भधमा त्वम जासि गर्भधम् स्वाहा, इदं गणपतये न मम । **(11 आहुति करें) ।**

३- ॐ अम्बे अम्बिके अम्बालिके नमानयति कश्चन।

ससस्त्यश्वकः सुभद्रिकां कांपील-वासिनी स्वाहा।। **(05 आहुति करें) ।।**

१- **श्रीमन्महागणाधिपतये नमः स्वाहा।**

२- उमामहेश्वराभ्यां नमः स्वाहा ।

३- लक्ष्मीनारायणाभ्यां नमः स्वाहा ।

४- वाणीहीरण्यगर्भाभ्यां नमः स्वाहा ।

५- शचीपुरन्दराभ्यां नमः स्वाहा ।

६- इष्टदेवताभ्यो नमः स्वाहा ।

७- कुलदेवताभ्यो नमः स्वाहा ।

८- ग्रामदेवताभ्यो नमः स्वाहा

९- वास्तुदेवताभ्यो नमः स्वाहा ।

१०- स्थानदेवताभ्यो नमः स्वाहा ।

११- सर्वेभ्यो देवेभ्यो नमः स्वाहा ।

१२- ॐ दुर्गाय नम: स्वाहा ।

१३- ॐ महाकालिकाय नम: स्वाहा ।

१४- ॐ जयंती मंगलाकाली भद्रकाली कपालिनी दुर्गा क्षमा शिवाधात्री स्वाहा स्वधा नमस्तुति स्वाहा ।

१५- ॐ त्र्यम्बकं यजामहे सुगन्धिंम् पुष्टिवर्धनम् उर्वारुकमिव बन्धनान् मृत्योर्मुक्षीय मामृतात् मृत्युन्जाय नम: स्वाहा ।

१६- ॐ ब्रह्माय नम: स्वाहा ।

१७- ॐ विष्णुवे नम: स्वाहा ।

१८- ॐ शिवाय नम: स्वाहा ।

१९- ॐ हनुमते नम: स्वाहा ।

२०- ॐ भैरवाय नम: स्वाहा ।

२१- ॐ ब्रह्मामुरारी त्रिपुरांतकारी भानुः क्षादी: भूमि सुतो बुधश्च: गुरुश्च शक्रे शनि राहु केतो सर्वे ग्रहा शांति कर: स्वाहा ॐ नवग्रह: नमः स्वाहा ।

२२- ॐ गुरुर्ब्रह्मा, गुरुर्विष्णु, गुरुर्देवा महेश्वर: गुरु साक्षात परब्रह्मा तस्मै श्री गुरुवे

नमः स्वाहा ।

२३- ॐ सूर्याय स्वाहा ।

२४- ॐ अग्निदेवाय स्वाहा ।

अनुष्ठान से संबंधित सभी आहुतियां करें।

इसके उपरांत गायत्री मन्त्र य इष्ट मंत्र से आहुति देनी चाहिए य जिन्होंने सत नाम इत्यादि का पाठ किया हैं वे देवी / देवता के प्रत्येक नाम के आगे स्वाहा लगाकर आहुति देना चाहिए। इष्ट मंत्र की २१ आहुतियाँ देनी चाहिए, आप रोज़ाना जाप करते हो उसकी जितनी माला की आहुति देनी हैं आप दें सकते हो।आपने मंत्र पढ़कर आखिर में स्वाहा बोलकर आहुति अग्निकुण्ड में दाल देनी हैं ।

जिन्हे मंत्रो से हवन नही करना वे बची हुई हवन सामग्री से स्विष्टकृत होम आहुति से विसर्जन मंत्र करें ।

स्विष्टकृत होम आहुति

हवन करते समय जो भी भूल हो गयी हो, उसके प्रायश्चित के रूप में गुड़ व घृत की आहुति दें।

ॐ अग्नये स्विष्टकृते स्वाहा, इदं अग्नये स्विष्टकृते न मम ।

यदि भोग लगाने के लिए कोई प्रसाद रखा हैं तो थोड़ा प्रसाद लेकर मंत्र बोलकर उसकी अग्नि में आहुति दें देनी

पूर्णाहुतिसंकल्पम

हाथ में जल अक्षत लेकर प्रार्थना करे। फिर अक्षत व जल को धरती पर छोड़ दें।

मन्त्र में रिक्त स्थान पर देवता या अनुष्ठान का नाम लें।

अद्य पुण्य तिथौ .... अनुष्ठानहवनकर्मणः सांगतासिद्धयथम् मृडनामाग्नौ पूर्णाहुति होष्ये।।

विनियोग

ॐ मूर्द्धानमिति मंत्रस्य भारद्वाज ऋषि वैश्वानरोदेवता त्रिष्टुपछन्दः पूर्णाहुति होमे

विनियोगः।

पूर्णाहुति के लिए गरी (नारियल) गोला का मुख काटकर इसे जल से स्नान कराएं । रोली या चंदन, नारियल पर घी लगा कर । कटे मुख में हवन सामग्री, मीठी वस्तु और घी डालकर पूर्णाहुति मंत्र से अग्नि को समर्पित कर दें । अग्नि पूरी तरह प्रज्वलित हो । गरी (नारियल) गोला न हो तो सुपारी से अथवा अखरोट डालकर पूर्णाहुति करें ।

निम्न मंत्रों से आहुति करें-

ॐ पूर्णमदः पूर्णमिदं, पूर्णात् पूर्णमुदच्यते।

पूर्णस्य पूर्णमादाय, पूर्णमेवावशिष्यते॥

'ॐ पूर्णमदः पूर्णमिदम् पुर्णात पूण्य मुदच्यते,

पुणस्य पूर्णमादाय पूर्णमेल विसिस्यते स्वाहा।'

आहुति के नारियल को यत्न करके हवन कुण्ड में सीधा करते हुए आधा दबा दें। जिसमे बूंच (मुख) वाला हिस्सा ऊपर की ओर रहे।

आगे दुये हुए मन्त्र से हवन में बची हुई आहुति के घृत की धार नारियल के ऊपर छोड़ते जाएं

ॐ सप्ततेअग्रेसमिधः सप्तजिह्वाः सप्तऋष्यः सप्तधामप्रियाणि

सप्तहोता: सप्तधत्वा यजन्ति सप्तयोनीरापृणस्व घृतेन स्वाहा ।।

ॐ वसो: पवित्रमसि शतधारं वसो: पवित्रमसि सहस्त्रधारम्।

देवस्त्वा सविता पुनातु वसो: पवित्रेण शतधारेण सुप्वा कामधुक्ष:, स्वाहा।।

पूर्ण आहुति के बाद हाथ मे जल लेकर हवन कुण्ड के चारो तरफ घुमाकर जमीन पर छोड़ दे, यथाशक्ति दक्षिणा दें, फिर परिवार सहीत आरती करके अपने द्वारा हुए अपराधों के लिए क्षमा-याचना करें, क्षमा मांगें। इसके बाद अपने ऊपर किसी से____रुपया उतरवाकर किसी अन्य को दें दें।

भस्मधारण

यज्ञकुण्ड से स्तुवा (जिससे घी की आहुति दी जा रही थी) में भस्म लेकर तिलक करें।

प्रदिक्षणा

हवनकुण्ड की ३ परिक्रमा करें।

यानि कानि च पापानि जन्मान्तर कृतानि च।

तानि सर्वाणि नश्चन्तु प्रदक्षिण: पदे पदे।

क्षमा प्रार्थना

ॐ आवाहनं न जानामि न जानामि विसर्जनम

पूजां चैव न जानामि क्षमस्व परमेश्वर/परमेश्वरी।

ॐ मंत्रहीनं क्रियाहीनं भक्तिहीनं सुरेश्वर/सुरेश्वरी

यत्पूजितं माया देवं/देवि परिपूर्ण तदस्तु मे।।

विसर्जन

थोड़े-से अक्षत लेकर देव स्थापन और हवन कुण्डमें निम्नलिखित मंत्र का उच्चारण करते हुए चढायें।

विसर्जन मंत्र देवता के लिए -

ॐ गच्छ गच्छ सुरश्रेष्ठ स्वस्थाने परमेश्वर।

यत्र ब्रम्हादयो देवा: तत्र गच्छ हुताशन।।

विसर्जन मंत्र देवी के लिए -

गच्छ देवी महामाया कल्याणं कुरु सर्वदा।

यथा शक्ति कृता पूजा भक्त्या कमललोचले।।

गच्छन्तु देवताः सर्वे दत्वा मे वरमीप्सितम।

इसके बाद कटोरी वाले जल को पूरे घर मे छिड़क दें। जो लोटे में जल बचा होगा उसका सभी परिवार वालों ने आचमन करना हैं और बाकी जल के घर में छींटे देने हैं।और अब अपने और अपने परिवार की सुख-शांति के लिए प्रार्थना करके अग्नि देव को नमस्कार करके उठ जाना हैं।

नोट- हवन कुण्ड की अग्नि के पूरी तरह शांत होने के बाद राख, बची सामग्री को

समेट कर किसी नदीं, जलाशय या आज के परिप्रेक्ष्य में भूमि में गड्ढा खोदकर डालकर ढंक दें। यदि इसकी राख को खेतों में डाला जाए तो निश्चय ही उसकी उर्वरा शक्ति में भारी बढ़ोतरी होगी।

गायत्रीमन्त्राहुति

गायत्री मन्त्र से २४ आहुतियाँ देनी चाहिए। समयानुसार संख्या को न्यूनाधिक किया जा सकता हैं।

न्यायिक प्रक्रिया में विजय पाने के हेतु,

पवन तनय बल पवन समाना। बुधि बिबेक बिग्यान निधाना॥

कवन सो काज कठिन जग माहीं। जो नहिं होइ तात तुम्ह पाहीं॥

दैवी शक्तियों की वृद्धि और आसुरी शक्तियों के शमन के लिए नवार्ण मंत्र

'ॐ ऐं ह्रीं क्लीं चामुंडायै विच्चे नमः स्वाहा' मंत्र से 21 आहुतियाँ देनी चाहिए।

महामृत्युंजय संकल्प मंत्र

हाथ में जल, अक्षत व पुष्प लेकर संकल्प करें । हाथ में लिए जल को देखते हुये ऐसी भावना करें कि जैसे जल व्यापक हैं, ऐसे ही हमारा संकल्प भी व्यापक हो । संकल्प करने के पहले, मध्य में एवं अंत में भगवान विष्णु (वसुदेव) को समर्पित करने की भावना करते हुये तीन बार भगवान के 'विष्णु' नाम का उच्चारण करें

'ॐ विष्णुः विष्णुः विष्णुः' आज पवित्र______मास के कृष्ण / शुक्लपक्ष की___तिथि को_______वार के दिन मैं स्वास्थ्य व दीर्घायु होने के लिए जप, हवन का संकल्प करता/करती हूँ ।

महामृत्युंजय विनियोग मंत्र

महामृत्युंजय मंत्र, हाथ में जल लेकर विनियोग करें।

ॐ अस्य श्री महामृत्युंजय मंत्रस्य वशिष्ठ ऋषिः, अनुष्टुप छंदः, श्री महामृत्युंजय रुद्रो देवता, हौं बीजं, जूं शक्तिः, सः कीलकं मम आयुः आरोग्यः यशः कीर्तिः तथा पुष्टिः वृद्धि अर्थे जपे तथा हवने विनियोगः । हाथ में रखें हुए जल को पात्र में छोड़ दें।

मंत्र -

ॐ हौं जूं स: ॐ भूर्भुव: स्व: ॐ त्र्यम्बकं यजामहे सुगन्धिं पुष्टिवर्धनम ।

उर्वारुकमिव बन्धनान्मृत्योर्मुक्षीय मामृतात ।। ॐ स्व: भुव: भू: ॐ स: जूं हौं

ॐ ।।

सर्व-देवता हवन मंत्र-

ॐ गणपते स्वाहा से शुरू करके आपने **ॐ महाविष्णवे स्वाहा** तक मंत्र का उच्चारण करते हुए हवन की आहुति देनी हैं।

ॐ गणपते स्वाहा ॐ ब्रह्मणे स्वाहा ॐ ईशानाय स्वाहा ॐ अग्रये स्वाहा ॐ निऋतये स्वाहा ॐ वायवे स्वाहा ॐ अध्वराय स्वाहा ॐ अदभ्य: स्वाहा ॐ नलाय स्वाहा ॐ प्रभासाय स्वाहा ॐ एकपदे स्वाहा ॐ विरूपाक्षाय स्वाहा ॐ रवताय स्वाहा ॐ दुर्गायै स्वाहा ॐ सोमाय स्वाहा ॐ इंद्राय स्वाहा ॐ यमाय स्वाहा ॐ वरुणाय स्वाहा ॐ ध्रुवाय स्वाहा ॐ प्रजापते स्वाहा ॐ अनिलाय स्वाहा ॐ प्रत्युषाय स्वाहा ॐ अजाय स्वाहा ॐ अहिर्बुध्न्याय स्वाहा ॐ रैवताय स्वाहा ॐ सपाय स्वाहा ॐ बहुरूपाय स्वाहा ॐ सवित्रे स्वाहा ॐ पिनाकिने स्वाहा ॐ धात्रे स्वाहा ॐ यमाय स्वाहा ॐ सूर्याय स्वाहा ॐ विवस्वते स्वाहा ॐ सवित्रे स्वाहा ॐ विष्णवे स्वाहा ॐ क्रतवे स्वाहा ॐ वसवे स्वाहा ॐ कामाय स्वाहा ॐ रोचनाय स्वाहा ॐ आर्द्रवाय स्वाहा

ॐ अग्निष्टाताय स्वाहा ॐ त्रयंबकाय भूरेश्वराय स्वाहा ॐ जयंताय स्वाहा ॐ रुद्राय स्वाहा ॐ मित्राय स्वाहा ॐ वरुणाय स्वाहा ॐ भगाय स्वाहा ॐ पूष्णे स्वाहा ॐ त्वष्टे स्वाहा ॐ अशिवभ्यं स्वाहा ॐ दक्षाय स्वाहा ॐ फालाय स्वाहा ॐ अध्वराय स्वाहा ॐ पिशाचेभ्या: स्वाहा ॐ पुरूरवसे स्वाहा ॐ सिद्धेभ्य: स्वाहा ॐ सोमपाय स्वाहा ॐ सर्पेभ्या स्वाहा ॐ वर्हिषदे स्वाहा ॐ गन्धर्वाय स्वाहा ॐ सुकालाय स्वाहा ॐ हुहै स्वाहा ॐ शुद्राय स्वाहा ॐ एक श्रृंग्राय स्वाहा ॐ कश्यपाय स्वाहा ॐ सोमाय स्वाहा ॐ भारद्वाजाय स्वाहा ॐ अत्रये स्वाहा ॐ गौतमाय स्वाहा ॐ विश्वामित्राय स्वाहा ॐ वशिष्ठाय स्वाहा ॐ जमदग्नये स्वाहा ॐ वसुकये स्वाहा ॐ अनन्ताय स्वाहा ॐ तक्षकाय

स्वाहा ॐ शेषाय स्वाहा ॐ पदमाय स्वाहा ॐ कर्कोटकाय स्वाहा ॐ शंखपालाय स्वाहा ॐ महापदमाय स्वाहा ॐ कंबलाय स्वाहा ॐ वसुभ्य: स्वाहा ॐ गुह्यकेभ्य: स्वाह ॐ अदभ्य: स्वाहा ॐ भूतेभ्या स्वाहा ॐ मारुताय स्वाहा ॐ विश्वावसवे स्वाहा ॐ जगत्प्राणाय स्वाहा ॐ हयायै स्वाहा ॐ मातरिश्वने स्वाहा ॐ धृताच्यै स्वाहा ॐ गंगायै स्वाहा ॐ मेनकायै स्वाहा ॐ सरय्यवै स्वाहा ॐ उर्वस्यै स्वाहा ॐ रंभायै स्वाहा ॐ सुकेस्यै स्वाहा ॐ तिलोत्तमायै स्वाहा ॐ रुद्रेभ्य: स्वाहा ॐ मंजुघोषाय स्वाहा ॐ नन्दीश्वराय स्वाहा ॐ स्कन्दाय स्वाहा ॐ महादेवाय स्वाहा ॐ भूलायै स्वाहा ॐ मरुदगणाय स्वाहा ॐ श्रिये स्वाहा ॐ रोगाय स्वाहा ॐ पितृभ्या स्वाहा ॐ मृत्यवे स्वाहा ॐ दधि समुद्राय स्वाहा ॐ विघ्नराजाय स्वाहा ॐ जीवन समुद्राय स्वाहा ॐ समीराय स्वाहा ॐ सोमाय स्वाहा ॐ मरुते स्वाहा ॐ बुधाय स्वाहा ॐ समीरणाय स्वाहा ॐ शनैश्चराय स्वाहा ॐ मेदिन्यै स्वाहा ॐ केतवे स्वाहा ॐ सरस्वतयै स्वाहा ॐ महेश्वर्य स्वाहा ॐ कौशिक्यै स्वाहा ॐ वैष्णव्यै स्वाहा ॐ वैत्रवत्यै स्वाहा ॐ इन्द्राण्यै स्वाहा ॐ ताप्तये स्वाहा ॐ गोदावर्ये स्वाहा ॐ कृष्णाय स्वाहा ॐ रेवायै पयौ दायै स्वाहा ॐ तुंगभद्रायै स्वाहा ॐ भीमरथ्यै स्वाहा ॐ लवण समुद्राय स्वाहा ॐ क्षुद्रनदीभ्या स्वाहा ॐ सुरा समुद्राय स्वाहा ॐ इक्षु समुद्राय स्वाहा ॐ सर्पि समुद्राय स्वाहा ॐ वज्राय स्वाहा ॐ क्षीर समुद्राय स्वाहा

ॐ दण्डार्ये स्वाहा ॐ आदित्याय स्वाहा ॐ पाशाय स्वाहा ॐ भौमाय स्वाहा ॐ गदायै स्वाहा ॐ पदमाय स्वाहा ॐ बृहस्पतये स्वाहा ॐ महाविष्णवे स्वाहा ॐ राहवे स्वाहा ॐ शक्त्ये स्वाहा ॐ ब्रह्मयै स्वाहा ॐ खंगाय स्वाहा ॐ कौमार्ये स्वाहा ॐ अंकुशाय स्वाहा ॐ वाराहैं स्वाहा ॐ त्रिशूलाय स्वाहा ॐ चामुण्डायै स्वाहा ॐ महाविष्णवे स्वाहा।

दुर्गा सप्तशती के वैदिक आहुति

नवरात्रि पर हर दिन हवन करना देवी को प्रसन्न करता हैं और आपके घर परिवार में सुख-समृद्धि का वास लाता हैं। नवरात्रि पर आप आसानी से घर बैठे ही खुद ही हवन कर सकते हैं। बस इसके लिए आपको सही मंत्र और आहुति से जुड़ी पूरी जानकारी होनी चाहिए। सर्व प्रथम दुर्गा देवी के मंत्रो की आहुति देना चाहिए, उसके बाद मूल पाठ से

आहुति देवे।

निम्न मंत्रो से आहुति दें

१- **ॐ दुर्गा देवी नमः स्वाहा**

२- **ॐ शैलपुत्री देवी नमः स्वाहा**

३- **ॐ ब्रह्मचारिणी देवी नमः स्वाहा**

४- **ॐ चंद्र घंटा देवी नमः स्वाहा**

५- **ॐ कुष्मांडा देवी नमः स्वाहा**

६- **ॐ स्कन्द देवी नमः स्वाहा**

७- **ॐ कात्यायनी देवी नमः स्वाहा**

८- **ॐ कालरात्रि देवी नमः स्वाहा**

९- **ॐ महागौरी देवी नमः स्वाहा**

१०- **ॐ सिद्धिदात्री देवी नमः स्वाहा**

तेरह अध्यायों की विशेष आहुतियां हैं-

1. पहला अध्याय-

मंत्र- **ॐ महाकाल्यै स्वाहा**

महाआहुति- कमलगट्टा, काली मिर्च, शहद, महुआ, राई।

2. दूसरा अध्याय-

मंत्र- **ॐ महालक्ष्म्यै स्वाहा**

महाआहुति- जायफल, जावित्री, कद्दू, पीली सरसों, राई।

3. **तीसरा अध्याय-**

मंत्र- ॐ महालक्ष्म्यै स्वाहा

महाआहुति- उड़द का बड़ा।

4. **चौथा अध्याय-**

मंत्र- ॐ महालक्ष्म्यै स्वाहा

महाआहुति- पंचमेवा व छुआरा (खारक)।

5. पांचवा अध्याय-

मंत्र- ॐ महासरस्वत्यै स्वाहा

महाआहुति- शक्कर व गन्ना।

6. छठा अध्याय-

मंत्र- ॐ धूम्राक्ष्यै स्वाहा

महाआहुति- जासौन का फूल।

7. सातवां अध्याय-

मंत्र- ॐ चामुण्डायै स्वाहा

महाआहुति- बिल्वफल, बिल्वपत्र, पालक।

8. आठवां अध्याय-

मंत्र- ॐ रक्ताक्ष्यै स्वाहा

महाआहुति- रक्त चंदन।

9. नौवां अध्याय-

मंत्र- ॐ भैरव्यै तारा देव्यै स्वाहा

महाआहुति- केला, नागरमोथा, अगर, तगर।

10. दसवां अध्याय-

मंत्र- ॐ भगवत्यै स्वाहा

महाआहुति- बिजोरा नींबू।

11. ग्यारहवां अध्याय-

मंत्र- ॐ नारायण्यै स्वाहा

महाआहुति- खीर-पूड़ी।

12. बारहवां अध्याय-

मंत्र- ॐ राजराजेश्वर्यै स्वाहा

महाआहुति- दाड़िम (अनार)।

13. तेरहवां अध्याय-

मंत्र- ॐ दुर्गा देव्यै स्वाहा

महाआहुति- श्रीफल

इन आहुतियों के बाद कम से कम 1 माला नवार्ण मंत्र से आहुति डाले, नवार्ण मंत्र '**ॐ ऐं ह्रीं क्लीं चामुंडायै विच्चे नमः स्वाहा**' नवार्ण मंत्र से आहुति के बाद साधक गण जिन्हे सप्तशती पाठ आहुति करनी वे पाठ संख्या के अनुसार **क्रम १ के अनुसार विशेष आहुति** देंगे और जिन्हे नहीं देनी वे आगे क्रम करे। जिन्हें सप्तशती मंत्रो से हवन नही करना वे बची हुई हवन सामग्री को पान के पत्ते पर रखकर साथ मे अनार दाना और **क्रम 2 के अनुसार** बताई सामग्री लेकर अग्नि में घी की धार बना कर छोड़ दे ।

क्रम १ के अनुसार विशेष आहुति

- प्रथम अध्याय एक पान देशी घी में भिगोकर 1 कमलगट्टा, 1 सुपारी, 2 लौंग, 2 छोटी इलायची, गुग्गुल, शहद यह सब चीजें सुरवा में रखकर खडे होकर आहुति देना।

- द्वितीय अध्याय प्रथम अध्याय की सामग्री अनुसार, गुग्गुल विशेष।

- तृतीय अध्याय प्रथम अध्याय की सामग्री अनुसार श्लोक सं। 38 शहद।

- चतुर्थ अध्याय प्रथम अध्याय की सामग्री अनुसार, श्लोक सं।1से11 मिश्री व खीर विशेष।

- **चतुर्थ अध्याय के मंत्र संख्या 24 से 27 तक इन 4 मंत्रों की आहुति नहीं करना चाहिए। ऐसा करने से देह नाश होता हैं। इस कारण इन चार मंत्रों के स्थान पर ओम नमः चण्डिकायै स्वाहा'** बोलकर, आहुति देना तथा मंत्रों का केवल पाठ करना चाहिए इनका पाठ करने से सब प्रकार का भय नष्ट हो जाता हैं।

- पंचम अध्ययाय प्रथम अध्याय की सामग्री अनुसार, श्लोक सं. 9 मंत्र कपूर, पुष्प, व ऋतुफल ही हैं।

- षष्टम अध्याय प्रथम अध्याय की सामग्री अनुसार, श्लोक सं. 23 भोजपत्र।

- सप्तम अध्याय प्रथम अध्याय की सामग्री अनुसार श्लोक सं. 10 दो जायफल श्लोक संख्या 19 में सफेद चन्दन श्लोक संख्या 27 में इन्द्र जौं।

- अष्टम अध्याय प्रथम अध्याय की सामग्री अनुसार श्लोक संख्या 54 एवं 62 लाल चंदन।

- नवम अध्याय प्रथम अध्याय की सामग्री अनुसार, श्लोक संख्या श्लोक संख्या 37 में 1 बेलफल 40 में गन्ना।

- दशम अध्याय प्रथम अध्याय की सामग्री अनुसार, श्लोक संख्या 5 में समुन्द्र झाग 31 में कत्था।

- एकादश अध्याय- प्रथम अध्याय की सामग्री अनुसार, श्लोक संख्या 2 से 23 तक पुष्प व खीर, श्लोक संख्या 29 में गिलोय, 31 में भोज पत्र 39 में पीली सरसों, 42 में माखन, मिश्री, 44 में अनार व अनार का फूल, श्लोक संख्या 49 में पालक, श्लोक संख्या 54 एवं 55 में फूल, चावल और सामग्री।

- द्वादश अध्याय प्रथम अध्याय की सामग्री अनुसार, श्लोक संख्या 10 मे नीबू काटकर रोली लगाकर और पेठा श्लोक संख्या 13 में काली मिर्च श्लोक संख्या 16 में बाल-खाल श्लोक संख्या 18 में कुशा श्लोक संख्या 19 में जायफल और कमल गट्टा श्लोक संख्या 20 में ऋीतु फल, फूल, चावल और चन्दन श्लोक संख्या 21 पर हलवा और पुरी श्लोक संख्या 40 पर कमल गट्टा, मखाने और बादाम श्लोक संख्या 41 पर इत्र, फूल और चावल

- त्रयोदश अध्याय प्रथम अध्याय की सामग्री अनुसार, श्लोक संख्या 27 से 29 तक फल व फूल।

जायफल से कीर्ति और किशमिश से कार्य की सिद्धि होती हैं। आंवले से सुख और केले से आभूषण की प्राप्ति होती हैं। इस प्रकार फलों से अर्घ्य देकर यथाविधि हवन करें, खांड, घी, गेहूं, शहद, जौ, तिल, बिल्वपत्र, नारियल, किशमिश और कदंब से हवन करें। गेहूं से हवन करने से लक्ष्मी की प्राप्ति होती हैं। खीर से परिवार, वृद्धि।

क्रम 2 के अनुसार हवन सामग्री

ऊपर दिए गए मंत्र संख्या अनुसार हवन करें शेष मंत्रो में सामान्य हवन सामग्री का ही प्रयोग करे हवन के आरंभ एवं अंत मे यथा सामर्थ्य अधिक से अधिक नवार्ण मंत्र से आहुति डाले घी से दी गई आहुति को पात्र के जल में छोड़ते रहना हैं। नवार्ण आहुति के बाद पूर्ण आहुति के लिये एक सूखा नारियल (गोला) में सामग्री भर कर अग्नि में डाले तथा शेष बची सामग्री को नारियल पर घी की धार बांधते हुए उसी के ऊपर छोड़ दें आहुतियों के बाद अंत मे माता से प्रार्थना कर हाथ मे जल लेकर हवन कुंड के चारो तरफ घुमाकर जमीन पर छोड़ दे इसके बाद माता की आरती कर क्षमा प्रार्थना कर अग्नि से भस्मी निकालकर घर के सभी सदस्यों के तिलक करें पात्र के घी मिश्रित जल को घर मे छिड़क देने से नकारत्मक शक्तियां खत्म हो जाती हैं। हवन के उपरांत यथा सामर्थ्य कन्याओं को भोजन करा दक्षिणा दे तदोपरान्त स्वयं भी प्रसाद ग्रहण करें।

6. मंत्र साधना के संक्षिप्त नियम

मंत्र क्या हैं ?

मंत्र- शब्दों का एक खास क्रम है जो उच्चारित होने पर एक खास किस्म का स्पंदन पैदा करते हैं, जो हमारे द्वारा उन स्पंदनों को ग्रहण किया जाता है जो कि हमारे मन और मस्तिष्क में बनने वाले विचार और उस विचार की बार-बार पुनरावृत्ति होने से बनने वाली मंत्रणा को केंद्रित करता है।

वास्तव में देखा जाये जाये तो मन्त्र एक ध्वनि या वाक्यांश हैं जिसके जप या ध्यान करने से साधक की आध्यात्मिक और मनोवैज्ञानिक शक्ति उन्नत होती हैं। संस्कृत के दो शब्दों से मिलकर 'मंत्र' बनता हैं यह दो शब्दों हैं, 'मानस' (मन) और 'त्र' (मुक्त करना या रक्षा करना), मन को उसकी शक्तियों को जाग्रत करना या मुक्त कर देना, जो कि हमें चेतना की उच्च अवस्थाओं से जोड़ने के लिए मंत्रों का अहम किरदार होता हैं प्रत्येक देवी-देवता मन्त्र निश्चित होता हैं जिसके जाप और ध्यान से साधक को आराध्य की अधिकतम सकारात्मक ऊर्जा प्राप्त होती हैं, वास्तव में मन और शब्दों की ध्वनि से एकाकार हो जाता हैं तब साधक के लिए असंभव कार्य भी संभव हो जाता हैं।

मंत्र आराध्य के पवित्र शब्दो का एक समूह होता हैं, जैसे एकाक्षरी (एक अक्षर वाला - **ह्रीं**), पंचाक्षरी (पांच अक्षर वाला - **नमः शिवाय**), नवार्ण (नवशब्दो से बाना- **ऐं ह्रीं क्लीं चामुण्डायै विच्चे),** चौबीस अक्षरी (चौबीस अक्षर वाला - **ॐ भूर्भुवः स्वः तत्सवितुर्वरेण्यं भर्गो देवस्य धीमहि धियो यो नः प्रचोदयात्)** इत्यादि।

मंत्र कैसे कार्य करता हैं ?

मानस (दिमाग) और त्र (उपकरण) मंत्र का शाब्दिक अर्थ हैं "मन के लिए एक उपकरण," और इसे साधको को उनकी वास्तविक प्रकृति और उच्च शक्ति तक पहुंचने में मदद करने के लिए डिज़ाइन किया गया था। संस्कृत में कंपन (वाइब्रेशन) और

प्रतिध्वनि (इको) के अनुभूत प्रयोग बहुत देखने को मिलते हैं।

"साधक महीनों या वर्षों तक नियमित अभ्यास के माध्यम से एक मंत्र को सिद्ध (जीवंत) करते हैं।"

"यह आग जलाने के लिए एक पत्थर पर चकमक पत्थर रगड़ने जैसा हैं। आपकी चेतना के अंदर अक्षरों का घर्षण, अपने आप को बार-बार मंत्र में पड़ने वाला ध्यान, और विशेष रूप से आप अपनी जागरूकता के अंदर मंत्र की प्रति ध्वनि (गूंज, Echo) की अनुभूति पर जो ध्यान देते हैं वह अंततः शरीर में मंत्र की ऊर्जा को खोल देगा, और यह केवल शब्द बनना बंद हो जाएगा और एक जीवित ऊर्जा बन जाएगी जिससे आप अपनी आंतरिक स्थिति को बदलते हुए स्वम् महसूस करेंगे।

मंत्र की व्यापक वैज्ञानिक योजना को अंतःकरण (भीतर से) समझा जाता हैं, तकनीकी शब्द ऋषि, छंद और देवता हमें, हमारी व्यक्तिगत ध्यान यात्रा के लिए एक अन्तः नक्शा (एक रोड मैप) दे सकते हैं। जो हमें यह बता सकता हैं कि मंत्र कहां से आया हैं, इसकी संरचना कैसे हुई हैं और इसका अभ्यास हमारी चेतना को कैसे प्रभावित करेगा। परन्तु मन्त्र विज्ञान का क्रियात्मक ज्ञान केवल बौद्धिक समझ से नहीं आता, यह मुख्य रूप से मंत्र ध्यान के निरंतर अभ्यास पर आधारित हैं। और लगातार ध्यान और जाप से आत्मिक स्तर पर महसूस किया जा सकता हैं। विज्ञान इसे सूक्ष्म क्रिया या ध्यान चिकित्सा कहता हैं।

मन्त्र कितने प्रकार के होते हैं –

वैदिक, शाबर और तांत्रिक तीन तरह के मंत्र होते हैं, मंत्र जाप से पहले यह जान लें आप किस तरह के मंत्र का जाप करने जा रहे हैं। वैदिक मंत्र सिद्ध करने में बहुत समय लगता हैं लेकिन इन मंत्रों की सिद्धि का प्रभाव बहुत समय तक बना रहता हैं। शाबर मंत्रों की सिद्धि कम समय में हो जाती हैं कम समय तक प्रभावी रहते हैं इन्हे मुहूर्त विशेष पुनः जीवंत करना पड़ता हैं। तांत्रिक मन्त्र निश्चित संख्या में जपने पर कामना (इक्षा) की पूर्ति करते हैं इनका प्रभाव कामना पूर्ति उपरांत स्वतः समाप्त हो जाता हैं।

अपना मंत्र कैसे चुनें ?

साधक को मंत्र चुनते समय विशेष सावधानी रखनी चाहिए क्योंकि मन्त्र की ऊर्जा साधक की मनोकामना को पूर्ण करती हैं या जिस उद्देश्य के लिए मन्त्र जाप साधना की जा रही आपके गलत मन्त्र साधना से फ़लीभूत नहीं होती हैं अतः मन्त्र शास्त्र सम्मत प्राचीन, अजमाया हुआ, गुरुमुख से प्राप्त या संस्कृत वेद, पुराण से हो सकता हैं। या यह किसी अन्य भाषा (सांबर , लोक मान्यता का मंत्र इत्यादि) का कोई भी शब्द या वाक्यांश भी हो सकता हैं, जो आपको आरामदायक, प्रेरक या आपके कार्य को पूर्ण करने में समर्थ हो या जिसे जमीनी स्तर पर आजमाया गया हो। मन्त्र साधना करते वक्त मन्त्र व मन्त्र के अधीनस्त देवता का पूजन व पूर्ण विस्वास रखकर मन्त्र साधना प्रारम्भ करे।

मंत्र जप के प्रकार

जप करने के तीन प्रकार होते हैं, उपाशु जप, मानस जप और वाचिक जप, वाचिक जप में मंत्रों का उच्चारण ऊँचे स्वर में और स्पष्ट आवाज में किया जाता हैं। एकदम धीमे स्वर में जप करने को उपाशु जप कहते हैं, इसमें होंठ हीलते हैं लेकिन आवाज किसी अन्य व्यक्ति को सुनाई नहीं देती हैं। मानस जप में मानसिक रूप से उच्चारण किया जाता हैं।

मंत्र सिद्धि नियम

मंत्र सिद्धि में सबसे पहले मन्त्रों के उच्चारण पर ध्यान दिया जाता हैं। फिर जिस मंत्र का जप करना हैं उस मंत्र को गुप्त रखें, नियम के अनुसार ही जप करें यदि मंत्र का जप रोज करना हैं तो निश्चित समय पर ही मंत्र जप करें।

मंत्र जप का स्थान

मंत्र जप के लिए किसी एकांत स्थान का चुनाव करना चाहिए जहां किसी का दखल या हस्तक्षेप न हो । जिस भी स्थान पर मंत्र जप के लिए जाएं तो उस स्थान के रक्षक देव से प्रार्थना करें 'मै इस स्थान पर रहूंगा मुझे इसकी आज्ञा दें और इस अवधि में जो भी संकट, उपद्रव, भय और बाधा मेरे ऊपर आएं उन्हें दूर करिये'।

मंत्र जप की अवस्था - मंत्र जप शुद्ध अवस्था में करना चाहिए, मंत्र सिद्धि के लिए पद्मासन में बैठें या मंत्र में जिस अवस्था का लिखा हो लेना चाहिए, अगर दाहिने हाथ से मंत्र जप करना हैं तो बाएं हाथ को अपनी गोद में रखें, सात्विक भोजन करें।

बिना रक्षा मंत्र के जाप करने नहीं बैठे - मंत्र साधना करते वक्त मन्त्र के आराध्य देवता का रक्षा कवच या रक्षा मन्त्र का एक माला जाप अवश्य करना चाहिए नही तो मन्त्र साधना काल में सांप वगैरह से डर जाए या मंत्र को बीच में छोड़ दे तो मानसिक स्वास्थ्य गड़बड़ा जाता हैं। अतः कोई भी साधना निर्भीक होकर व पूर्ण करनी चाहिए। जिससे साधक को जप साधना इत्यादि का लाभ मिल सके।

मन्त्र जाप के वस्त्र - मंत्र साधना में धोती, दुपट्टा सफेद रंग का हो या मंत्र में जिस रंग का लिखा हो, अच्छा लेना चाहिए।

नियंत्रित और शांत मन से करें जप - यदि जप करते समय आपके मन में कई बातें चल रही हैं तो मंत्र सिद्धि असंभव हैं। जप करते समय यदि आपका मन मंत्र के अधीन हो जाये तो आपका मंत्र सिद्ध हो गया हैं। नियमित अभ्यास से मंत्र जप के दौरान कुछ समय बाद मन खुद ही नियंत्रित हो जाता हैं।

अन्य सावधानियां

१- मंत्र की साधना के लिए गर्मी का समय ठीक रहता हैं ताकि सर्दी नहीं लगे।

२- दो जोड़ी कपड़े रखें ताकि मल-मूत्र हेतु जाएं तो दूसरे वस्त्र पहनें। अपवित्र होते ही स्नान करें या बदन पोंछ लें। वस्त्र अपवित्र न हों। वस्त्र जिस रंग के बताये गए हैं उस रंग के ही पहनें।

३- मंत्रों का स्पष्ट उच्चारण करें। मंत्र के अक्षरों का शुद्धता से धीरे-धीरे उच्चारण करें, अक्षरों को शुद्ध बोलें।

४- मन्त्र की सिद्धि के लिए जो बातें मन्त्र के लिए दर्शायी गई हैं उन्हें अवश्य पूर्ण करे।

५- आसन, जप माला वस्त्रो के रंग के हो या फिर जिस रंग के बताये गए हैं उस रंग

के होने चाहिए।

६- मन्त्र जिस उंगली, अंगूठे से जाप करना लिखा हो उससे ही जाप करें।

७- मंत्र हेतु दीपक लिखा हो, तो दीपक जलता रहे। धूप लिखी हो तो धूप सामने रखें।

८- लोभ-लालच या दूसरों का बुरा करने के लिए जप ना करें।

९- अनुभवी साधक की सलाह पर ही मंत्र सिद्ध करें अन्यथा विपरीत परिणाम हो सकते हैं।

मंत्र के चिकित्सीय लाभ

१- मंत्र हमारे जीवन को स्वस्थ बनाने का सबसे उत्तम मार्ग हैं।

२- नियमित मंत्र का मनन करने से पूरे शरीर को विश्राम मिलता हैं और हार्मोन तंत्र नियंत्रित होता हैं।

३- मंत्र के अतिरिक्त चिंता और क्रोध पर नियंत्रण पाने का इससे सरल मार्ग दूसरा नहीं हैं।

४- मंत्र का उच्चारण प्रदूषित वातावरण में यह पूरे शरीर को विष मुक्त करता हैं।

५- मंत्र का मनन हृदय और रक्त संचार प्रणाली को सुदृढ़ करता हैं।

६- मंत्र के उच्चारण से यौवन और चेहरे पर कांति आती हैं।

७- मंत्र के जप से पाचन तंत्र सुदृढ़ होता हैं।

८- थकान के बाद मंत्र का मनन आपको नई ऊर्जा से भर देता हैं।

९- अनिद्रा रोग से छुटकारा पाने में मंत्र का बहुत महत्व हैं। सोते समय इसका नियमित मनन करें।

१०- थोड़े से प्रयास में मंत्र की शक्ति आपके फेफड़ों और श्वसन तंत्र को सुदृढ़ बनाना हैं।

मंत्र के मनोवैज्ञानिक चिकित्सा में लाभ

१- मंत्र की शक्ति आपको दुनिया का सामना करने की शक्ति देती हैं।

२- मंत्र का नियमित मनन करने से आप क्रोध और हताशा से बचे रहते हैं।

३- मंत्र की गूंज आपको स्वयं को नियंत्रित करने में सक्षम बनाती हैं। आप स्वयं में नया उत्साह महसूस करते हैं।

४- मंत्र की ध्वनि से आपके पारस्परिक सम्बंध सुधरते हैं। आपके व्यक्तित्व में आने वाला बदलाव लोगों को आकर्षित करता हैं और लोग आपसे ईर्ष्या करना छोड़ देते हैं।

५- आप अपने जीवन के उद्देश्य और उसकी प्राप्ति की ओर अग्रसर होते हैं और आपके चेहरे पर मुस्कान बनी रहती हैं।

६- नई उमंग और स्फूर्ति आती हैं। आप में सजगता और सर्तकता बढ़ती हैं।

मन्त्र प्राप्ति एवं उसकी सिद्धि

किसी भी मंत्र को सिद्ध करने के लिए भी उसका जाप किया जाता हैं । मंत्र तीन प्रकार से हम को प्राप्त होते हैं।

1- गुरु मुख से

2- स्वप्न मे

3- किसी किताब से

गुरु मुख से

गुरु मुख से प्राप्त मंत्र का विधान गुरु द्वारा की प्राप्त होता मंत्र किस प्रकार जपा जाएगा उसको सिद्ध करने के लिए काया कैसे करना होगा गुरु अपने शिष्य को बताता हैं । उसका जाप गुरु आदेश के अनुसार किया जाता हैं वो मंत्र अपना प्रभाव और अधिकार आप को प्रदान करता हैं।

स्वप्न मे

जब मंत्र स्वप्न के माध्यम से प्राप्त होता हैं वो मंत्र सिद्ध होते हैं उनका सिर्फ जाप किया जाता हैं वो अपना प्रभाव प्रदान लगते करने हैं मंत्र पर आपका अधीर हैं इसलिए वो मंत्र आप को दैविक कृपा से स्वप्न के माध्यम से प्राप्त होता हैं ।

किसी किताब से

तीसरे मे जब हम मंत्र को किसी किताब या आज कल सोशल मीडिया के माध्यम से

जानते हैं उसको जाप नहीं करना चाहिए क्यूंकी गुरु जब मंत्र देता हैं तो आप की आसवश्यकता और आपके समर्थ के अनुसार प्रदान करता हैं जप आप उसका जाप करते हैं तब आप को जो अनुभव होते हैं उस के अनुसार गुरु आप का मार्ग दर्शन करता जाता हैं जिससे आप गलत मार्ग पर न चले जाये, जिससे आप को कोई हानी ना हो। किन्तु आदि के माध्यम से प्राप्त मंत्र के साथ मार्ग दर्शन का अभाव होता हैं क्यूंकी हम हरी समर्थ हुमे ज्यादा दूसरा अच्छे से पहचानता हैं ।

मंत्र अगर सही माध्यम से प्राप्त हुआ हैं तो उसका पूर्ण अधिकार और उस पूर्ण फल प्राप्त करने के लिए शास्त्रों ने भी पुस्श्चरन करने का आदेश दिया हैं। जाप करने मात्र से जैसे जैसे संख्या बढ़ेगी आपको मंत्र का प्रभाव और अनुभव आने लगेगे पर मंत्र पर आप को अधिकार नहीं मिलेगा न उसके पूर्ण फल आप को प्राप्त होगा।

पुस्श्चरन दो प्रकार के होते वैसे इस के कई प्रकार हैं पर मुख्य दो हैं

1- लघु पुस्श्चरन

2- दीर्घ पुस्श्चरन

लघु पुस्श्चरन मे कम दिन मे नियत संख्या मे जाप किया जाता हैं जैसे 11, 21, 41 दिन मे सवा लाख जाप पूर्ण करना होता हैं

दीर्घ पुस्श्चरन मे कम से कम 90 दिन मे एक लाख जाप किया जाता हैं

सही पुस्श्चरन की संख्या जीतने अक्षर मंत्र मे हैं उतने लाख जाप का एक पुस्श्चरन कहा गया हैं कुछ विधवानों के अनुसार कलयुग मंत्र के जीतने अक्षर हैं उसका चार गुना जाप एक पुस्श्चरन होता हैं

जैसे किसी मंत्र मे दस अक्षर हैं तो उसके अनुसार 10 लाख कलयुग का चार गुना 10 लाख x 4 = 40 लाख का एक पुस्श्चरन हुआ ।

अब पुस्श्चरन के कितने अंग होते हैं

पुस्श्चरन के पाँच अंग होते हैं

१- जाप

२- हवन

३- तर्पण

४- मार्जन

५- ब्राह्मण भोज

पुरुश्चरन कैसे करना हैं

1- जितनी भी संख्या मे जाप करना हैं उतनी संख्या, कितने दिन मे संख्या पूर्ण करना हैं कुल संख्या को उतने दिन मे बराबर बांटना हैं

जैसे मानो आप को सवा लाख जाप करना हैं 21 दिन मे तो आप को 125000 भाग 21 से देना होगा

125000/21 = 5952 संख्या मे जाप आप को प्रतिदिन करना होगा । इस संख्या से माला की संख्या निकालने के लिए आप 5952 का भाग 108 से देना होगा

5952/108 =55.11 माला = 56 माला आप की प्रतिदिन का जाप होगा

56 माला रोज 21 दिन करना हैं न एक माला कम करना हैं ना एक माला ज्यादा 56 माला मतलब 56 माला, समय, स्थान, माला संख्या, दिशा निश्चित रहेगी इसमे परिवर्तन नहीं किया जाता। जब आपका जप संख्या, दिन निर्धारित हो जाये, तब आपको संकल्प लेना हैं एक बार संकल्प लेने के बाद आप संकल्प तोड़ नहीं सकते । संकल्प टूटने या तोड़ने का दोष लगता हैं । इसलिए पुरुश्चरन मे किसी प्रकार का विध्न न उतपन हो उस लिए गुरु मंत्र , गणेश और बटुक भैरव का जाप के साथ इष्ट का रक्षा कवच का पाठ नियमित करे। जाप के साथ

आसान बंधन

दिग बंधन

कवच का भी पाठ साथ मे किया जाता हैं।

हवन

साधक जीतने संख्या का पुरुश्चरन करता हैं उसको उस संख्या के दशांश (10%)

संख्या हवन करना होता हैं ।

जैसे :- 125000 हजार जाप का 10% 12500 आहुति का हवन करना होगा

तर्पण

जितनी संख्या का हवन होता हैं उसका 10% संख्या का तर्पण किया जाता हैं

जैसे :- हवन की आहुति की संख्या 12500 हैं इसका 10% 1250 आप को तर्पण करना होगा ।

मार्जन

जितनी संख्या मे तर्पण किया जाता हैं उसका 10% मार्जन किया जाता हैं ।

जैसे :- 1250 संख्या का तर्पण किया इसका 10% 125 संख्या का मार्जन होगा

ब्राह्मण भोज

जितनी संख्या मार्जन की थी उसका 10% की संख्या ब्राह्मणो की होगी

जैसे : 125 संख्या मार्जन की हैं इस का 10% 12.5 इस को राउंड ऑफ करेंगे तो 13 ब्राह्मण का भोज करना होगा।

इस के साथ मे पुरश्चरन के समय मे सात्विक एक सामी का भोजन, ब्रह्मचर्य, विवाद, झूठ, अधिक बातचीत आदि का परहेज रखना होगा ।

पुरश्चर्ण मे और भी विधान होते हैं पर आज कल के समय मे साधक इतना ही निर्विघ्न रूप से कर के उसके लिए बड़ी बात हैं ।

पुरश्चर्ण के बाद साधक को कई दिव्य अनुभव और मंत्र के प्रभाव से चमत्कारों का अनुभव होते हैं मन मे असीम शांति शरीर हल्का लगना मन शांत रहना आदि अनुभव होते हैं ।

ॐ कार मंत्र साधना

ॐ कार क्या हैं?

प्रणव - इस ध्वनि को हमारे तपस्वी और ऋषि - महर्षियों ने अपनी ध्यानावस्था में सुना। जो लगातार सुनाई देती रहती हैं शरीर के भीतर भी और बाहर भी, हर कहीं, वही

ध्वनि निरंतर जारी हैं । उन्होंने उस ध्वनि को नाम दिया ब्रह्मनाद अथवा ॐ कहा यानी अंतरिक्ष में होने वाला मधुर गीत 'ओ३म्' ही अनादिकाल से अनन्त काल तक ब्रह्माण्ड में व्याप्त हैं। ओ३म् की ध्वनि या नाद ब्रह्माण्ड में प्राकृतिक ऊर्जा के रूप में फैला हुआ हैं। यह ईश्वरीय ऊर्जा हैं, सर्वत्र फैला, कण कण में व्याप्त सार्वभौम ऊर्जा, जो तरंगो के रूप में सर्वत्र विकिरत हैं। इसीलिए इसे **प्रणव** भी कहा जाता हैं, यह सब जगह सम्पूर्णता देने में सक्षम हैं, अकेले हो या किसी शक्ति के साथ सर्वत्र ऊर्जा स्वरुप हैं।

ॐ की कंपन ध्वनि सभी ध्वनियों की जननी हैं। और यह ध्वनि ईश्वर की अभिव्यक्ति हैं, ईश्वर रचनाकार बनकर, सभी पदार्थों का निर्माता और पदार्थ रूप हैं। ॐ में ब्रह्मांडीय ऊर्जा समाहीत हैं जो ईश्वर से निकलती हैं, ॐ पवित्र कंपन पदार्थ (ईश्वर) और आत्मा के बीच की कड़ी हैं। ॐ पर ध्यान करने मात्र से समस्त सृष्टि के सार को महसूस किया जा सकता हैं। ईश्वर के चार गुण या ऊर्जाएँ हैं: प्रकाश, ताप, कंपन और ध्वनि। भौतिकी के अनुसार ऊर्जा की व्याख्या इन चार गुणों से की जाती हैं। सूर्य में ये चारों गुण हैं। प्रणव की ध्वनि को आंतरिक रूप से उसके स्रोत तक ले जाने से, योगी की आत्मा (चेतना) ईश्वर तक पहुँच जाती हैं। ॐ ब्रह्म का प्रतीक हैं। ॐ अनंत हैं, ॐ अनंत काल हैं। ॐ अमरता हैं। ॐ हर पदार्थ (चीज) का स्रोत हैं। ॐ से सभी ध्वनियाँ निकलती हैं। ॐ में सभी सुख के स्त्रोत मौजूद हैं।

पतंजलि योग सूत्र में लिखते हैं, **"तस्य वाचकः प्रणवः"**, यानी ॐ (प्रणव) भगवान को सूचित करने वाला शब्द हैं। अगले सूत्र में वे लिखते हैं, **"तज्जपस्तदर्थभावनम्"**, जिसका अर्थ हैं कि (ॐ शब्द) का मानसिक रूप से उसके अर्थ पर ध्यान करते हुए बार-बार उच्चारण किया जाना चाहिए। उनका कहना हैं कि ॐ वह शब्द हैं जो ईश्वर को इंगित करता हैं; ईश्वर का वर्णन ॐ द्वारा किया गया हैं। ॐ वह मंत्र हैं जो ईश्वर को नामित करता हैं। आगे पतंजलि कहते हैं, **"ततः प्रत्यक्चेतनाधिगमो प्यन्तरायभावश्च"** ॐ जप के परिणाम स्वरूप, चेतना या जागरूकता अंतर्मुखी हो जाती हैं और बाधाएं गायब हो जाती हैं। जब कोई साधक योग के मार्ग पर आगे बढ़ने का प्रयास करता हैं तो

उसे अनेक बाधाओं का सामना करना पड़ता हैं सिद्धिया रास्ता रोकती हैं। अगला सूत्र उन नौ बाधाओं की सूची देता हैं जो साधक या योगी के मार्ग में बाधा बनती हैं, ये बाधाएं हैं - रोग, नीरसता, संदेह, विलंब, आलस्य, लालसा, गलत धारणा, बेहतर चरणों को प्राप्त करने में असमर्थता और अस्थिरता। ॐ इन सभी बाधाओं को दूर करता हैं।

ॐ मन्त्र यह प्राचीन योगियों से प्रेरणा लेकर साधना की जाती हैं ॐ के तीन तत्व अ, उ और म हैं, जिन्हें संस्कृत वेद से लिया गया हैं। यह तीन वर्ण परम ब्रह्म को दर्शाते हैं। ॐ जो प्रतीकात्मक रूप से दैवीय ऊर्जा या शक्ति और इसकी तीन मुख्य विशेषताओं का प्रतीक हैं: सृजन, संरक्षण और मुक्ति। इसे उच्च आध्यात्मिक और रचनात्मक शक्ति माना जाता हैं। दिव्य ऊर्जा का अनुभव साधक को प्राप्त होता हैं।

ॐ मंत्र की शक्ति बहुत ही अद्भुत हैं। यह एकाक्षर मंत्र होते हुए भी सभी मंत्रों का राजा हैं। ॐ अनहद नाद हैं, जैसे कोई पुल नदी के दो किनारो को जोड़ते हैं, वैसे ही ॐ का मन्त्र आत्मा को परमात्मा से जोड़ देता हैं।

कैसे करे ॐ कार की साधना ?

१- स्नानादि के बाद गर्म कम्बल या कुश के आसान पर पूर्व दिशा की और मुख कर के सुखासन या पद्मासन में बैठे ।

२- प्राणायाम व आचमन करे और हाथ में जल ले कर संकल्प बोले और विनियोग करे फिर जल को किसी थाली में छोड़े। बाद में जल किसी पोधे में डाल दिया करे।

३- गुरु एवं इष्ट प्रार्थना कर यथा उपलब्ध (पंचोपचार) उपचार से पूजन करे,

इष्ट प्रार्थना स्त्रोत

"**ॐ - न - मः - शि - वा - य** "- छह अक्षरी (हेक्सा-सिलेबिक) स्त्रोत में "ॐ - न - मः - शि - वा - य" के प्रत्येक अक्षर के लिए एक श्लोक मंत्र हैं। ऐसा कहा जाता हैं कि जो कोई भी नियमित रूप से समर्पण, विश्वास और ध्यान के साथ भगवान शिव के सामने शिव षडक्षर (छह अक्षरी) मंत्र का पाठ करता हैं उसे खुशी और मोक्ष की प्राप्ति होती हैं।

ॐकारं बिन्दुसंयुक्तं नित्यं ध्यान्ति योगिनः।कामदं मोक्षदं चैव ॐकाराय नमो

नमः ॥१॥

नमंति ऋषियो देवा नामन्त्यपसरासं गणनाः। नारा नम्ति देवेशं नाकाराय नमो नमः ॥२॥

महादेवं महात्मनं महाध्यानं परायणं। महापापहरं देवं मकराय नमो नमः ॥३॥

शिवं शान्तं जगन्नाथं लोकानुग्रहकारकम्। शिवमेकपादं नित्यं शिखराय नमो नमः ॥ ४॥

वाहनं वृषभो यस्य वासुकिः कंठभूषणम्। वामे शक्तिधरं देवं वक्राय नमो नमः ॥५॥

यत्र यत्र स्थितो देवः सर्वव्यापि महेश्वरः। यो गुरुः सर्वदेवानां यकाराय नमो नमः ॥६॥

षडक्षरमिदं स्तोत्रं यः पठेच्छिव संनिधौ । शिवलोकमवाप्रोति शिवेन सह मोदते ॥७॥

सरलार्थ -

अर्थ - "ॐ" अक्षर को नमस्कार, जिसे प्रसिद्ध ऋषि-मुनि प्रतिदिन एक बिंदु वाले ॐ अक्षर के रूप में मानते हैं, और उन्हें इच्छाओं की पूर्ति और मोक्ष की ओर ले जाते हैं ॥१॥

अर्थ - "न" अक्षर को नमस्कार और नमस्कार, जिसका सम्मान महान ऋषियों, समूहों में स्वर्गीय युवतियों, पुरुषों और देवों के राजा द्वारा किया जाता हैं ॥२॥

अर्थ - "मा" अक्षर को नमस्कार और नमस्कार हैं, जो देवाधिदेव (सबसे बड़े देवता) के रूप में पूजनीय हैं, दिव्य आत्माओं द्वारा पूजनीय हैं, गहराई से ध्यान करने और मनन योग्य हैं, और सभी पापों का नाश करने वाले हैं।॥३॥

अर्थ - "शि" अक्षर को नमस्कार हैं, जो परम शुभ हैं, जो शान्ति का धाम हैं, जो जगत् का स्वामी हैं, विश्व के कल्याण के लिए कार्य करता हैं। जो एक शाश्वत शब्द हैं, जिसे शिव के नाम से जाना जाता हैं ॥ ४॥

अर्थ - "वा" अक्षर को नमस्कार, जिनका वाहन नंदी हे, जिनके गले के आभुषड (हार)

के रूप में हैं (वासुकी नाग जिनके गले का हार हैं), देवी माँ शक्ति उनकी बाई तरफ बिराजमान हैं। ऐसे शिव जी को प्रणाम हैं।।५।।

अर्थ - "वा" अक्षर को नमस्कार, जो सर्वव्यापी हैं यानी हर जगह पर उपस्थित हैं जहा जहा देव स्थित हे जो सभी देवो के गुरु हैं, ऐसे शिव जी को नमन हे प्रणाम हैं जो "य" शब्दांश द्वारा वर्णन किये जाते हैं ।।६।।

अर्थ - जो भी शिव जी (शिवलिंग) के सामने इस षडक्षर स्तोत्र का पाठ करता हे (ॐ न मः शि वा य इन 6 शब्दांश की प्रशंसा में गाया गया स्तोत) उसे शिवलोक की प्राप्ति होती हे और परमसुख परम आनंद पाता हैं।।७।।

संकल्प की विधि

१- मंत्र के ऋषि, देवता, छंद, बीज और कीलक होते हैं। इस विधि को जानकर गुरुमंत्र देने वाले सद्गुरु मिल जायें और उसका पालन करने वाला शिष्यत्व मिल जाय तो काम बन जाता हैं।

ॐ कार मंत्र का छंद **गायत्री** हैं, इसके देवता **परमात्मा** स्वयं हैं और मंत्र के ऋषि भी **ईश्वर** ही हैं।

।। **ॐ कार मंत्र, गायत्री छन्दः, परमात्मा ऋषि, अन्तर्यामी देवता, परमात्मा प्रीति अर्थे, साधना प्रगति अर्थे, ॐ कार मन्त्र जपे विनयोगः ।।**

यह विनियोग मंत्र बोल कर जल को जल पात्र में छोड़े, साधक जल्दी ईश्वरप्राप्ति के लिए रोज 120 माला ॐ मंत्र की करें।

२- ॐ का दीर्घ उच्चारण 11 बार करे।

३- इस के बाद गुरु या इष्ट देवी / देवता के श्रीविग्रह को देखते हुए ॐ का जप चालू करे।

४- जप के बाद जब मन मंत्र में लीन होने लगे तो, ध्यान में डुब जाये।

ॐ कार ध्यान के लिए निम्न बातों का अनुसरण कीजिये

- शांत स्थान पर आरामदायक स्थिति में बैठिए।

- आंखें बंद करके शरीर और नसों में ढीला छोड़िए।

- लम्बी सांस लीजिए। धीरे धीरे छोड़ते जाये।

- ॐ मंत्र का मानसिक जाप या ॐ का मध्यम स्वर में उच्चारण करिए और इसके कंपन महसूस कीजिए।

- आराम महसूस होने तक ॐ मंत्र का जाप करते रहीए।

- चित्त के पूरी तरह शांत होने पर अपनी आंखें खोलिए।

इस प्रकार उच्चारण जप अधिक लाभदायक हैं। इससे एकदम जल्दी फायदा होगा।

ओंकार ध्यान एवं जप का अभ्यास –

5 मिनट तक ओंकार ध्यान एवं जप का अभ्यास करें। कृपया आराम की स्थिति में बैठें, अपनी रीढ़, सिर और गर्दन सीधी रखें, आप आसान भी प्रयोग में ला सकते जैसे - पद्मासन, सुखासन और सिद्धासन में आराम से बैठे और धीरे से अपनी आँखें बंद कर लें। अपने पूरे शरीर को आराम देने की कोशिश करें, अपने बाएं हाथ को उंगलियों से कंधे तक आराम दें, अपने दाहीने हाथ को उंगली से कंधे तक आराम दें। बाएं पैर को पंजों से लेकर कमर तक आराम दें; दाहीने पैर नियो पंजों से लेकर कमर तक आराम दें। अब अपने शरीर के अगले हीस्से, पेट, छाती पर ध्यान केंद्रित करें। अपने शरीर के पिछले हीस्से, गर्दन की मांसपेशियों, रीढ़ की हड्डी, कंधों, ऊपरी पीठ, निचली पीठ पर ध्यान केंद्रित करें, अब अपने चेहरे, ठुड्डी, बाएँ गाल, दाएँ गाल, बाएँ आँख, आँख की पलक,

नेत्रगोलक, भौंह, दाहीनी आँख को आराम देने का प्रयास करें। आँख की पलक, आँख की पुतली, भौंह, माथा, सिर के ऊपर, सिर का पिछला भाग, पूरे शरीर को आराम देने के बाद कुछ देर तक अपनी प्राकृतिक श्वास पर ध्यान केंद्रित करें। बहुत धीरे-धीरे गहरी सांस लेने का अभ्यास शुरू करें। धीरे-धीरे और गहरी सांस लें और छोड़ें। पूरे शरीर को बार-बार आराम दें, गहरी सांस लें, गहरी सांस छोड़ें, गहरी सांस के साथ ऑक्सीजन की मात्रा बढ़ाने की कोशिश करें, गहरी सांस लें, गहरी सांस छोड़ें, कुछ गहरी सांसों के बाद सामान्य सांस लेने पर ध्यान केंद्रित करें। अब 5 मिनट तक ओम् (एयूएमएमएमएम) गुंजयमान (गूंजता हुआ) का जाप करें, नाभि क्षेत्र में "ओ" ध्वनि के कम्पन्न महसूस करे व इस कम्पन्न को ऊपर की ओर बढ़ता हुआ महसूस करे जैसे ही गले तक "ओ" स्वर पहुंचे वैसे ही हमे "म" स्वर की गहरी ध्वनि में परिवर्तित करे और म का गुंजायमान उच्चारण करते हुए कम्पन्न करे, कम्पन्न तब तक महसूस करे जब तक सिर के अंतिम शस्त्राधार चक्र तक न पहुंच जाये। इस प्रक्रिया को दो या पांच बार करे। आपका मन लगता हैं तो ज्यादा भी किया जा सकता हैं। अंतिम ॐ मन्त्र के जाप के कम्पन्नों को सम्पूर्ण शरीर में महसूस करे, शरीर के रोम रोम में महसूस करे, ध्यान जाप समाप्त होने के बाद शांत एक मिनट बैठे रहे ईश्वर के अनुग्रह को महसूस करे। और शांति पाठ के साथ समाप्त करें।

ॐ शांति शांति शांति ॐ

अब अपनी दोनों हथेलियों को आपस में १ मिनट तक रगड़े और अपनी आंखों पर रखें और अपनी हथेलियों में अपनी आंखें खोलें और आंखों से हटाएं, आँखों से हथेली रगड़ें नहीं, इससे आपको शांति की अनुभूति होगी आप एक अलग आनंद को महसूस करेंगे। ॐ का ध्यान जाप उद्द्रीत प्राणायाम से जाना जाता हैं। यह साधक समस्त संताप हर लेता हैं। पूर्ण एकाग्रता के साथ ॐ का जप त्रिकाल दर्शिता प्रदान करता हैं। यह आज्ञाचक्र की शक्ति को इतना बढ़ा देता हैं की व्यक्ति भूत-भविष्य-वर्त्तमान में झाँक सकता हैं। यह निर्विकार अथवा साकार ईष्ट का साक्षात्कार कराता हैं। बिना किसी अन्य मंत्र के केवल ॐ का जप और किसी भी ईष्ट का भाव उस ईष्ट को साधक की और आकर्षित कर

साक्षात्कार करा सकता हैं। यह वह सार्वभौम ऊर्जा हैं जो सबकुछ करने में सक्षम हैं।

विशिष्ट ॐ कार ध्यान एवं लाभ

१. विद्या-बुद्धि की प्राप्ति - जिसकी स्मरण शक्ति कमजोर हो, पढ़ाई में कमजोर विद्यार्थियों और अधिक दिमाग और बोलचाल का काम करने वाले व्यक्तियों के लिए यह सर्वोत्तम उपासना हैं। प्रातःकाल पूर्व दिशा की ओर मुंह कर, ज्ञान मुद्रा में बैठ जाएं तथा अधखुली आंखों से केसरी रंग के महामंत्र ॐ का ध्यान अपनी दोनों भौहों के बीच में करें। कम से कम 108 बार इसी विधि से ॐ का उच्चरण करें। इस उपासना से बुद्धि का विकास होता हैं, वाणी प्रखर होती हैं, ओजस्विता आती हैं।

२. धन की वृद्धि - जिसके यहां धन का अभाव हो, ऋण की अधिकता हो, दरिद्रता, व्यापार में हानि से परेशान हो, धन रुकता नहीं हो तथा कोई भी कार्य करने में बाधा आती हो, उन्हें पीले वस्त्र धारणकर, पीले आसन पर बैठ पीले रंग के ॐ का ध्यान करना चाहिए। यह कार्य आप दिनभर में कभी भी कर सकते हैं, किंतु सूर्योदय या सूर्यास्त के समय किया जाए, तो ज्यादा लाभकारी होता हैं। जाप के तत्काल बाद **गर्म पदार्थों** का सेवन नहीं करें। प्रतिदिन पंद्रह मिनट तक यह ध्यान, जाप करने से दरिद्रता और कामों में आने वाली बाधाएं दूर होने लगती हैं।

३. वाद-विवादों से मुक्ति - यदि कानूनी विवाद में पड़े हों। प्रयास के बाद भी हल नहीं हो रहा हो, तो सूर्योदय से पहले सीधी हथेली बायीं हथेली पर रख, पद्मासन में बैठ जाएं। नीले रंग के ॐ का ध्यान अपनी भौंहों के बीच करें। कुछ दिनों में आपके अंदर सकारात्मक ऊर्जा पैदा होगी तथा होरा का निर्माण होगा। इसके बाद आप किसी भी कार्य के लिए जाएंगे, तो वहां के अधिकारी एवं विरोधी आपकी बातों का सम्मान करेंगे तथा आपके सभी कार्य सफलतापूर्वक पूर्ण हो जाएंगे और विवादों का अंत होगा।

४. रिश्तों में मधुरता - परिवार में विवाद होता हो। पति-पत्नी में सांमजस्य नहीं हो या बच्चों के साथ तनाव रहता हो, तो प्रतिदिन पंद्रह मिनट पीपल वृक्ष के नीचे बैठकर, सफेद रंग के ॐ प्रणव मंत्र का ध्यान से जाप करें। पीपल का वृक्ष संभव नहीं हो, तो घर में ही

किसी एकांत स्थान में बैठकर भी कर सकते हैं। आंखें अधखुली हों, दोनों अनामिका उंगलियों को अंगूठे के मूल में लगाएं। ऐसा करने सें मन में शांति होगी। क्रोध खत्म होने से पारिवारिक विवादों का अंत होगा। शनिवार का जाप विशेष फलदायक।

५. रोग निवारण- यदि किसी रोग से परेशान हो, तो ॐ महामंत्र का जाप करें। कुछ ही क्षणों में राहत होगी। मरीज लेटे हुए भी जाप कर सकता हैं। सर्दी जनित रोग में **लाल रंग**, वात रोग में **सफेद**, पित्त रोग में **पीले**, चोट अथवा घाव में **नीले**, घुटनों या जोड़ों के दर्द, नसों की समस्या, बुखार, कफ, जकड़न आदि की शिकायत में **नीले** रंग के ॐ का आंख बंद कर, अपनी भौंहों के बीच ध्यान करना लाभकारी होता हैं। मुंहासे या किसी चर्म रोग की स्थिति में अनामिका उंगली एव अंगूठे के अग्रभाग को मिलाकर आराम से बैठ जाएं। दोनों हाथों को घुटने पर रखकर, **सफेद** रंग के ओम का ध्यान अपने हृदय के मध्य में करें। प्रतिदिन पांच से लेकर पंद्रह मिनट तक इसे करने की कोशिश करें। यह ध्यान एवं जाप आपकी त्वचा को चमकीला एवं कोमल बनाएगा।

ॐ का बारंबार उच्चारण हमारे लिए कई प्रकार से सहायक होता हैं। बीमारियों को भगाने के अलावा हमारे आसपास के वातवरण को रमणीय बनाने एवं जीवन में खुशहाली लाने के लिए भी इसका जाप एवं ध्यान उपयोगी हैं।

शास्त्रो के वचन

- हे कर्मशील मनुष्य! तू ॐ का स्मरण कर। - (यजूर्वेद)

- जो कोई प्रीतिपूर्वक ॐ का गुंजन करेगा, उस की सभी मनोकामनाये पूरी होगी। - (कठोपनिषद)

- वेदव्यास जी महाराज कहते हैं कि मंत्राणां प्रणवः सेतुः। यह प्रणव मंत्र सारे मंत्रों का सेतु हैं।

- ॐ कार का मंत्र आत्ममस्ती से भर देता हैं। - (स्वामी रामतीर्थ)

नवार्णमन्त्र मंत्र साधना

जिस तरह से हर एक देवी देवता का मूल मंत्र हैं वैसे ही माँ दुर्गा का सबसे शक्तिशाली

और माँ दुर्गा की शीघ्र पूर्ण कृपा देने वाला जो मंत्र हैं वो हैं "नवार्ण मंत्र"। लेकिन इस साधना में जो सब विधि विधान हैं वो विधि विधान सहीत ही इस मंत्र का जाप करना चाहीये अन्यथा उसका फल नहीं मिलता या विलम्ब से मिलता हैं।

यह एक मात्र ऐसा मंत्र हैं जिन्हके मन्त्र जाप से माँ दुर्गा के जितने भी स्वरुप हैं उन सभी स्वरुप का आशीर्वाद प्राप्त होता हैं । सभी बाधाओं से मुक्ति देता हैं यह मंत्र ।सभी कष्टों का निवारण करता हैं यह मंत्र । धर्म-अर्थ-कर्म-मोक्ष चतुर्विध पुरुषार्थो को देने वाला उत्तम मन्त्र हैं यह नवार्णमन्त्र ।सभी प्रकार के ऋणों में से मुक्ति देता हैं यह मंत्र, सभी विलम्बित कार्यो में सफलता देता हैं यह मंत्र । सभी नकारात्मक शक्तियों को नष्ट कर देता हैं ।

"ऐं ह्रीं क्लीं चामुण्डायै विच्चे" मंत्र को नवार्णमन्त्र क्यों कहते हैं ?

"ऐं ह्रीं क्लीं चामुण्डायै विच्चे" सभी मंत्रो के आगे ॐ एक दोष मुक्ति के लिये लगाया जाता हैं। किन्तु नवार्ण यानी "नव" "अर्ण" यानी अक्षर या शब्द अर्थात नवशब्दो से बाना हैं। वो नवार्णमन्त्र इस मंत्र के हर एक शब्द को गिने तो नव होते हैं इसलिए इसे नवार्णमन्त्र कहते हैं ।

इस मंत्र की साधना कैसे करनी हैं ?

इस मंत्र की साधना में क्रमशः विनियोग-न्यास-ध्यान और उसके बाद मूल मंत्र का आरम्भ करना हैं।

कितने मंत्र का अनुष्ठान करना चाहिए ?

इस मंत्र का मूल अनुष्ठान 5 लाख मंत्रो का हैं। अगर आप चाहो तो इसका प्रथम अनुष्ठान 12 हजार मंत्रो का कर सकते हैं। यानी 120 माला का या फिर प्रतिदिन 9 माला भी कर सभी कार्य सफल बना सकते हैं।

विनियोग - (अपने दाहे हाथ में जल लेकर इस विनियोग को पढ़ने के बाद उस जल को किसी पात्र में छोड़े या सिर्फ विनियोग भी पढ़ सकते हो)

ॐ अस्य श्रीनवार्णमन्त्रस्य ब्रह्मविष्णुरुद्रात्रृषयः गायत्र्युष्णिगनुष्टुप्छन्दांसि,

श्रीमहाकाली महालक्ष्मी महासरस्वत्यो देवताः, ऐं बीजं, ह्रीं शक्तिः, क्लीं कीलकं, श्री महाकाली महालक्ष्मी महासरस्वती प्रीत्यर्थे जपे विनियोगः।

(सर्व प्रथम हाथ मे या आचमनी मे जल लेकर विनियोग मंत्र पढकर छोडे)

न्यास - (इन न्यास मंत्रो को पढ़कर न्यास करे)

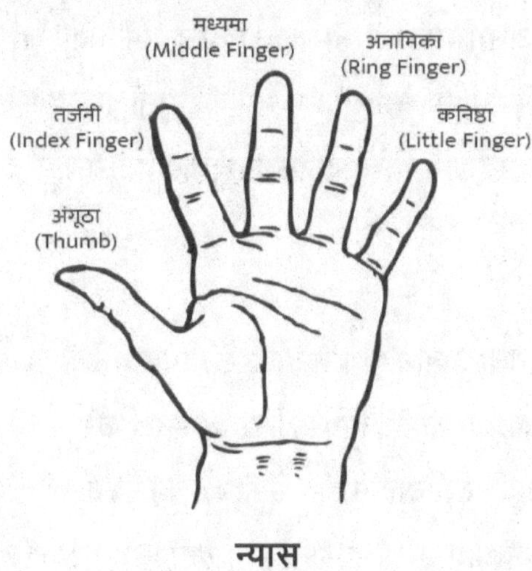

न्यास

ऋष्यादिन्यास

ब्रह्मा विष्णु रूद्र ऋषिभ्यो नमः शिरसि (बोलकर अपने सिर को दाए हाथ से स्पर्श करे)

गायत्र्युष्णिगनुष्टुप छन्देभ्यो नमः मुखे। (बोलकर मुख को स्पर्श करे)

श्री महाकाली महालक्ष्मी महासरस्वती देवताभ्यो नमः हृदि। (बोलकर हृदय को स्पर्श करे)

ऐं बीजाय नमः गुह्ये। (बोलकर अपने गुप्त भाग को स्पर्श कर अपना हाथ पानी से धोये)

ह्रीं शक्तये नमः पादयोः। (बोलकर अपने दोनों पैरो को स्पर्श करे)

क्लीं कीलकाय नमः नाभौ। (बोलकर अपनी नाभि को स्पर्श करे)

ऐं ह्रीं क्लीं चामुंडायै विच्चे नमः सर्वांगे (सर से लेकर पैर तक संपूर्ण शरीर को स्पर्श करे)

करन्यास

ॐ ऐं अंगुष्ठाभ्यां नमः। (तर्जनी से अंगुठे को स्पर्श करे),

ॐ ह्रीं तर्जनीभ्यां नमः। (अंगुठे से तर्जनी जो स्पर्श करे),

ॐ क्लीं मध्यमाभ्यां नमः। (अंगुठे से मध्यमा को स्पर्श करे),

ॐ चामुण्डायै अनामिकाभ्यां नमः। (अंगुठे से अनामिका का स्पर्श करे),

ॐ विच्चे कनिष्ठिकाभ्यां नमः। (अंगुठे से करांगुली का स्पर्श करे),

ॐ ऐं ह्रीं क्लीं चामुंडायै विच्चे करतलकरपृष्ठाभ्यां नमः (दोनो हाथ के तलवे और कर पृष्ठ का स्पर्श करे)

हृदयाय न्यास

ॐ ऐं हृदयाय नमः।(दाहीने हाथ से हृदय को स्पर्श करे),

ॐ ह्रीं शिरसे स्वाहा ।(दाहीने हाथ से सिर को स्पर्श करे) ,

ॐ क्लीं शिखायै वौषट।(दाहीने हाथ से शिखा को स्पर्श करे),

ॐ चामुण्डायै कवचाय हुम्।(दाहीना हाथ बाये कंधे पर और बाया हाथ दाहीने कंधे पर),

ॐ विच्चे नेत्रत्रयाय वौषट।(दाहीने हाथ की तर्जनी और अनामिका से दोनो आंखों पर और मध्यमा से आज्ञा चक्र पर स्पर्श करे),

ॐ ऐं ह्रीं क्लीं चामुंडायै विच्चे अस्त्राय फट, (दाहीने हाथ की तर्जनी और मध्यमा को सर के उपर से घुमाकर बाये हाथ पर ताली बजाये)

अक्षरन्यास

दाहीने हाथ से उक्त अंग को स्पर्श करे

ॐ ऐं नमः शिखायां ।(शिखा),

ॐ ह्रीं नमः दक्षिण नेत्रे । (दाहीना नेत्र),

ॐ कलीम नमः वामनेत्रे । (बाया नेत्र),

ॐ चां नमः दक्षिणकर्णे । (दाहीना कान),

ॐ मुं नमः वामकर्णे । (बाया कान) ,

ॐ डां नमः दक्षिणनासा पुटे। (दाहीना नथुना) ,

ॐ यैं नमः वामनासापुटे ! (बाया नथुना) ,

ॐ विं नमः मुखे (मुख) ,

ॐ चें नमः गुह्ये ।(गुह्य स्थान)

दिंगन्यास (सभी दिशा में नमस्कार करे)

अब नीचे दिये हुये क्रम से प्रत्येक दिशा मे चुटकी बजाये, अपना मुख पूर्व की तरफ हैं ऐसा मानकर (clock wise direction) मे चुटकी बजाये

ॐ ऐं प्राच्यै नमः ।(पूर्व)

ॐ ऐं आग्नेयै नमः ।(आग्नेय)

ॐ ह्रीं दक्षिणायै नमः ।(दक्षिण)

ॐ ह्रीं नैऋत्यै नमः ।(नैऋत्य)

ॐ क्लीं प्रतीच्यै नमः ।(पश्चिम)

ॐ क्लीं वायव्यै नमः ।(वायव्य)

ॐ चामुण्डायै उदीच्यै नमः ।(उत्तर)

ॐ चामुण्डायै ऐशान्यै नमः ।(ईशान्य),

ॐ ऐं ह्रीं क्लीं चामुण्डायै उर्ध्वायै नमः। (ऊपर)

ॐ ऐं ह्रीं क्लीं चामुण्डायै भूम्यै नमः।(नीचे)

श्री महाकाली महालक्ष्मी महासरस्वती का ध्यान धरे ।

अब भगवती दुर्गा जी का अगर पहले ध्यान और पंचोपचार पूजन नही किया हो तो अब करे और किया हो तो सीधे मंत्र जाप शुरु कर सकते हैं

श्री महाकाली ध्यान

ॐ खड्गं चक्रगदेषु चाप परिघान शूलं भुशुण्डीं शिरः

शङ्खं संदधतीं करैस्त्रीनयनां सर्वाङ्गभुषावृतां ।

नीलाश्मद्युतिमास्यपाददशकां सेवे महाकालीकां
यामस्तौत्स्त्वपिते हरौ कमलजो हन्तुं मधुं कैटभं ।।

श्री महालक्ष्मी ध्यान

**ॐ अक्षस्रक्परशुं गदेशुकुलीशं पद्मं धनुष्कुण्डिकां
दण्डं शक्तिमसिं च चर्म जलजं घण्टां सुरभाजनं ।
शूलं पाशसुदर्शने च दधतीं हस्तैः प्रसन्नाननां
सेवे सैरिभमर्दिनिमिह महालक्ष्मीं सरोजस्थितां ।।**

श्री महासरस्वती ध्यान

**ॐ घण्टाशूलहलानि शंखमुसले चक्रं धनुः सायकं
हस्ताब्जैर्ददधतीं घनान्तविलसच्छीतांशुतुल्यप्रभां ।
गौरिदेहसमुद्भवां त्रिजगतांमाधारभूतां महा-
पूर्वामित्र सरस्वतीमनुभजे शुम्भादिदैत्यार्दिनिम ।।**

माँ दुर्गा का ध्यान

**ॐ विद्युदामसमप्रभां मृगपतिस्कंधस्थितां भीषणां
कन्याभिः करवालखेटविलसद्धस्ताभिरासेवितां ।
हस्तैश्चक्रगदासिखेटविशिखांश्चापं गुणं तर्जनीं
बिभ्राणांमनलात्मिकां शशिधरां दुर्गां त्रिनेत्रां भजे ।।**

यह सभी ध्यान करने के बाद माँ दुर्गा के पूजन करे ।

ॐ ह्रीं दुं दुर्गायै नम : लं पृथ्वी तत्वात्मकं गंधं समर्पयामि

ॐ ह्रीं दुं दुर्गायै नम : हं आकाश तत्वात्मकं पुष्पं समर्पयामि

ॐ ह्रीं दुं दुर्गायै नम : यं वायु तत्वात्मकं धूपं समर्पयामि

ॐ ह्रीं दुं दुर्गायै नम : रं अग्नी तत्वात्मकं दीपं समर्पयामि

ॐ ह्रीं दुं दुर्गायै नम : वं जल तत्वात्मकं नैवेद्यं समर्पयामि

ॐ ह्रीं दुं दुर्गायै नम : सं सर्व तत्वात्मकं तांबुलं समर्पयामि

नवार्ण मंत्र जाप से पहले अगर सिद्धकुंजिका स्तोत्र का पाठ किया जाये तो अतिउत्तम क्योंकि कुंजिका स्तोत्र से नवार्ण मंत्र जागृत हो जाता हैं

अब आप योनी मुद्रा आती हो तो मुद्रा दिखाये और मंत्र जाप शुरु करे, मंत्र जाप रुद्राक्ष माला या स्फटिक माला या हकिक माला से या मुंगे की माला से कर सकते हैं

मंत्र - ॐ ऐं ह्रीं क्लीं चामुण्डायै विच्चे

बहुत ही सुन्दर तरीके से और स्पष्ट उच्चारण करे ।शांतचित्त से करे। माँ दुर्गा की पूर्ण कृपा प्राप्त होगी।

मंत्र जाप खत्म होने के बाद नीचे का मंत्र बोलकर आपका जाप भगवती के बाये हाथ मे (मानसिक दृष्टीकोण से) समर्पित करे

ॐ गुह्याति गुह्यगोप्त्री त्वं गृहाणा अस्मद कृतं जपं !

सिद्धिर्भवतु मे देवि त्वत प्रसादात महेश्वरी !!

अब क्षमा प्रार्थना करे

आवाहनं न जानामि, न जानामि तवार्चनं

पूजां चैव न जानामि, क्षम्यतां परमेश्वरी

मंत्रहीनं क्रियाहीनं भक्तीहीनं सुरेश्वरी

यतपूजितं मया देवि परिपूर्णं तदस्तु मे!!

अब योनि मुद्रा दिखाकर प्रणाम करे

।।इति नवार्ण मंत्र: साधना ।।

7. नकारात्मक शक्तियों से रक्षा विधान

यह प्रकृति दो उर्जाओ से मिलकर चलती है पहली सकारात्मक ऊर्जा दूसरी नकारात्मक ऊर्जा यह प्रकृति दो उर्जाओ से मिलकर चलती है पहली **सकारात्मक ऊर्जा** दूसरी **नकारात्मक ऊर्जा** ।

सकारात्मक ऊर्जा का संचालन देवी देवता द्वारा चलती है इनकी पूजा अन्य धर्मिक कर्मो द्वारा देवताओ को प्रसन्न किया जाता है तथा सकरात्मक ऊर्जा बढ़ने से घर में सुख शांति का अनुभव होता है

नकारात्मक उर्जाओ का संचालन भूत - प्रेतों, पिशाच, नाग, यक्ष, रुष्ट पितृ गण आदि होते है इनकी ऊर्जा का प्रभाव अमंगल करक होती है जैसे गृह क्लेश, पारिवारिक लोगो में अनबन, मंगल कार्यो में बाधा आना, काफी मेहनत के वावजूद सफलता न मिलना, किसी सदस्य बीमार होना व दवा काम न करना इत्यादि।

आश्चर्यजनक पौधे

गमले में लगाए आश्चर्यजनक पौधे- **मरूआ या बनतुलसी का पौधा -** मरूआ का वैज्ञानिक नाम **ओरिगैनम माइजोराना** हैं मरूआ तुलसी की प्रजाति के इस पौधे को **'मरुआ' नाम** से जाना जाता हैं। मरूआ का पौधा दो प्रकार का होता हैं। एक काला और दूसरा सफेद मरूआ। काला मरूआ के फूल देवी देवताओ को चढाने के काम आते हैं इसकी त्रीव गंध सर्प को इस पौधे के निकट आने से रोकती हैं अतः आप इस पौधे को घर पर लगाकर आसानी से स्वयं की एवं अपने आस-पास सांपो को आने से रोक सकते हैं। जिससे हम तो सुरक्षित रहेंगे ही और सबसे अधिक हमारे मित्र सांप सुरक्षित रहेंगे। ये बात मैंने इसलिए लिखी हैं क्योंकि लोग छोटे से सांप (2 से 3 फीट) को देखकर ही मार देते हैं जो बहुत दुखद हैं।

मरूआ

सर्पगंधा

सर्पगंधा का पौधा - सर्पगंधा का वैज्ञानिक नाम सवोल्फिया सर्पेंतिना हैं। इस पौधे में अदभुत शक्ति होती हैं। इसकी गंध इतनी अजब होती हैं कि सांप इसे सूंघते ही दूर से भाग जाते हैं सर्पगंधा का जिक्र सर्पदंश तथा कीटदंश के उपचार हेतु लाभप्रद विषनाशक औषधि के रुप में किया हैं।

चमत्कारिक धूप के नकारात्मक शक्तियों से रक्षा प्रयोग

चमत्कारिक धूप - धूप घर में बनाकर जलाएं, विषधर नागों वा नकारात्मक शक्तियों को को भगाने का यह सरल सा उपाय हैं, यह कोई तंत्र, मंत्र या पूजापाठ नहीं हैं। इन वस्तुओं के सम्मिलित धुएँ से घर से सर्प-बिच्छू तो भाग ही जाते हैं, अन्य प्रकार के भी जहरीले कीड़े-मकोड़े भी नहीं आते और यदि घर में होते भी हैं, तो मर जाते हैं।

विषधर नागों के लिए-

॥ गुडश्रीवासभल्लातं विडंगत्रिफलायुतम्।

लाक्षार्कपुष्पप्रयुतश्च धूपोवृश्चिकसर्पहृत् ॥

अर्थात-गुड़, चंदन, वायविडंग, त्रिफला, लाख और मदार (अकौड़ा या अकौआ) के फूलों को (समान भाग में) मिलाकर धूप देने से (धुआँ करने से) सर्प और बिच्छू भाग जाते

हैं।

नकारात्मक शक्तियों के लिए-

नकारात्मक शक्तियों का वास् आपके आस पास हैं या नहीं सर्व प्रथम यह पता करे जिससे सटीक उपाय किया सके, इसके लिए कुछ लक्षण लिख रहा हु जिससे आप समझ जायेंगे कि आपके घर या आपके आस पास नकारात्मक ऊर्जा मौजूद हैं या नहीं। भूत-प्रेत एक अद्रश्य उर्जा के रूप में इसी संसार में रहते हैं किन्तु इनके आस पास होने का अहसास कुछ ही लोगों को हो पाता हैं। शारीरिक रूप से कमजोर व्यक्ति, बीमार व्यक्ति, मानसिक रूप से विकृत व्यक्ति और गर्भवती महिलायें भी भूत-प्रेत और ऊपरी बाधाओं की गिरफ्त में आती हैं।

क्या आपके घर में भूत रहते हैं, क्या आपके घर में कोई भूत हैं या उनका साया हैं! इसको जानने के लिए बहुत सी चीजें गौर करने की जरूरत हैं और ये चीजें इतनी साधारण हैं कि कई दफा हमें भ्रम हो जाता हैं कि हमारे घर में भूत हैं और कई दफा हमें भ्रम हो जाता हैं हमारे घर में कुछ भी नहीं पर वाकई में किसी न किसी ने प्रेत या भूत का साया होता हैं।

भूत प्रेत घर में होना कई कारणों से हो सकता हैं, पहला कि अगर आपने किसी का घर खरीदा हो, जिसमें, जो लोग पहले रहते हों उसमे कोई मरा हो और वो उसी घर में रह गया हो, अपने लोग या जैसे कहते हैं ना कि किसी घर का कोई मालिक हो, वो अपने ही घर में मरा हो, उसके बाद उसके बच्चों ने वो घर बेच दिया। तो जब कोई और रहने आएगा तो वो उसको तंग करेगा क्योंकि वो उसी घर में रहता हैं। अपने घर को उसकी आत्मा छोड़कर नहीं गई हैं।

दूसरा ये होता हैं कि आपके घर में, अगर आपने अपना घर खुद बनाया हैं और आपकी भूमि पर अगर पहले कोई भूत या प्रेत रहता था तो वो आपको अब तंग कर रहा हैं क्योंकि वो आपके घर में हैं या फिर किसी ने कोई भी भूत या प्रेत आपके घर पर भेजा हैं, किसी भी तांत्रिक क्रिया के द्वारा। अब सबसे बड़ी जो मुद्दे की बात हैं क्या आपके घर

में क्या भूत या प्रेत हैं! ये कैसे पता लगाएं! देखिए भूत या प्रेत घर में जब होते हैं तो वो आपको अपनी मौजूदगी दिखाने के लिए प्रयास करें या न करें ये उन पर निर्भर हैं। ये जरूरी नहीं कि किसी घर अगर में भूत हैं तो वो पायल बजाए या कोई झंकार करेगा या किसी तरीके की आवाज निकालेगा। ऐसा कतई नहीं हो सकता। जब तक कि वो बिल्कुल ही आमादा न हो, आपको अपने बारे में बताने के लिए, अपनी मौजूदगी दर्ज कराने के लिए। अगर किसी प्रेतात्मा ने अपनी मौजूदगी दर्ज करानी हैं तो उसके पास बहुत माध्यम हैं, ऐसा करने के लिए पर अगर वो आपके घर में विचरण कर रहा हैं और वो आपको अपना होना दर्ज नहीं कराना चाहता तो यकीन मानिए, आपको पता ही नहीं चलेगा आपके घर में कितने कितने प्रेत रह रहे हैं क्योंकि ये एक अदृश्य शक्ति हैं जो आंखो द्वारा तो दिखाई दे नहीं सकती।

फिर भी कुछ संकेत ऐसे हैं जिनसे ये अनुमान लगाया जा सकता हैं कि शायद आपके घर में कोई भूत रहता हैं या प्रेत हैं क्योंकि इस संसार में, इतने बड़े संसार में ये चीज होना स्वाभाविक हैं। इतने सारे इंसान हैं जिन्होंने अपना शरीर खो दिया हैं तो वह कहां जाएंगे। कुछ सड़कों पर हैं, कुछ घरों में हैं, कुछ पब्लिक प्लेसस पर हैं, कुछ अस्पतालों में हैं, मंदिरों में हैं। ये सारे इंसान ही तो हैं, जो विचरण कर रहे हैं, जिन्होंने अपना शरीर खो दिया हैं। तो जानते हैं इस बात को कि कैसे जानें। पहली बात ये हैं कि अगर कोई भूत प्रेत किसी घर में में पहले से रह रहा हैं या वो उसका घर था तो और अगर उसको आपका रहना पसंद नहीं हैं उस घर में या आपकी हलचल पसंद नहीं हैं तो वो आपकी जिंदगी में परेशानी पैदा करेगा और उस परेशानी के माध्यम से अपनी मौजूदगी दर्ज कराएगा और ये परेशानी कई तरीके से पैदा की जा सकती हैं, जैसे कि आपके घर में कलेश पैदा कर देना। जो आपकी फैमिली सदस्य इतने प्यार से आपके साथ रहते थे। वो उस घर में आने के बाद आपसे झगड़ने लगें। आपकी आपके पड़ोसियों से न बने लगे। आपके घर में निरंतर, जो कहते हैं न दोस्ताना माहौल न रहे, एक घबराहट सी रहे। एक ऐसा माहौल रहे जिसमें आपको कुछ भी अच्छा ना लगे। एक नेगेटिव सा एहसास हो। ये

नेगेटिविटी मानसिक तौर पर, इमोशनल तौर पर, ये प्रेत आत्माएं पैदा करती हैं क्योंकि इनका ज्यादातर खेल मानसिक ही होता हैं क्योंकि ये आपके दिमाग के तत्वों को पीड़ित करती हैं और उसके बाद आप के दिमाग पर जोर डालती हैं। जिससे आपको असुरक्षा महसूस हो। साथ ही जब ये मौजूद होती हैं, अगर ये आपके आसपास मौजूद हैं तो आपको ठंड का एहसास होगा। गर्म से गर्म कमरे में भी आप होंगे तो आपको ठंड महसूस होगी। आपके रोंगटे तक खड़े हो जाएंगे। ये एक ऐसा संकेत हैं जिसको जिसको टाला नहीं जा सकता।

दूसरा खुशबू आना। खुशबू दो तरीके की होती हैं, गंदी और अच्छी। अगर आप किसी कमरे में बैठे हैं और अचानक से आपको एक अच्छी सी सुगंध आती हैं तो इसका मतलब समझ जाइये कि वहां पर कोई अच्छी आत्मा विचरण कर रही हैं और वो अच्छी आत्मा आपका कोई पूर्वज भी बहुत सकता हैं। आपके घर का कोई पितर भी हो सकता हैं और यहां तक कि कोई देव या देवी भी हो सकती हैं। पर अगर आपको गंदी बदबू आती हैं, बहुत गंदी, जो असहनीय हो तो समझ चाहिए वो कोई गंदी प्रेत आत्मा हैं। जो उस जगह पर हैं और ये जरूरी नहीं हैं कि वो आपको घर के किसी पर्टिकुलर कमरे में ही ऐसा एहसास हो। ऐसा आपको घर के किसी भी कोने में हो सकता हैं क्योंकि ये हवा के तत्व हैं। प्रेत क्या हैं, भूत क्या हैं, एक हवा हैं, एक योनि हैं जिसमें ये हवा की भांति बहते हैं। तो ये कहीं भी जा सकते हैं।

तीसरा संकेत ये हैं कि आपके जीवन में, जो भी आप काम धंधा कर रहे हैं, उस घर में आने के बाद आपकी उन्नति रुक जाना। कई दफा ये होता हैं हम किसी घर में रहते हैं, उस घर को छोड़कर हम किसी नए घर में जाते हैं और वहां जाते ही हमारा धंधा खराब हो जाता हैं, हमारे जीवन में परेशानियां हो जाती हैं और हमारा जीवन बिल्कुल अस्त-व्यस्त हो जाता हैं और हम कई दफा ये सवाल भी अपने आप से करते हैं कि जब से हम इस घर में आए हैं तब से कुछ भी ठीक नहीं हो रहा। हम कभी-कभी कहते हैं शायद वास्तु खराब हैं। वास्तु भी ठीक करा दिया। तब भी कुछ नहीं हो रहा। तो इन केसेज में

प्रेतात्मा का या भूत का जो आपके घर में विचरण कर रहा हैं, उसका भी हाथ हो सकता हैं क्योंकि जो कोई गंदी आत्मा होती हैं वो उजाड़ चाहती हैं। वो बर्बादी चाहती हैं। वो चाहती हैं कि जहां वो रह रही हैं, वहां सन्नाटा रहे, वीराना रहे और इसलिए वो ऐसा करते हैं कि आपको विवश कर दें कि आप भी उस घर से बाहर निकल जाएंगे।

सारांश यह कि प्रेत आत्माये अपने ही तरीके से आपको खुद संकेत देती हैं, मानसिक तौर पर आपके ऊपर दबाव डालकर, इमोशनल तौर पर। जैसे आपका काम धंधा बंद कर दिया या आपके घर में क्लेश करवा दिया। आपके रोजमर्रा के कामों तक में आपको दिक्कत आने लगी। आपको बीमारी पैदा कर दी शरीर में। तो इन सब तत्वों को जब इकट्ठा करके, मिश्रण में आ कर जब आप पर अटैक करते हैं ये सारे एलिमेंट, तो आप खुद ही कहते हो कि मुझे इस घर में नहीं रहना। ये घर ठीक नहीं हैं, मुझे सूट नहीं कर रहा और आप उस घर को छोड़ जाते हैं और यही उनका लक्ष्य होता हैं।

जैसा कि फिल्मो में दिखाते हैं कि किसी भी घर में रहने गए, अक्सर फिल्में इसी बेस पर बनती हैं कि किसी भी घर में रहने गए वहां पर कोई भूत रहता हैं। वो सबको दिख रहा हैं, परेशान कर रहा हैं। एक बात का ध्यान रखिए कि भूत या प्रेत उसको दिखे वो जिस पर वो ऑलरेडी चढ़ चुका होगा। कोई भी प्रेत या कोई भी भूत हर एक इंसान को नहीं दिखेगा। कहते हैं कि जब अगर किसी एक बंदे को उसने काबू कर लिया हैं या उसके शरीर पर कब्जा कर लिया हैं तो वो उसी को दिखता हैं, जो प्रेत की गिरफ्त में आ चुका होता हैं। जो उसके काबू में आ चुका हैं। जिसके ऊपर वो चिपक चुका हैं वर्ना वो हर एक को नहीं दिखेगा और वो फिर उसके माध्यम से अपनी मौजूदगी दर्ज कराता हैं, अगर वो कराना चाहता हैं तो ! अगर वो नहीं कराना चाहता हैं तो आपको पता भी नहीं लगेगा कि आपके बराबर ही कोई प्रेत बैठा हुआ हैं। तो ये बहुत ही ज्यादा एक ऐसी चीज हैं क्योंकि नॉर्मल तौर पर अगर काम नहीं चल रहा, घर में क्लेश हो रहा हैं या कोई भी चीज हो रही हैं तो हम उसका अनुमान ऐसे नहीं लगा सकते कि वो किसी प्रेत का साया हैं।

इसीलिए अक्सर तांत्रिक लोग घर की मिट्टी मंगाते हैं, ये देखने के लिए कि आपके घर में कोई प्रेत हैं या नहीं हैं और ये बहुत ही कारगर उपाय हैं क्योंकि मिट्टी जब वो इकट्ठी करते हैं तो चाहे ये वायु के तत्व हैं, जो भी प्रेत हैं या भूत हैं, जब ये विचरण करते हैं तो इनका असर उस मिट्टी में आ जाता हैं। ये पता लगाना तांत्रिक के लिए बहुत आसान हैं कि वहां पर कोई प्रेत हैं या नहीं हैं।

चौथी बात जिन घरों में पूजा पाठ नहीं होती और किसी भी तरह की भगवान से जुड़ी हुई कोई भी भक्ति नहीं होती, उस घर में ये विचरण आसानी से करने लगते हैं क्योंकि ये नकारात्मक ऊर्जा के स्रोत होते हैं और खासकर इस बात का ध्यान रखिए कि अपने घर में, अगर आपको किसी भी तरीके का शक हैं कि आपके घर में कोई भी प्रेत हैं या भूत हैं तो हर चीज पर गौर कीजिए कि क्या आपके जीवन में क्लेश हो रहा हैं उस घर में आने के बाद, क्या आपका धंधा बिल्कुल नहीं चल रहा उस घर में आने के बाद, क्या आपको हर वक्त कोई न कोई बदबू आती हैं, कोई स्मेल आती हैं, अच्छी या बुरी। अच्छी स्मेल आएगी तो मुझे नहीं लगता कि कोई अच्छी आत्मा आपका बुरा करेगी पर आपको अगर निरंतर तौर पर उस घर में बुरी बदबू आ रही हैं, किसी भी कोने में आ रही हैं, किसी भी कमरे में आ रही हैं स्पेसिफिक, तो हो सकता हैं उस कमरे में ही वो मरा हो, उस कमरे में विचरण करता हो या फिर आपको पूरे घर में आ रही हैं, अकारण आ रही हैं और रोज आ हैं या किसी स्पेसिफिक पहर पर आ रही हैं तो समझ जाइए वो चीज वहां विचरण कर रही हैं।

इस बात का ध्यान रखिए कि अगर ऐसा हैं कि कोई बीमार पड़ रहा हैं। जब से इस घर में आए हैं तब से कोई ना कोई फैमिली मेंबर बीमार पड़ रहा हैं।

जैसे बीमारी का पता करने डायग्नोसिस किया जाता हैं उसी के बाद कंपाउंडर/ डॉक्टर कोई भी, दवा देकर व्यक्ति को सही कर सकता हैं उसी प्रकार पहले यह डायग्नोसिस किया जाता हैं कि भूत, चुड़ैल, डाकनी, शाकिनी कौन व्यक्ति को पकड़ा हैं।

पता चलने के बाद उसी अनुसार अलग-अलग तरह के उपाय हैं उन्हें किया जाता हैं

जैसे भूत पकड़ने का उपाय मंत्र अलग हैं। डाकिनी शाकिनी के मंत्र अलग हैं।

सुगन्धित धूप के प्रयोग

सुगन्धित धूप का विशेष महत्व हैं धर्म शास्त्रों के अनुसार घर में धूप जलाने से पारलौकिक शक्तियां आकर्षित होती हैं, धूप की धूनी देने के लिए उसे सुलगते हुए कंडे या अंगारे पर रखकर जलाया जाता हैं, इससे नकारात्मक शक्तिया हटती हैं व सकरात्मक शक्तियां घर में प्रवेश करती हैं अतः नकारात्मक शक्तियों का प्रभाव न होते हुए भी धूप की धुनि प्रतिदिन घर के मंदिर में देना चाहिए जिसके स्वास्थ्य लाभ के साथ घर में शांति होती हैं व मन प्रशन्न रहता हैं।

घर में धूप कैसे दे

एक पात्र के अंदर आपको धूप एकत्रित कर लेना हैं यदि धुना उपलब्ध हैं तो उसमे ले अन्यथा आप कोई पात्र में ले पात्र ऐसा होना चाहिए कि धूप देते समय आपके हांथो को कंडे की आंच न लगे, एकत्र की धूप सामग्री को पात्र में रखे कंडे (उपलों) पर डालना हैं और बनाई हुई धूप को जलाना होगा । फिर आप इसको अपने पूरे घर के अंदर लेकर घूमना हैं। अगर चाहे तो **गुरुवार व रविवार** को यह प्रयोग कर सकते हैं।

१- **गुग्गुल की धूनी** - यदि घर में किसी बात को लेकर प्रतिदिन क्लेश होता रहता हैं तो गुग्गुल की धूनी देना लाभकारी सिद्ध हो सकता हैं। इसकी धूनी से पुराने विवाद समाप्त होते हैं। इसकी धूनी मानसिक तनाव भी दूर करती हैं।

२- **कपूर और लौंग की धूनी** - कपूर और लौंग की धूनी प्रतिदिन सुबह और शाम घर में देना अच्छा होता हैं, आरती या पूजा पाठ के दौरान भी कपूर जलाकर पूजा करना शुभ माना जाता हैं, घर में कपूर और लौंग की धूनी देने से वास्तु दोष समाप्त होता हैं और देवी-देवता प्रसन्न रहते हैं।

३- **दशांग धूप** - चंदन, कुष्ठ, नखल, राल, गुड़, शर्करा, नखगंध, जटामांसी, लघु और क्षौद्र को बराबर मात्रा में मिलाकर अच्छी धूप बनाई जाती हैं। इसे ही दशांग धूप कहा जाता हैं। पूजा के समय धूप का प्रयोग करने से इसके धुएं से घर से नकारात्मक एनर्जी

का नाश होता हैं, जिसके साथ ही धूप की सुगंध घर में सकारात्मक वातावरण पैदा करता हैं व वातावरण को शुद्ध और पवित्र करता हैं।

प्रेत बाधा निवारक धूप

१- **नकारात्मक एनर्जी का नाशना धूप** - जावित्री, गायत्री, केसर, गाय का शुद्ध घी, गुड़, गुग्गल, पिली सरसो, लोबान को बराबर मात्रा में मिलाकर अच्छी धूप बनाई जाती हैं। इसे ही नकारात्मक एनर्जी का नाशना धूप कहा जाता हैं। इस धूप को घर में जलाने से घर में सकारात्मक ऊर्जा का संचार बढ़ जाता हैं तथा नकारात्मक शक्तियां भाग जाती हैं।

२- **मोर पंख की धूप** - मोरपंख, देवदार, हींग, सरसो, जौ, नीम का पत्ता, कुटकी, कटली, चना और देसी घी इन सभी को अच्छी तरह से मिला लेना हैं। बनाई हुई धूप को जलाना होगा। यदि घर के अंदर नकारात्मक शक्तियों का असर हो रहा हैं तो आप यह उपाय कर सकते हैं ऐसा करने का फायदा यह होगा कि सब कुछ सही हो जाएगा । और जिस इंसान को यह समस्या होती हैं आप उसे भी यह दिखा सकते हैं। यह एक तरह से अचूक उपाय हैं काम करता हैं।

३- **सेंधा नमक, चंदन, कूट, घृत, सरसो** के तेल को सबसे पहले एक साथ अच्छी तरह से मिला लेना हैं। और एक पात्र के अंदर एकत्रित कर लेना हैं। उसके बाद किसी बर्तन के अंदर उपलों को लेना हैं और उसके अंदर इस बनाई हुई धूप को जलाना होगा । फिर आप इसको अपने पूरे घर के अंदर लेकर घूम सकते हैं। और इस तरह से आपके घर के अंदर मौजूद नगेटिव उर्जा का असर कम हो जाएगा । आपको चाहिए कि आप इस प्रयोग को रोजाना अपने घर के अंदर करें यह काफी फायदेमंद होगा।

४- **कपूर का प्रयोग**- कपूर जलाने से वातावरण शुद्ध होता हैं। कपूर को घर के अंदर जलाने का यह फायदा होगा कि आपके घर मे यदि कोई नकारात्मक उर्जा मौजूद हैं तो वह दूर हो जाएगी । और इस तरह से यह आपके लिए काफी फायदेमंद होता हैं। यह तरीका काफी उपयोगी हैं। यदि आप कोई नया घर ले रहे हैं तो उसके बाद वहां पर आपको कपूर जलाना चाहिए।

घर की रक्षा के मन्त्र व उपाय

सर्प से घर की रक्षा के मन्त्र व उपाय- आयुर्वेद में नाग से रक्षा व इलाज तथा अन्य ग्रंथो के आधार पर पर आयुर्वेदाचायों ने बताए हैं। ऐसा ही एक साधारण सरल उपाय से नाग, बिच्छू कभ ही घर में घुसते ही नही हैं। जहाँ ज्यादा सर्प य विषैले जीवो का खतरा रहता हैं वहाँ इनका प्रयोग करना चाहिए।

!!ॐ आस्तिक मुनिश्वराय नमःशिवाय!!

यह मन्त्र किसी कागज या कपड़े पर केशर युक्त हल्दी से लिखकर अपने मुख्य दरवाजे पर टांग देंवें। जीवन में कभी भी नाग द्वार पर दस्तक देने नही आएंगे।

ऋषि आस्तिक नाग वंश के भांजे हैं इन्होंने महाभारत काल में नाग यज्ञ में नागों की रक्षा की थी। इसलिए इनके नाम का स्मरण या उपरोक्त मन्त्र के जाप से नागों का भय मिट जाता हैं। माँ मनसा देवी के ये पुत्र हैं। इनकी मां मनसा शिव की मानस पुत्री हैं।

नाग हवन मन्त्र

वास्तु के अनुसार कोई-कोई जमीन, नाग भूमि होती हैं, इस कारण किसी-किसी घर में अक्सर या बार-बार विषैले नाग प्रवेश कर जाते हैं। ऐसे समय में घबराने की जरूरत नहीं हैं। अतः नीचे हुए मन्त्र से घर में हवन करावें-

सर्पापसर्प भद्रं ते दूरं गच्छ महाविष। जनमेजयस्य यज्ञान्ते आस्तिक वचनं स्मर।। हूं फट।।

उपरोक्त मन्त्र से शुक्रवार या रविवार के दिन शुद्ध काले तिल देशी घी में मिलाकर खैर की लकड़ी में हवन करना चाहिए। इस हवन के प्रभाव से नाग-सर्प से दूषित या ग्रसित स्थान पवित्र हो जाता हैं और कभी भी नागों का डर भय नहीं रहता।

भूत- प्रेत इत्यादि से मुक्ति के सरल मन्त्र उपाय-

भूत प्रेतों से मुक्ति पाने का सर्वोत्तम सरल उपाय

भूत प्रेतों से बचने के लिए सबसे पहले ईश्वर पर दृढ विश्वास रखें कि उसकी अनुमति बिना कोई कुछ नहीं कर सकता। अपने मन, शरीर और वस्त्रों को पवित्र रखें और जब

भी समय मिले मन से ईश्वर के नाम का जाप करते रहें।

जहां पर भूत बाधा हैं वहां पर भगवान का मंदिर स्थापित कर दें तथा नित्य भजन कीर्तन करें। किसी भी श्रेणी का भूत प्रेत हो सब भाग जाएंगे।

वीर हनुमान मंत्र - भूत प्रेत भगाने के लिए हनुमान मंत्र

हनुमानजी के बारे मे यह कहा जाता हैं कि भूत प्रेत उनके नाम से ही कांपते हैं।यदि आप एक तरह से हनुमानजी के भगत हैं तो फिर आपके लिए कोई चिंता की बात नहीं हैं। वैसे भी भूत आपके पास नहीं आएंगे । लेकिन यदि आप कहीं जा रहे हैं और आपको भूत का डर सता रहा हैं तो उस डर को दूर करने मे हनुमानजी का नाम लें ।ऐसा करने से भय से भूत प्रेत सब यहां से भाग जाएंगे । एक तरह से देखा जाए तो यह काफी अच्छा तरीका हैं भूतों को भगाने का । इसके लिए आपको अपने घर के अंदर शाम को हनुमानजी की पूजा करनी होगी और यदि आप रोज हनुमानजी की मूर्ति के आगे एक घी का दीपक जला सकते हैं तो जरूर ही । जलाएं और आपको इस दौरान रोजाना हनुमान चालिसा का पाठ करना चाहिए । यह आपके लिए काफी उपयोगी होता हैं। समस्या से छुटकारा पाने के लिए महाबली श्री बजरंग बली के मंदिर में जाकर श्री बजरंग बली के गदा एवं पैर के सिंदूर अपने माथे पर उस सिंदूर को लगाएं । ऐसा करने से सभी तरह की समस्याएं दूर हो जाती हैं। एक तरह से देखा जाए तो यह काफी प्रभावी उपाय होता हैं जिसका उपयोग आप कर सकते हैं। 108 बार नीचे दिये गए मंत्र का जाप करें और फिर एक गिलास पानी को अभिमंत्रित करके उस इंसान के उपर डाल दें जोकि भूत बाधा से पिड़ित होता हैं। जिससे की आपकी समस्या हल हो जाएगी ।

मंत्र- ॐ हनुमत्रंजनी सुनो वायुपुत्र महाबल:। अकस्मादागतोत्पांत नाशयाशु नमोस्तुते।1।

।। ॐ हं हनुमते रुद्रात्मकाय हुं फट् ।2।

ॐ नमो हनुमते रूद्रावताराय सर्वशत्रुसंहारणाय सर्वरोग हराय सर्ववशीकरणाय रामदूताय स्वाहा।3।

यह एक ऐसा मंत्र हैं जिसको जाप करने से आपको हर तरह की बाधा से मुक्ति हो जाती हैं। शनिवार के दिन सुबह 4 से 6 बजे के बीच किसी प्राचीन बजरंग बली के मंदिर में जाकर लाल ऊनी आसन पर बैठ जाएं और 1100 बार मंत्र का जाप करें। जिससे सभी तरह की समस्याएं हल हो जाएंगी । यह एक बहुत ही प्रभावी तरीका हैं। जिसका उपयोग आप कर सकते हैं।

हनुमान चालीसा सुन्दर कांड बजरंग बाण का नित्य पाठ करे। हनुमान चालीसा की एक चोपायी नित्य एक माला का जाप करे।

भूत पिशाच निकट नहीं आवे । महावीर जब नाम सुनावे ।।

प्रेत बाधा निवारक हनुमत मंत्र –

यदि आप इसका प्रयोग करना चाहते हैं तो फिर कर सकते हैं। लेकिन बिना किसी योग्य गुरू के परामर्श के आप इसक प्रयोग नहीं कर सकते हैं। क्योंकि आपको इसके बारे मे पूरी जानकारी नहीं हैं। खैर आपको यह समझना चाहिए कि बिना किसी जानकार के यदि आप इस मंत्र का प्रयोग करते हैं तो आपको किसी भी तरह की सफलता नहीं मिलेगी । इसको प्रयोग करने से पहले सिद्ध करना होता हैं।

ऊँ ऐं ह्रीं श्रीं हां ह्रीं हूं हैं ऊँ नमो भगवते महाबल पराक्रमाय भूत-प्रेत पिशाच- शाकिनी - डाकिनी - यक्षणी – पूतना - मारी- महामारी, यक्ष राक्षस भैरव बेताल ग्रह राक्षसादिकम् क्षणेन हन हन भंजय भंजय मारय मारय शिक्षय शिक्षय महामारेश्वर रुद्रावतार हुं फट् स्वाहा।

इस हनुमान मंत्र का पांच बार जाप करने से भूत कभी भी निकट नहीं आ सकते। यदि इस मंत्र से आप जल को अभिमंत्रित करके जातक को पिला देते हैं तो उसके बाद जातक को भूत प्रेत बाधा से मुक्ति मिल जाएगी ।

गायत्री मंत्र ही एक मात्र मंत्र ऐसा हैं जिससे किसी भी प्रकार के भूत प्रेत या आत्मा से हम लड़कर उसे वश में कर सकते हैं चारों वेदों से मिलकर बने गायत्री मंत्र का उच्चारण

करने से व्यक्ति के जीवन में खुशियों का संचार होता हैं। इस मंत्र का जाप करने से शरीर निरोग बनता हैं और इंसान को यश, प्रसिद्धि और धन की प्राप्ति भी होती ह।

गायत्री मंत्र –

।ॐ भूर्भुवः स्वः तत्सवितुर्वरेण्यं भर्गो देवस्यः धीमही धियो यो नः प्रचोदयात् ।

गायत्री मंत्र का अर्थ भगवान सूर्य की स्तुति में गाए जाने वाले इस मंत्र का अर्थ निम्न हैं - उस प्राणस्वरूप, दुःखनाशक, सुखस्वरूप, श्रेष्ठ, तेजस्वी, पापनाशक, देवस्वरूप परमात्मा को हम अन्तःकरण में धारण करें. वह परमात्मा हमारी बुद्धि को सन्मार्ग में प्रेरित कर।

श्री प्रेमानंद गोविंद शरण जी, वृन्दावन धाम के एक परम पूज्य महाराज के अनुसार - किसी व्यक्ति पर प्रेत बाधा का प्रकोप हो अथवा स्वयं के ऊपर प्रेत लग गया हो या स्वयं को भूत प्रेत आदि से सिंह समान निर्भय रहना हो तब इस मंत्र का जाप करना चाहिए ।

यह मंत्र अतिसिद्ध माना गया हैं, जपकर्ता के समक्ष कोई नकारात्मक ऊर्जा भटक नहीं सकती और उसे कभी प्रभावित नहीं कर सकती हैं।

"नारायणानन्त हरे नृसिंह प्रह्लादबाधा हरेः कृपालु"

इसका जाप करने वाला साधक सिंह के समान निर्भय होकर विचरण करता हैं।

गृह शुद्धि एवं कीलन

सभी मांगलिक कार्यों व नकारात्मक उर्जाओ से मुक्ति के लिए घर की शुद्धि की जाती हैं । छत, दीवार और फर्श आदि की शुद्धि तो हम लिपाई पुताई घिसाई से कर लेते हैं लेकिन घर में यदि नकारात्मक उर्जाओ का प्रभाव अगर अधिक बढ़ जाता हैं तो विशेष उपाय करने पढ़ते हैं जो कि निम्न हैं

गृह शुद्धि

1. **गंगाजल का प्रयोग-** गंगाजल को काफी पवित्र माना गया हैं। आपको एक कटोरी के अंदर गंगाजल को भरना होगा और उसके बाद उसको 5 मिनट तक सूर्य की धूप के अंदर रखदें । उसके बाद उसको अशोक के पत्ते की मदद से घर के अंदर

छिड़क दें । और रोजाना ऐसा करें। ऐसा करने का फायदा यह होगा कि आपके घर के अंदर मौजूद नकारात्मक उर्जा का प्रभाव खत्म हो जाएगा।

2. **गोमूत्र प्रयोग** - गोमूत्र के बारे मे आप जानते ही हैं। यह भी भूत प्रेत को भगाने की दिशा मे काफी बेहतर तरीके से काम करता हैं। गोमूत्र को सही तरीके से लेकर आना जरूरी होता हैं। यदि कोई गाय पेशाब कर रही हैं तो मूत्र के जमीन पर गिरने से पहले ही उसे ले आना हैं। एक कटोरी के अंदर गंगाजल- गोमूत्र को भरना होगा और उसके बाद उसको 5 मिनट तक सूर्य की धूप के अंदर रखदें। उसके बाद उसको अशोक के पत्ते की मदद से घर के अंदर छिड़क दें। और रोजाना ऐसा करें। ऐसा करने का फायदा यह होगा कि आपके घर के अंदर मौजूद नकारात्मक उर्जा का प्रभाव खत्म हो जाएगा।

3. **हवन**- घर में यदि नकारात्मक उर्जाओ का प्रभाव अगर अधिक बढ़ जाता हैं तो विशेष उपाय करने पढ़ते हैं, उसमे वायु की शुद्धि हवन यज्ञ से ही होती हैं। किसी भवन में रहने से पहले उसे हम सब प्रकार से शुद्ध करके ही रहना चहिये, इसलिए हम हवन यज्ञ करते हैं। और यह हवन यज्ञ न केवल गृह प्रवेश के समय या नकारात्मक ऊर्जा को हटाने के लिए ही नहीं अपितु प्रतिदिन करना चाहिए । जिससे घर का वायु सदा शुद्ध और आरोग्य कारक बनी रहती हैं। हवन यज्ञ से घर के दोष ठीक हो सकते हैं।

गृह कीलन

गृह कीलन का मतलब अपने भवन के चारों तरफ अद्दश्य बंधन लगाना हैं, इस बंधन की वजह से घर में रहने वाले सभी लोग नकारात्मक शक्तियों से बचे रहते हैं। बुरी बलाओं, भूत प्रेत के दुष्प्रभाव से बचने के लिए लोग घर को कीलित करवा देते हैं। किसी भी नीम हकीम से घर कीलित करवाने में दोष भी होता हैं। गलत तरीके से कीलित करवाने पर घर के देव, पितर, लक्ष्मी, बरकत भी कीलित हो जाते हैं।

१- **गृह कीलन की विधि**— घर कीलित करवाते समय घर के सभी सदस्यों का अंदर रहना जरूरी होता हैं। कीलन करवाने से पहले कुल देवता, कुल ऋषि, वस्तुभन

देव, दशों दिग्पाल, वैकुंठ के द्वारपाल जय विजय , तथा सभी देवी देवताओं की पूजा होती हैं। मंगलवार या शनिवार को या किसी शुभ घड़ी में एक लोटा साफ जल लेकर उसमें कच्चा दूध और कपूर पीस कर मिला लें। इस जल में एक लोहे की कील डाल दें और 21 बार बजरंग बाण का पाठ करें।

प्रत्येक पाठ के बाद लोटे के जल में फूंक मार दें। 21 बार पाठ और फूंक मारने के बाद हनुमान जी को चने और गुड़ का प्रसाद चढ़ाएं। फिर 108 बार इस चौपाई का पाठ करें और प्रत्येक चौपाई के बाद जल में फूंक मारें—

मामभिरक्षय रघुकुल नायक। धृत बर चाप रुचिर कर सायक।

इस अभिमंत्रित पानी का छींटा घर में लगाने के बाद सभी सदस्यों को जल पीना चाहिए और कील को निकालकर पूजा घर में रख देना चाहिए।

२- **दूसरी विधि** — किसी भी शुभ मुहूर्त में घर के चारों कोनों और जितने भी द्वार हैं उतने लोहे की कील ले आएं, मुख्य द्वार के लिए दो कील। सभी कीलों को गंगाजल, गोमूत्र और कच्चे दूध से धो लें। कीलों पर सरसों का तेल हनुमान जी वाला सिंदूर लगाएं।

हनुमान चालीसा का 108 बार पाठ करें, प्रत्येक पाठ के बाद कीलों पर 5 बार फूंक मारें। इस तरह 108 बार पाठ पूरा करें। घर में गुगूल या लोबान का धुआं करें। घर में गंगाजल छिड़क दें। फिर हनुमान चालीसा पढ़ते हुए चारों कोनों में हथौड़े से कीलें ठोकते चलें। द्वार पर कील ठोकने के बाद मुख्य द्वार पर दो कीलें दोनों तरफ ठोक दें। अब आपका घर कीलित हो चुका हैं। कोई भी बुरी बलाएं, ऊपरी हवाएं घर में प्रवेश नहीं कर पाएंगी । घर में सुख शांति समृद्धि बढ़ती जाएगी।

भूत प्रेत इत्यादि से मुक्ति के सरल अन्य उपाय

1. **गोमूत्र प्रयोग** रोगी - गोमूत्र के बारे मे आप जानते ही हैं। यह भी भूत प्रेत को भगाने की दिशा मे काफी बेहतर तरीके से काम करता हैं। गोमूत्र को सही तरीके से लेकर आना जरूरी होता हैं। यदि कोई गाय पेशाब कर रही हैं तो मूत्र के जमीन पर गिरने से पहले ही उसे ले आना हैं। उसके बाद बिनौला, गोखरू, मुंडी इन तीनों को

समान मात्रा लेना हैं और उसके बाद गोमूत्र के अंदर पीसना होगा । उसके बाद यदि रोगी को सूंघाते हैं तो इससे भयंकर से भयंकर प्रेत भी भाग जाता हैं। इस तरह से दोस्तों यह काफी बेहतर तरीके से काम करता हैं।

2. **काले धतूरे की जड़ का प्रयोग**- काले धतूरे के बारे मे तो आप अच्छी तरह से जानते ही होंगे । काला धतूरा खेतों के अंदर मिल सकता हैं। तो आपको शनिवार के दिन इसकी जड़ को लेकर आना हैं। और उसके बाद उसको शुद्ध करना होगा । फिर यदि नर हैं तो दाहिनी भूजा के अंदर इस जड़ को बांध दे और यदि स्त्री हैं तो उसके बाद उसे बाएं हाथ मे बांधें । ऐसा करने से जो भूत बांधा होती हैं वह सही हो जाती हैं।

3. **गुरू मंत्र प्रयोग** - लौंग का जोड़ा, फूल का जोड़ा, इलाइची, पान और पेड़ा यह सभी आपको लेना हैं और किसी दोना पर इनको रखना हैं अपने सामने फिर उस व्यक्ति की राशी के अनुसार मंत्र का 108 बार जाप करना हैं।यह कार्य आपको पवित्र होकर करना हैं। स्नान करने के बाद । फिर दोना को रोगी के उपर से 7 बार उतारे बस । फिर इसको बहते हुए पानी के अंदर बहा देना होगा । इसके बाद रोगी को जो भी समस्या होगी वह ठीक हो जाएगी । इस तरह से यह काफी प्रभावी उपाय हैं जिसका उपयोग आप कर सकते हैं। और यह आपके लिए काफी फायदेमंद होता हैं।

8. ध्यान एवं मुद्राएं

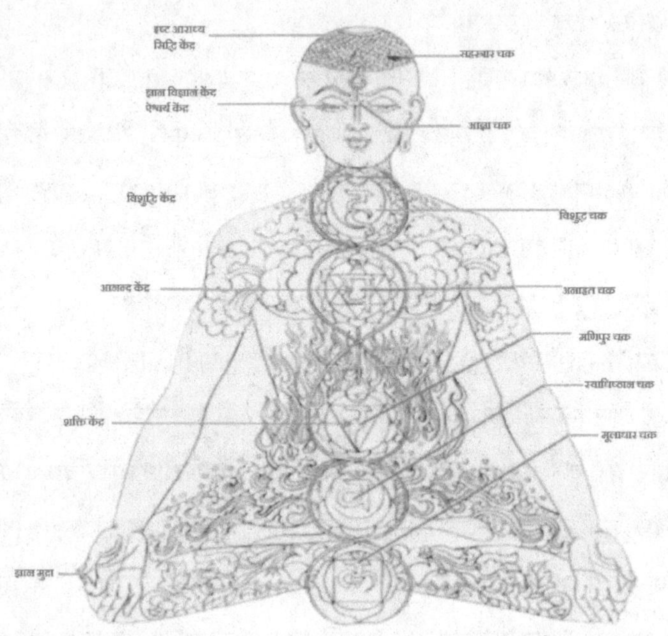

ध्यान क्या हैं?

ध्यान, भगवान के स्वरूप और गुणों पर गहन मनन, चिंतन करना ध्यान कहलाता है एकाग्रता आत्मकेन्द्री होना इसके मुख्य प्रभाव होते है साधक जब भगवन के स्वरूप और गुणों पर गहन ध्यान की ओर आगे बढ़ते हैं तो ध्यान के सही अभ्यास से शारीरिक और मानसिक शुद्धता में वृद्धि होती जाती है अंततः साधक को भगवान की ऊर्जा का निरंतर प्रवाह के माध्यम से भगवान के व्यक्तिगत और अवैयक्तिक पहलुओं का अनुभव करने करने का सौभाग्य प्राप्त होता है। इसके लिए निरंतर ध्यान के अभ्यास की आवश्यकता होती है।

ध्यान एक बिंदु, देवता, विशिष्ट आकृति या वस्तु मे मन लगा कर उसी में खो जाना हि ध्यान करना कहलाता हैं। ध्यान हमेशा प्रिय वस्तु में लगता हैं वरना आप सारा जीवन

प्रयत्न कर लेना ध्यान नही लगेगा, ध्यान मन से लगता हैं और मन हमेशा प्रिय वस्तु मे ही अटकता वरना संसार मे इधर उधर की बातो मे मन भागता रहता हैं जहाँ आप एक विशिष्ट प्रिय वस्तु या मन को शांत करने वाली मूर्ति विग्रह पर ध्यान केंद्रित करते हैं धीरे - धीरे यह आपकी श्वास, आपके शरीर में एक रोमांचकारी (सनसनी) या आपके शरीर से बाहर कोई प्रिय भी हो सकता/सकती हैं।

ना भूत ना भविष्य, मनुष्य का वर्तमान में तटस्थ बने रहना ही ध्यान हैं।

जो जैसा नजर आ रहा हैं, वैसा ही देखना ध्यान हैं। जो जैसा सुनाई दे रहा हैं, वैसा ही सुनना ध्यान हैं। जो जैसा महसूस हो रहा हैं, वैसा ही महसूस करना ध्यान हैं।

इसका अर्थ अब यह भी हुआ कि ध्यान किया नहीं जाता, यह तो स्वयं घटित होना शुरू हो जाता हैं, जब मनुष्य भविष्य की चिंता और भूतकाल का चिंतन छोड़ देता हैं और वर्तमान में जीना सीख लेता हैं।

क्योंकि भविष्य और भूतकाल संसार हैं, मन हैं और माया हैं। जबकि वर्तमान क्षण वास्तविक हैं। इसमें लगातार विचरण करना ही तो ध्यान हैं।

ध्यान का लक्ष्य क्या हैं?

ध्यान का लक्ष्य एक बिंदु / इष्ट मूर्ति/ प्रिय वस्तु पर दृढ़ता से मन को केंद्रित करना हैं, जिससे मन की शान्ति और एकाग्रता को प्राप्त किया जा सके, इस प्रकार अंततः इसका उद्देश्य आत्म-चेतना और आंतरिक शांति के एक ऊँचे स्तर पर पाना हैं और लगातार अपना ध्यान उस केंद्र बिंदु पर स्थिर करना हैं जिससे हमे आराम या शांति का अनुभव होता हैं अगर मन भटकता हैं तो मन को भटकाव से वापस लाना हैं। ध्यान में आत्म-निरीक्षण करने पर व्यक्ति के व्यवहार में परिवर्तन का सिलसिला शुरु हो जाता हैं। अशुभ विचार और शक्तियां, क्रमशः शुभता में रूपांतरित होने लगती हैं।

ध्यान हमें कैसे प्रभावित करता हैं?

ध्यान को समझने व कैसे प्रभावित करता हैं इसको समझने के लिए कुछ उदाहरणों से समझते हैं –

एक उदाहरण लेते हैं जैसे हम जल पी रहे हैं और साथ में सोचों में भी खोए हुए हैं कि पता नहीं आज ऑफिस में किया होगा, पता नहीं आज यह डील होगी यां नहीं होगी। इस सोच में डूबे हुए व्यक्ति को पता भी नहीं चलता कि गिलास में से जल कब खतम हो गया। इसे ही तो अर्ध बेहोशी कहा जाता हैं।

तो वहीं अगर हम जल को आराम से पिएं, उसकी तरलता और शीतलता का आनंद लेते हुए पिएं। गले से नीचे गिरते हुए जल को महसूस करते हुए पीएं। फिर देखना आपको पानी में भी अलग ही स्वाद और आनंद महसूस होगा। यही तो ध्यान हैं।

अब यहां होशपूर्वक खाना ध्यान हैं। होशपूर्वक बोलना ध्यान हैं। होशपूर्वक, प्रेमपूर्वक और सहजता से किया गया संभोग भी ध्यान हैं। धीरे धीरे नींद में जाना भी ध्यान हैं।

एक छोटी सी कहानी के उदाहरण से समझते हैं कि ध्यान कैसे संभव हैं-

एक 50 वर्ष का व्यक्ति नाव से समुद्र में यात्रा कर रहा था। समुंद्र में बहुत भयंकर तूफान आया, नाव रास्ता भटक गई और एक अनजान टापू के पास जाकर नाव पलट गई। जिसमें उस व्यक्ति की जान बच गई और वह उस बाहरी दुनिया से कटे हुए टापू

पर जा पहुंचा।

वह व्यक्ति उस टापू पर यह सोचकर समय बिताने लगा कि उसकी दुनिया के लोग आएंगे और उसे बचा लेंगे। लेकिन दिन बिता, हफ्ता बिता, महीना बीता, साल बिता और ऐसे करते करते उसे 5 वर्ष बीत गए...

एक दिन कुछ लोग नाव लेकर उस टापू पर आए और उस व्यक्ति को खोज कर कहने लगे कि चलो हम आपको लेने आए हैं आप अपनी दुनिया में वापस चलो। यहां एकांत हैं, यहां पर कुछ भी नहीं हैं।

उस व्यक्ति ने कहा कि आप अपनी दुनिया की खबर देने के लिए मुझे कुछ अखबार या पत्रिका दे सकते हैं कुछ दिन में उनका अध्ययन करूंगा उसके बाद आप की दुनिया में वापस चलूंगा।

उन्होंने उस व्यक्ति को कुछ अखबार और पत्रिकाएं दी जिन्हें पढ़कर उस व्यक्ति ने अपनी पुरानी दुनिया में जाने से साफ इनकार कर दिया।

उन लोगों ने पूछा कि आप अपनी पुरानी दुनिया में वापस क्यों नहीं चल रहे हैं? जबकि इस टापू पर तो कुछ भी नहीं हैं। तब उस व्यक्ति ने जवाब दिया कि हैं नादान लोगो आप की दुनिया में कुछ नहीं हैं, जो मैं 50 वर्षों में आप की दुनिया में ना पा सका वह मैंने यहां पर 5 वर्षों में पा लिया और आज मेरे पास अनंत शांति और सुकून हैं जो मैं आप की दुनिया में 50 वर्ष में ना पा सका। आप की दुनिया आपको मुबारक हो।

'ध्यान' संजीवनी हैं! रामबाण औषधि हैं! परम आवश्यक हैं! 'परम यानि सबसे जरुरी, ध्यान से सथूल से सूक्ष्म में प्रवेश भी संभव हैं और सूक्ष्म शरीर के द्वारा ब्रह्माण्ड की यात्राएं भी संभव हैं। यहां तक कि मानव भविष्य देखने में भी योग्य हो जाता हैं। पर यहां तक पहुंचना आसान कार्य तो कतही नहीं होता और कोई लाखों में एक ही ऐसा करने में सफल रहता हैं।

ध्यान की एक छोटी विधि जो आप पूरे दिन कर सकते हैं।

कुर्सी पर बैठ कर, बिस्तर पर यां नीचे चटाई बिछा कर के किसी भी आरामदायक

आसन में त्रिकुटी पर आखों को टिकाना भी ध्यान हैं। मूलाधार चक्र से लेकर सहस्त्रार चक्र पर ध्यान लगाना भी ध्यान हैं। अपनी सांसों को साक्षी भाव से आते जाते देखना भी ध्यान हैं।

1. **ध्यान कैसे लगाये** - ध्यान प्रारंभ करने से पूर्व आपको कुछ नियम करने होंगे अर्थात आपको सात्विक आहार लेना चाहिए। बिल्कुल शाकाहारी। अगर मांसाहार त्याग कर सकते हैं तो कर दीजिए। ध्यान के लिए एक ऐसा नीरव ((शोर गुल न हो) एवं शांत स्थान ढूँढे जहाँ आप अलग से बैठकर निर्बाधित रूप से ध्यान कर सकें। अपने लिए एक ऐसा पवित्र स्थान बनायें जो मात्र आपके ध्यान के अभ्यास के लिए ही हो! हाँथ पैर धोकर आराम दायक कपड़े पहने एक दीपक, एक लोटा जल, आराम दायक ऊनि या सिल्क आसान बिछा पालथी मारकर बैठें, प्रथम आचमन एवं पवित्र मन्त्र का उच्चारण अपने ऊपर पवित्र भाव से जल के छींटे छिड़क ले उसके बाद दीपक जलाकर इष्ट देव् के समक्ष रख दे अब आपको सर्वप्रथम आवश्यक हैं - उचित आसन। मेरुदंड सीधा होना चाहिए। जब भक्त अपने मन और प्राणशक्ति को मेरुदंड में चक्रों से होते हुए उर्ध्व चेतना की ओर भेजने के लिए प्रयासरत होता हैं तो उसे अनुचित आसन के कारण मेरुदंड की नाड़ियों में होने वाली सिकुड़न व संकुचन से बचना चाहिए। इसके लिए आप पद्मासन या जिन आसनो में मेरुदंड सीधी रहती हो, आसन में बैठकर प्राणायाम करना हि चाहिए। ये काम से कम 10 मिनट तक करे। उसके बाद आप ॐ का लंबा और गहरा उच्चारण करें। और आँखे बंद करके अपनी अंतर्दृष्टि को माथे के बीच में जहाँ तिलक लगाते हैं वहाँ टिकाये रखे। आपका कोई इष्ट देव हो तो आप उन्हें उस बिंदु पर कल्पित (उनके स्वरूप के दर्शन) करके देख सकते हैं और उनका कोई मंत्र भी आपको निरन्तर दोहराना होगा। आप जब ये कर रहे हो तो आप महसूस करे कि आपकी प्राण ऊर्जा अर्थात श्वास शरीर के अंग अंग में जा रही हैं और वापस आ रही हैं। आपको अपनी अंतर्दृष्टि को माथे के बीच उस बिंदु पर ही टिकाये रखनी हैं। इस दौरान आपके मन मे बहुत सारे विचार आयेंगे। वो सिर्फ आपको ध्यान से भटकाने के लिए आयेंगे। इसलिए

उन्हें आने दीजिए, रोकिये मत फिर वो चाहे कैसे भी हो। अश्लील भी हो सकते हैं या मार काट के आप साक्षी भाव से विचारो का अनुभव करे।

2. **ध्यान में क्या सोचे** - ध्यानावस्था में आपको केवल निश्चित बिंदु पर अपने इष्टदेव या प्रकाश की कल्पना करनी हैं। इसके अलावा आप स्वयं से कुछ ना सोचे। जो विचार आपके अंतर्मन की चेतन और अवचेतन अवस्था में दबे होंगे वे स्वयं आ जायेंगे।

3. **सोच पर अंकुश** - मित्र आप या कोई भी स्वयं से सोच पर अंकुश नहीं लगा सकते। इसलिए ये विचार करना ही व्यर्थ हैं। केवल ध्यान ही वो माध्यम हैं जिसका सतत अभ्यास करने से सोच कम और समाप्त हो सकती हैं। इसलिए ध्यानावस्था में आपके मन में जैसे भी विचार आये उन्हें आने दे। उन पर किसी भी अवस्था में अंकुश लगाने की ना सोचे। आपको को तो केवल अपनी अंतर्दृष्टि को निश्चित बिंदु पर टिकाये रखना हैं। अगर मान लीजिए बहुत अधिक विचारों के कारण आप अंतर्दृष्टि को टिका नहीं पाते हैं तो आप पुनः प्रयास करें और बार बार ऐसे ही करते रहे। सोच को रोकिये मत, वो आयेगी और आपका ध्यान भंग करेंगी। एक दिन आप महसूस करेंगे कि वे सब विचार कम या समाप्त होने लगे हैं और आप ज्यादा समय तक अपनी अंतर्दृष्टि को निश्चित बिंदु पर टिका पा रहे हैं। किसी भी परिस्थिति में ध्यान का अभ्यास ना छोड़े। मित्र सम्भव हैं कि आपको इसमें समय अधिक लग जाये परन्तु अपना लक्ष्य दृढ़ रखे और निरन्तर अभ्यास करते रहें। आप अवश्य सफल होंगे।

योग और ध्यान में कौनसी मुद्रा ज़्यादा लाभदायक हैं ?

ध्यान यह एक सतत चलने वाली क्रिया हैं सुबह उठने से लेकर रात्रि सोने तक रात्रि में भी पूरे महीने पूरे साल और पूरा जीवन चलने वाली जैसै श्वांस चलती हैं वैसे ही योग जीवन भर चलता हैं यदि आपने एक बार सीख लिया या समझ लिया जैसा हमने पहले कहा कोई भी इसे अपना सकता हैं अपने सभी कार्यों के साथ ही कुछ त्यागने की आवश्यकता नहीं हैं बस हम योग के सही अर्थ को जान लें तो यह आसान हो जायेगा, योग - ज़्यादातर शास्त्रों में आठ अंग बताये गये हैं (अधिकृत योग साहित्य) जैसे पतंजलि

का योग शास्त्र, धेरण्य संहिता, हठ योग प्रदीपिका, तरणताल संहिता आदि

१. यम - सत्य, अहिंसा, अस्तेय, अपरिग्रह व व्रहमचर्य एक एक अंग पर अनेक शास्त्र हैं बस अपनी परिस्थिति अनुसार इनका ईमानदारी से जीवनभर पालन करें, परिवर्तन दिखेगा।

२. नियम - शौच, संतोष, तप, स्वाध्याय व ईश्वर प्राणीधान सभी की विधियाँ हैं जानकार लेगों से सीख कर जीवनभर पालन करें कभी तकलीफ़ नहीं होगी शारीरिक, मानसिक, सामाजिक व्याधियाँ नहीं होगी ।

३. आसन - पतंजलि मुनि के अनुसार "स्थिर सुख्रन आसनम्" अर्थत शरीर की जिस बिषेश अवस्था मे आप देर तक सुखपूर्वक बैठे रह सकते हैं ८४ हज़ार मूल आसन पर जो आपको सुख दे वो आपके योग्य आसन हैं।

४. प्राणायाम - श्वास-प्रशवास पर विधी पूर्वक नियंत्रण विधी किसी जानकार से पूछकर ही करे क्योकि सही प्राणायाम सभी रोग दूर करते हैं व ग़लत करने से सभी रोग शरीर मे आ सकते हैं

प्राणायामेन युक्तेन सर्व-रोग-क्षयो भवेत्।

अयुक्ताभ्यास-योगेन सर्व-रोग-समुद्भमः॥ हयो-२.१६

अर्थ—जब प्राणायम को अच्छे से किया जाता हैं तो वह सभी बिमारियों को मिटा देता हैं, लेकिन गलत अभ्यास बिमारिया उत्पन्न करता हैं।

५. प्रत्याहार - गहन बिषय हैं पर, सरल रूप से अपनी इंद्रियों पर नियंत्रण कर लेना ।

६. धारणा - यह बहुत गहन बिषय हैं - जिनके ऊपर कई शास्त्र लिखे हुये हैं परंतु सामान्य रूप से समझने के लिये सरल भाषा मे बताने की कोशिश कर रहें हैं किसी भी एक ही बिषय के बारे मे विचार करना, जो विचार करता हैं ध्याता कहलाता हैं।

७.ध्यान - जिस बिषय पर विचार कर रहें हैं उसी मे स्वयं को त्लीन कर देनां, जिस का विचार किया जाता हैं वह ध्येय कहलाता हैं।

८. समाधि- जब ध्याता व ध्येय का द्वैत या कहे कि अंतर समाप्त हो जाए वह समाधि

की अवस्था होती हैं लिखने मे पड़ने में सरल पर करने पर यह बिलकुल भी सरल नहीं हैं पर प्रैक्टिस करने के बहुत लाभ होते हैं ।

यह बहुत ही वैज्ञानिक विधी हैं योग मार्ग मे आगे बड़ने की अब आप देखिये कि आपको कहाँ से शुरूआत करना हैं फिर आसन जिसमें काफ़ी देर तक बैठ सके उसकी प्रैक्टिस करिये ताकि धारणा व ध्यान मे विघ्न ना आये और ध्यान लगा सकें।

निष्कर्ष:

संक्षेप में ध्यान का अर्थ होश में रहना होता हैं। जिसमे इसकी सभी विधियों का उद्देश्य वर्तमान क्षण में तटस्थ बने रहना होता हैं। क्योंकि हमारा मन कभी भविष्य में और कभी भूतकाल में जीव को भटकाता रहता हैं। इसको बांधना ही ध्यान हैं। ध्यान तो मानव के सविभाव में था। पर संसार में उलझा हुआ एक मनुष्य इसे भूल चुका होता हैं। क्योंकि हर समय पूर्ण होश में रहना यहां तक कि नींद में भी होश में रहना ही ध्यान हैं और इसी ध्यान में ही आनंद हैं।

ध्यान का हमारे शरीर पर पृथ्वी के गुरुत्वाकर्षण की शक्ति और दिशा का भी फर्क पड़ता हैं। इसीलिए हमेशा ध्यान पूरब या पश्चिम दिशा की ओर मुख करके ध्यान करना चाहिए। कभी भी उत्तर दिशा की ओर मुख कर ध्यान का अभ्यास नहीं करना चाहिए। खाली जमीन पर बैठकर कभी भी ध्यान का अभ्यास नहीं करना चाहिए, क्योंकि ऊर्जा पृथ्वी के संपर्क में आने से आपके शरीर को हानि हो सकती हैं। इसलिए ऊनि, लकड़ी या रेशमी बने हुए चटाई या कंबल का प्रयोग आसन के लिए करे।

आसन

आसन का अर्थ होता हैं 'मुद्रा' या फिर 'बैठना'। आसन साधक के शरीर और दिमाग को शांत करने के लिए प्रयोग किया जाता हैं। बहुत सारे आसन हैं जिनमें आपकी रीढ़ (मेरुदंड) सीधी रहती हैं और आप आराम से सुविधाजनक स्थिति में अपने पैरो को किसी प्रकार से तोड़े मरोड़े बिना बैठे रह सकते हैं । वास्तव में ध्यान में हाथों अथवा पैरों पर ध्यान देने की अपेक्षा इस बात पर ध्यान देना चाहिए कि आपकी रीढ़ सीधी हो। ध्यान के

साधको को तीन आसनों का प्रयोग अधिक करना चाहिए – मैत्री आसन, सुखासन और स्वस्तिकासन में से किसी एक को अपनाना चाहिए। किसी एक आसन का विधिवत अभ्यास कीजिए और ध्यान के नियमित आसन के रूप में उसका प्रयोग कीजिए । ऐसा करने पर आप पाएँगे कि वह विशेष आसन आपके लिए अधिक सुविधाजनक, स्थिर, दृढ़ और अधिक सुविधाजनक हो जाएगा।

आसन की आवश्यकता क्यों हैं?

ध्यान की स्थिति में ऊर्जा मूलाधार चक्र से उठती हुई सहस्रार चक्र की तरफ जाती हैं। अगर हम मुद्राओं और आसनों का अभ्यास नहीं करेंगे तो वह शरीर के अंतिम हीस्सों से बाहर निकलना शुरू हो जाएगी। ध्यान के लिए आसनों प्रयोग किया जाता हैं इसीलिए पैरों को क्रॉस कर यार मोड़ कर बैठना चाहिए।

ध्यान लगाने के लिए सबसे अधिक आरामदायक, प्रभावी तथा प्रचलित आसन सुखासन हैं। इसके अलावा काफ़ी लोग स्वस्तिकासन, पद्मासन, अर्ध पदमासन, वज्रासन तथा सिद्धासन का प्रयोग भी करते हैं।

मेरे हिसाब से ध्यान लगाने के लिए सर्वश्रेष्ठ आसन वही हैं जिसमें आप सहज होकर लंबे समय ध्यान मग्न रह सकें तथा आपको किसी प्रकार का शारीरिक दुष्परिणाम ना उठाना पड़े। ध्यान को गहरा तथा प्रभावी बनाने के लिए कम से कम इक्कीस दिन तक आसान व मुद्रा का अभ्यास करे एवं जीवन में सकारत्मक अंतर महसूस करे।

१- **स्वस्तिकासन** - आसनों में स्वस्तिकासन का क्रम पहला हैं। इससे तन-मन का संतुलन बनता हैं। मन शांत रहता हैं। यह आसन सभी रोगों से मुक्त करता हैं। इस आसन को करने के लिए सबसे पहले अपने दाएं पैर को मोड़कर बाएं घुटने के बीच और बाएं पैर को मोड़कर दाएं घुटने के बीच इस प्रकार रखें कि दोनों पैरों के पंजे घुटनों के अंदर चले जाएं। फिर दोनों हाथों को ज्ञान मुद्रा में घुटनों पर रखें। पीठ बिल्कुल सीधी हो और घुटने जमीन से स्पर्श करते हुए हों। अब ध्यान केंद्रित कर मन को एकाग्र करें। आसन की इस स्थिति में कुछ पल बाद, सांस खींचकर यथाशक्ति रुकें। जब सहज न रहा

जाए, तो सांस धीरे से निकल जाने दें। पुनः यही प्रक्रिया पैर बदलकर 20 मिनट करें।

सावधानि- जैसे की घुटनो में सूजन या जंघा में दर्द हो तथा साइटिका से पीड़ित हो तो इस आसन का अभ्यास नहीं करना हैं।

स्वस्तिकासन

२- **सुखासन** - यदि आपके शरीर में लचीलापन हैं तो आप एक वैकल्पिक आसन सुखासन में बैठना चाहेंगे। इसमें आप दोनों पैरो को एक दूसरे के आर पार मोड़कर बैठते हैं। अर्थात एक पैर दूसरे पैर के घुटने के नीचे ज़मीन पर टिका होता हैं और दूसरे पैर का घुटना उस पैर पर आराम से रखा होता हैं। एक मोटे तह किये हुए कम्बल पर बैठिये जिससे आपके घुटनों और टखनों पर अधिक दबाव न पड़ने पाए। आपके ध्यान का आसन अर्थात जिस आसन या स्थान पर आप बैठे हैं वह स्थिर हो, किन्तु न तो अधिक कठोर हो और न ही हीलने डुलने वाला हो। यह आसन अधिक ऊँचा भी नहीं होना चाहिए क्योंकि इससे आपके शरीर की स्थिति में व्यवधान उत्पन्न होगा।

सुखासन

३- **मैत्री आसन** - इस आसन में आप किसी कुर्सी अथवा बेंच पर बैठ सकते हैं। आपके पैर फर्श पर सीधे रखे हों, इस आसन का प्रयोग कोई भी कर सकता हैं। यहाँ तक कि जिनके शरीर में लचीलापन नहीं होता अथवा जिन्हें भूमि पर बैठने में कठिनाई होती हैं वे लोग भी इस आसन में आराम से बैठ सकते हैं । इस आसन में बैठने से ध्यान के समय आपको किसी प्रकार की असुविधा का अनुभव नहीं होगा ।

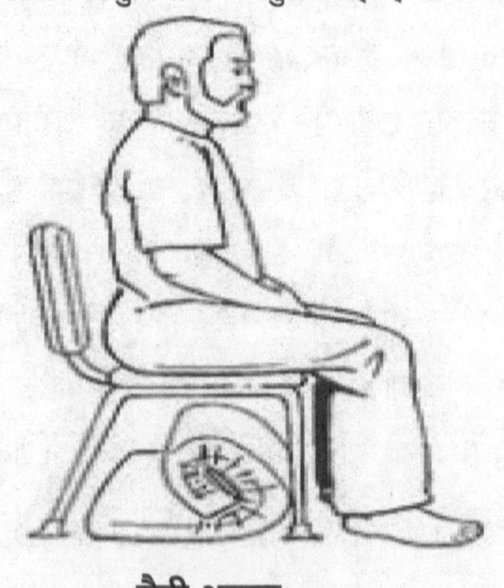

मैत्री आसन

४- **पद्मासन** - पद्मासन योग का एक उत्तम आसन हैं पद्मासन यौगिक प्रक्रिया का एक प्रतीक माना जा सकता हैं। जिसका सार यही हैं कि जिस प्रकार कमल कीचड़ के अन्दर रहता हैं किन्तु अपनी दिव्य सुगन्ध पानी की सतह पर निरन्तर प्रसारित करता रहता हैं उसी प्रकार से संसार में निर्लिप्त भाव से रहना चाहिए। पद्मासन एक आसान की मुद्रा हैं जो आपके दिमाग को शांत करने और फोकस को बेहतर बनाने में मदद करेगी। यह आसन शांति की स्थिति को बढ़ावा देकर, याददाश्त और एकाग्रता बढ़ाने में मदद करेगी।

आजकल पद्मासन शरीर के निचले भागों को लचीला कोमल बनाने के लिए अभ्यास में लाया जाता हैं न कि ध्यान के लिए । क्योंकि अधिकाँश साधकों को इस आसन में बैठकर ध्यान करने में असुविधा का अनुभव होता हैं । शारीरिक असुविधाएँ और कष्ट के कारण अधिकाँश लोगों को ध्यान की स्थिति में पहुँचने में बाधा होना स्वाभाविक हैं ।

नीचे दी गई छवि देखें और पद्मासन करने के लिए निर्देशों का पालन करें।

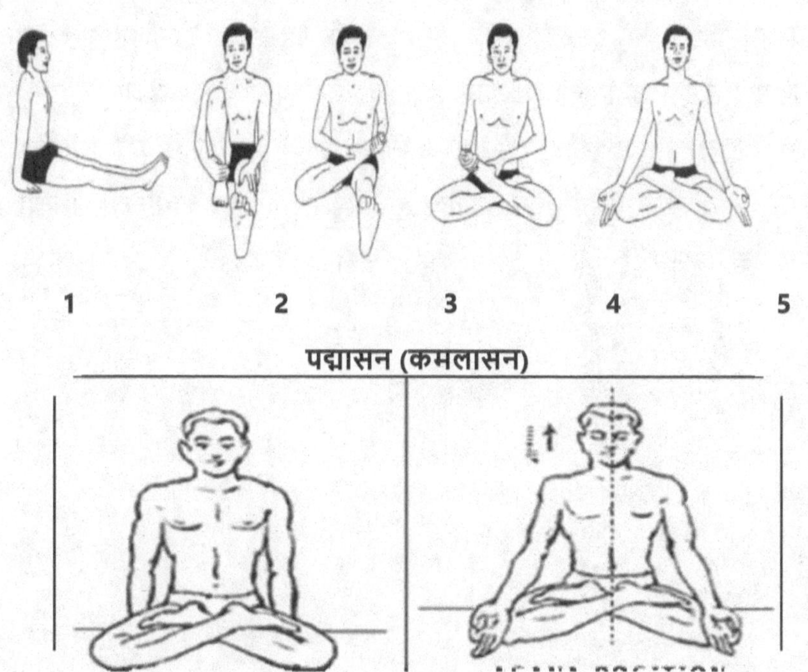

५- सिद्धासन - पद्मासन के बाद सिद्धासन का स्थान आता हैं। अलौकिक सिद्धियाँ प्राप्त करने वाला होने के कारण इसका नाम सिद्धासन पड़ा हैं। सिद्ध योगियों का यह प्रिय आसन हैं। यमों में ब्रह्मचर्य श्रेष्ठ हैं, नियमों में शौच श्रेष्ठ हैं वैसे आसनों में सिद्धासन श्रेष्ठ हैं।

इस आसन का प्रयोग अधिकतर सिद्ध पुरुषो द्वारा किया जाता इसलिए इसका का नाम सिद्धासन कहा गया हैं । सिद्ध पुरुष से मतलब हैं जो सभी तरह की बैद्धिकता को प्राप्त कर लेता हो। सिद्धासन के नियमित अभ्यास से शरीर में ताजगी का संचार होता हैं। सिद्धासन करने शरीर के सभी विकार दूर होते हैं। इस आसन को करने के लिए सबसे पहले आसन पर बैठ कर अपने पैरों को खोल दें। अब बाएं (लेफ्ट पैर) पैर की एड़ी को गुप्त अंग के मध्य भाग में रखें, दाएं पैर को उठायें और गुप्त अंग(अंडकोष और गुदे के बीच वाले स्थान पर इस तरह से रखें जिससे आपकी एडी का दबाव इस स्थान पर पड़ता रहें) के मध्य भाग पर स्थिर करें। इस बात पर ध्यान दें कि आप के दोनों पैरों के पंजे, जांघ और पिंडली के मध्य रहें। हथेली ऊपर की ओर रहे। अपने दोनों हाथ एक दूसरे के ऊपर गोद में रखें अर्थात् आप के दोनों हाथों को दोनों घुटनों के ऊपर ज्ञान मुद्रा में रखें। अपनी रीढ़ की हड्डी को सीधा रखें तथा अपनी आखों को बंद कर दें और इसी स्थिति में बनें रहें। श्वासोच्छ्वास आराम से स्वाभाविक रूप से चलने दें। इस आसन का अभ्यास पांच मिनट तक करते रहें।

सिद्धासन

लाभ – इस आसन को ध्यान पूर्वक करने से आपके शरीर की मानसिक व आत्मिक शक्ति तो बढती हैं साथ ही आपके आखों की रोशनी भी तीव्र हो जाती हैं तथा लगातार करने से अनेक रोग जैसे श्वास रोग, यौन रोग, दिल की बीमारी, ब्लड सर्कुलेशन और पाचन क्रिया जैसी बीमारियाँ कुछ ही दिनों में ठीक हो जाती हैं। जिस भी महीला या पुरुष में कार्य करने की इच्छा कम होती हैं तथा शरीर में तनाव बना रहता हैं तो ये आसन इस तनाव को दूर भगाता हैं और कार्य करने की इच्छा को भी बढ़ा देता ह।

६- **शवासन (शव मुद्रा)** - शवासन करने में बहुत ही आसान हैं, इसे आप अपने बिस्तर पर भी कर सकते हैं। यह आसन किसी भी आसन के अंत में किया जाता हैं। शवासन न सिर्फ आपके शरीर को बल्कि **आंतरिक** ऊर्जा को भी अंदर से हील करता हैं। शरीर की यही प्राकृतिक ऊर्जा आपके शरीर में समाकर हर बीमारी और समस्या को ठीक करने में मदद करती हैं।

शवासन को योग विज्ञान का सबसे कठिन आसन माना जाता हैं। ये आसन देखने में बेहद सरल लगता हैं लेकिन इसमें सिर्फ लेटना ही नहीं होता हैं बल्कि अपने मन की भावनाओं और शरीर की थकान दोनों पर एक साथ नियंत्रण पाना होता हैं। इस आसन को तब भी किया जा सकता हैं जब आप बुरी तरह से थके हों और आपको थोड़ी ही देर

में वापस काम पर लौटना हो। शवासन का अभ्यास न सिर्फ आपको ताजगी बल्कि ऊर्जा भी देगा।

शवासन करने के फायदे तभी पूरी तरह से मिलते हैं जब आप इस आसन को करते हुए सो (sleep) न जाएं। पूरी तरह अलर्ट रहते हुए शवासन करने से आपको इसके ज्यादा से ज्यादा फायदे मिलेंगे। अगर आपको शवासन करते हुए आपको नींद या आलस महसूस होता हैं तो आप गहरी और तेज सांसें लें। एकाग्रता इस आसन का सबसे महत्वपूर्ण हीस्सा हैं।

शवासन करने की विधि

शवासन, आसान सा दिखने वाला यह आसन मानसिक रूप से करने में कठनाई का अनुभव होता हैं क्योंकि यह शरीर की विश्राम अवस्था में किया जाता हैं जिसका अभ्यास करते हुए साधक गहरी नींद में चला जाता हैं जबकि योग में आपको सजग रहकर ध्यान करना होता हैं यहाँ पर कुछ बिंदुओं का अनुसरण करके इस आसन प्रभावी बनाकर अधिकतम लाभ ले सकते हैं।

1. चटाई या बिस्तर पर पीठ के बल लेट जाएं। ये सुनिश्चित करें कि आसन करने के दौरान कोई भी आपको परेशान (डिस्टर्ब) न करे। आप बिना किसी समस्या के आराम से लेटे हों। लेकिन किसी तकिया या कुशन का इस्तेमाल न करें। सबसे अच्छा यही हैं कि आप ठोस (सख्त) सतह पर लेटे हुए हों।

2. अपनी आंखें बंद कर लें।

3. दोनों पैरो को ध्यान के दौरान फैला (अलग-अलग कर) लें। इस बात का ध्यान रखें कि आप पूरी तरह से शांत (रिलैक्स) हों और आपके पैरों के दोनों अंगूठे साइड की तरफ झूके हुए हों। जैसा चित्र में दिखाया गया हैं।

4. आपके हाथ आपके शरीर के साथ ही हों लेकिन थोड़ी दूर हों। हथेलियों को खुला लेकिन ऊपर की तरफ रखें।

5. अब धीरे-धीरे शरीर के हर हीस्से की तरफ ध्यान देना शुरू करें, शुरुआत पैरों के

अंगूठे से करें। जब आप ऐसा करने लगें, तो सांस लेने की गति एकदम धीमी कर दें। धीरे-धीरे आप गहरे ध्यान (मेडिटेशन) में जाने लगेंगे। लेकिन जैसे ही आपको आलस या उबासी आए सांस लेने की गति तेज कर दें। आपको शवासन करते हुए कभी भी सोना नहीं हैं।

6. सांस लेने की गति धीमी लेकिन गहरी रखें। ये आपको धीरे-धीरे पूरी तरह शांति (रिलैक्स) का अनुभव करने लगेगी। मन में ख्याल लाएं कि जब आप सांस ले रहे हैं तो वह पूरे शरीर में फैल रही हैं। आप और ज्यादा ऊर्जावान होते जा रहे हैं। लेकिन जब आप सांस छोड़ रहे हैं, शरीर शांत होता जा रहा हैं। आपका ध्यान (फोकस) सिर्फ खुद और अपने शरीर पर ही रहेगा। बाकी सारे कामों को भूल जाएं। इस स्थिति में मन के विचारो को स्वतंत्र छोड़ दें और विचारो का , मानसिक चलचित्रों (विजुलाइजेशन) का आनंद लें। लेकिन ध्यान दें आपको सोना नहीं हैं।

7. 05 से 11 मिनट के बाद, जब आपका शरीर पूरी तरह से शांत (रिलैक्स) हो जाए और नई ताजगी को महसूस करने लगे तो, एक तरफ को करवट ले लें। दोनों आंखों को बंद रखें। एक मिनट तक इसी स्थिति में बैठे रहें। इसके बाद धीरे-धीरे उठें और फिर आलती पालथी मारकर या सुखासन में बैठ जाएं।

8. कुछ गहरी सांसें लें और आंखें खोलने से पहले आसपास चल रहे माहौल का जायजा लें। इसके बाद धीरे-धीरे आंखें खोल दें। आप मानसिक रूप से बहुत शांति महसूस करेंगे। यह आसन साधक को नई स्फूर्ति के साथ - साथ मानसिक और शारीरिक रोगो का नाश कर देता हैं।

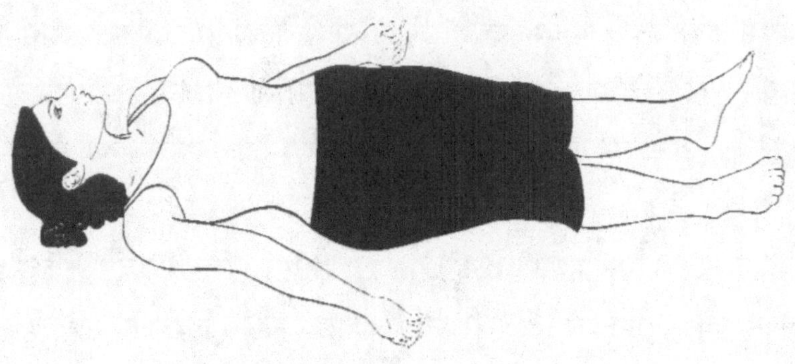

शवासन (शव मुद्रा)

इन योग अभ्यासों को करते समय, यह उम्मीद की जाती हैं कि आप अपने शरीर को सचेतन मन को व्यायामों को ठीक से महसूस करने दें। हमें 5 मिनट से शुरुआत करनी चाहिए और धीरे-धीरे 10 मिनट 15 मिनट आधा घंटा और 1 घंटे तक इस अवधि को बढ़ाना चाहिए यह अभ्यास से ही होगा यह कोई अचनाक 1 दिन में घटने वाला क्रम नहीं हैं यह अभ्यास करने वाली प्रक्रिया हैं नियमित अभ्यास करके हम ध्यान में और गहरे अनुभवों में उतर सकते हैं और रोजाना एक घंटा से भी ज्यादा ध्यान कर सकते हैं। याद रखें, निरंतरता आपके निर्धारित लक्ष्य को प्राप्त करने की कुंजी हैं, इसलिए स्वस्थ जीवन शैली के साथ इन योगासनों को नियमित रूप से करने से समय के साथ याददाश्त और एकाग्रता में सुधार होता हैं। बेहतर और सुरक्षित योगाभ्यास के लिए किसी प्रमाणित योग प्रशिक्षक से मार्गदर्शन में योग का अभ्यास करे तो बेहत्तर होगा। लचीलेपन और मानसिक एकाग्रता में सुधार के लिए शिक्षक और माता-पिता अपने बच्चों और छात्रों को इन योग अभ्यासों का प्रयोग कर सकते हैं। अच्छे परिणाम प्राप्त करने के लिए इन सभी योग आसनों को पूरा करने के बाद स्वस्थ आहार लेना सुनिश्चित करें।

हस्त मुद्राये

हस्त मुद्राये- हाथों की 10 अँगुलियों से विशेष प्रकार की आकृतियाँ बनाना ही हस्त मुद्रा कही गई हैं। हाथों की सारी अँगुलियों में पाँचों तत्व मौजूद होते हैं जैसे अँगूठे में

अग्नि तत्व, तर्जनी अँगुली में वायु तत्व, मध्यमा अँगुली में आकाश तत्व, अनामिका अँगुली में पृथ्वी तत्व और कनिष्का अँगुली में जल तत्व। अँगुलियों के पाँचों वर्ग से अलग-अलग विद्युत ऊर्जा (धारा) बहती हैं। इसलिए मुद्रा विज्ञान में जब अँगुलियों का योगानुसार आपसी स्पर्श करते हैं, तब रुकी हुई या असंतुलित विद्युत बहकर शरीर की शक्ति को पुन: जगा देती हैं और हमारा शरीर निरोग होने लगता हैं। ये अद्भुत मुद्राएँ करते ही यह अपना असर दिखाना शुरू कर देती हैं। पंच प्राण, चक्रों तथा कुंडलिनी शक्ति को जागृत करती हुई महत्वपूर्ण योग सिद्धियाँ, मुद्राएँ प्राप्त कराती हैं। इन मुद्राओं के अभ्यास में अन्नमय कोश (बाह्य शरीर), मनोमय कोश (मानसिक शरीर) एवं प्राणमय कोश (प्राण शरीर) तीनों का समन्वय होता हैं। आरंभ में शरीर में प्रसारित होनेवाली प्राण शक्ति को मन ग्रहण कर के उसका अनुभव करता हैं। इससे साधक धीरे-धीरे संपूर्ण आत्मसाक्षात्कार की ओर चल पड़ता हैं।

मुद्राओं के लाभ - कुंडलिनी या ऊर्जा स्रोत को जाग्रत करने के लिए मुद्राओं का अभ्यास सहायक सिद्ध होता हैं। कुछ मुद्राओं के अभ्यास से आरोग्य और दीर्घायु प्राप्त की जा सकती हैं। इससे योगानुसार अष्ट सिद्धियों और नौ निधियों की प्राप्ति संभव हैं। यह संपूर्ण योग का सार स्वरूप हैं।

मुद्रा संस्कृत का शब्द हैं जिसका अर्थ हावभाव (attitude) हैं। प्राचीन काल में साधु संत शरीर के अंदर मौजूद पांच तत्व हवा, पानी, अग्नि, पृथ्वी और आकाश को संतुलित रखने के लिए योग मुद्राएं करते थे। हस्त मुद्राये ध्यान व योग का हैं हिस्सा हैं। इनका प्रदर्शन नृत्य तथा योगाभ्यास में किया जाता हैं यह एक प्रकार हस्त (हथेलियों) का आसन माना जाता हैं क्योंकि उसमें कई तरह की मुद्राएं (आकृति) बनाई जाती हैं, नृत्य में भाव भंग्मा के साथ हाथों की मुद्राएं भी देखने को मिलती हैं एवं ध्यान अभ्यास में हस्त मुद्राये स्थिर होती यह हस्त मुद्राएं प्रभावशाली होती हैं जिनका असर हमारे शरीर की नसों और नाड़ियों पर पड़ता हैं। इन्हें पद्मासन या सुखासन में बनाना चाहिए। निर्धारित समय पर इनका अभ्यास करने से प्रत्येक मुद्रा अत्यधिक प्रभावी बन जाती हैं।

हस्त मुद्रा की आवश्यकता क्यों हैं ?

जब हम ध्यान की स्थिति में बैठते हैं। तो हमारे शरीर में ऊर्जा और चेतना का स्तर बढ़ जाता हैं। वह उर्जा शरीर के अंतिम सिरों से निकलना शुरू हो जाती हैं। इसलिए हम मुद्रा का अभ्यास कर उर्जा को शरीर के अंदर ही स्थापित कर देते हैं।

हमारा शरीर पृथ्वी, जल, अग्नि, वायु और आकाश इन पञ्च तत्वों से बना हुआ हैं। शरीर को स्वस्थ रखने के लिए इन तत्वों को नियंत्रण में रखना जरुरी हैं। योग में मुद्रा विज्ञान द्वारा हम इन पंचतत्वों को नियंत्रण में रख सकते हैं। इन तत्वों को हाथ की उंगलियों व अंगूठे के द्वारा नियंत्रण में रखा जा सकता हैं।

शरीर के मुलभुत पञ्च तत्व और हाथ का संबंध निचे दिया गया हैं -

➤ अंगूठा (Thumb) – अग्नि तत्व

➤ तर्जनी (Index finger) – वायु तत्व

➤ मध्यमा (Middle Finger) – आकाश तत्व

➤ अनामिका (Ring Finger) – पृथ्वी तत्व

➤ कनिष्का (Little Finger) – जल तत्व

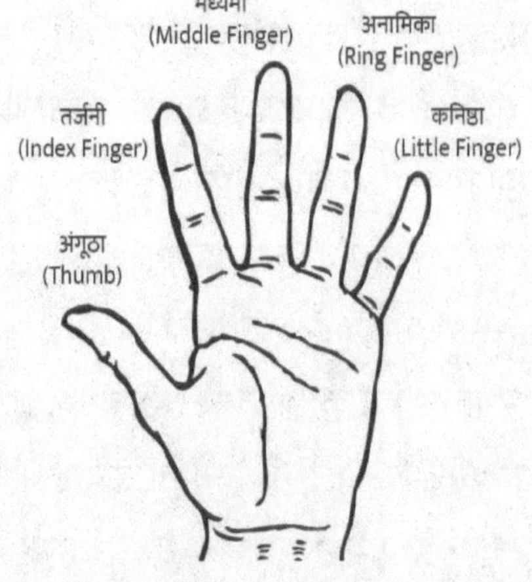

हस्त मुद्राएँ - मुख्यत: दस हस्त मुद्राएँ मानी गई हैं: उक्त के अलावा हस्त मुद्राओं में प्रमुख दस मुद्राओं का महत्व हैं जो निम्न हैं - (1) ज्ञान मुद्रा, (2) पृथवि मुद्रा, (3) वरुण मुद्रा, (4) वायु मुद्रा, (5) शून्य मुद्रा, (6) सूर्य मुद्रा, (7) प्राण मुद्रा, (8) लिंग मुद्रा, (9) अपान मुद्रा, (10) अपान वायु मुद्रा।

१- **ज्ञान मुद्रा** - हाथ का अंगूठा अग्नि तत्व को और पहली उंगली वायु तत्व के प्रतीक हैं। अग्नि और वायु जब आपस में मिलते हैं तो शरीर में ज्ञान की वृद्धि होती हैं और ध्यान अच्छे से लगता हैं अच्छे विचार उत्पन्न होते हैं तथा शरीर में अपार शांति का अनुभव होता

हैं। प्रारंभिक अवस्था में ध्यान के लिए ज्ञान मुद्रा का अभ्यास करना चाहिए। तो शरीर के अंदर ऊर्जा का स्तर बढ़ने लगता हैं और वह बाहर नहीं निकलती। इसलिए हम ज्ञान मुद्रा या का अभ्यास कर उर्जा को शरीर के अंदर ही स्थापित कर देते हैं।

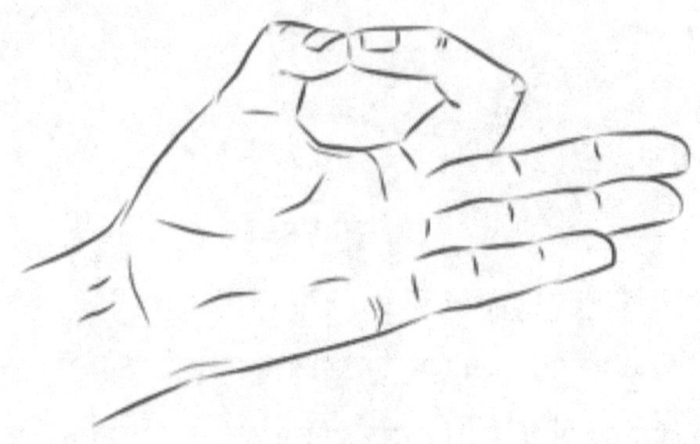

ज्ञान मुद्रा

ज्ञान मुद्रा में आप तर्जनी उंगली से अंगूठा छूकर और बाकी सारी उंगलियां सीधी रखते हैं। ज्ञान मुद्रा की सही मुद्रा में पीठ सीधी रखकर पद्मासन में बैठ सकें तो ठीक वरना पालथी मारकर बैठें तथा ज्ञान मुद्रा हाथों की उंगलियों से बनाकर, सवेरे साढ़े तीन से छह बजे प्रात: के बीच कभी भी तथा सायं सूर्यास्त के समय तथा रात्रि में बैठें।

२- **पृथ्वी मुद्रा** - यह मुद्रा आपको पृथ्वी यानी धरती से जुड़ने में मदद करती हैं। पृथ्वी मुद्रा शरीर को मजबूत करके और थकान को कम करके अनावश्यक विचारों से मुक्त होने में मदद करती हैं, जिससे एक संतुलित जीवन जीने में मदद मिलती हैं। छोटी उंगली को मोड़कर उसके अग्रभाग को अंगूठे के अग्रभाग से गोलाकार बनाते हुए लगाने पर प्रथ्वी मुद्रा बनती हैं। वहीं, अन्य उंगलियों को फैलाकर रखें। ध्यान रहे कि इस मुद्रा को भी प्राण मुद्रा की तरह लेटकर नहीं करना चाहिए। सयंम और सहनशीलता को बढ़ती हैं। चेहरा तेजस्वी बनता हैं और त्वचा निखरती हैं।

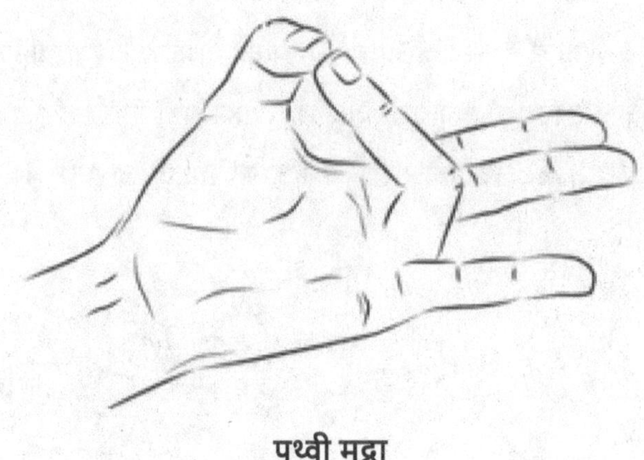

पृथ्वी मुद्रा

३- वरुण (जल) मुद्रा - जल मुद्रा करने का तरीका आराम से बैठ जाएं और अपनी छोटी उंगली और अंगूठे को हल्का सा झुकाकर एक दूसरे के पोरों (tip) से सटाएं। हाथ की बाकी उंगलियों को सीधा रखें। इसके बाद हथेली को जांघ (thigh) के ऊपर जमीन की तरह थोड़ा सा झुकाकर रखें। आंखें बंद करके कुछ देर तक इसी मुद्रा में बैठे रहें। इस मुद्रा को करते समय इस बात का विशेष ध्यान दें कि उंगली के पोर (tips) को नाखून से न दबाएं अन्यथा शरीर में पानी के तत्व संतुलित होने के बजाय आपको निर्जलीकरण (dehydration) की समस्या हो सकती हैं।

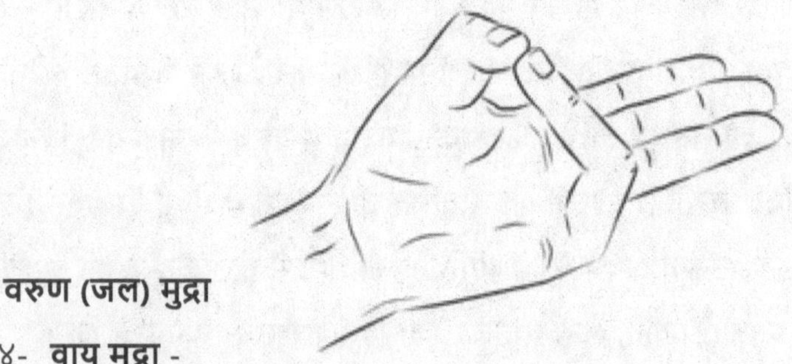

वरुण (जल) मुद्रा

४- वायु मुद्रा -

५- वायु मुद्रा शरीर के अंदर की हवा को नियंत्रित करने में मदद करती हैं। यह शरीर और जोड़ों के दर्द से राहत दिलाने में मददगार हैं। इसके अलावा वायु मुद्रा गठिया, गाउट या सर्वाइकल स्पॉन्डिलाइटिस से पीड़ित लोगों के लिए बेहद फायदेमंद हैं।

यहां तक कि यह पोलियो और पार्किंसंस के रोगियों के दर्द को दूर करने में भी मददगार हो सकता हैं।

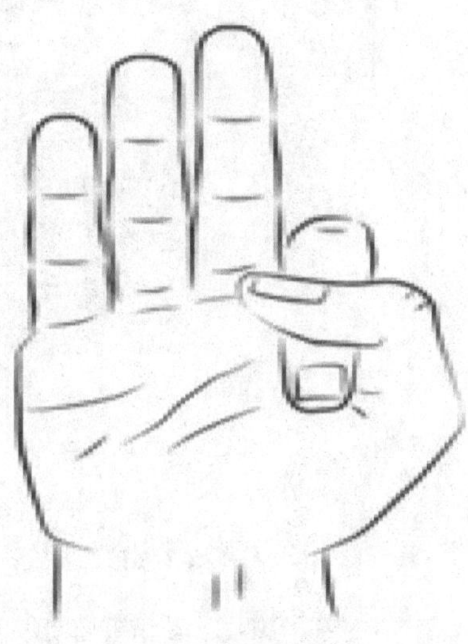

६- वायु मुद्रा

वायु मुद्रा अन्य आसन को करने में भी मदद करती हैं क्योंकि यह शारीर के दर्द को कम करती हैं, जिससे दूसरे आसन को करने में आसानी होती हैं। वायु मुद्रा करने के लिए तर्जनी उंगली को अंगूठे की ओर घुमाएं ताकि उसकी नोक अंगूठे के टीले को छू सके। वहीं अन्य तीन उंगलियों को फैलाकर रखें। वायु तत्व से होने वाले रोग जैसे की गठिया, गैस, डकार आना, हिचकी, उलटी, Paralysis, Spondylitis इत्यादि विकार में लाभ होता हैं।

७- शून्य मुद्रा- शून्य मुद्रा मध्यमा उंगली को मोड़कर उसके अग्रभाग से अंगूठे के मूल प्रदेश को स्पर्श करना हैं। इसके बाद अंगूठे से मध्यमा उंगली को हलके से दबाना हैं। अन्य उंगलियों को सीधा रखना हैं। इस तरह शुन्य मुद्रा बनती हैं।

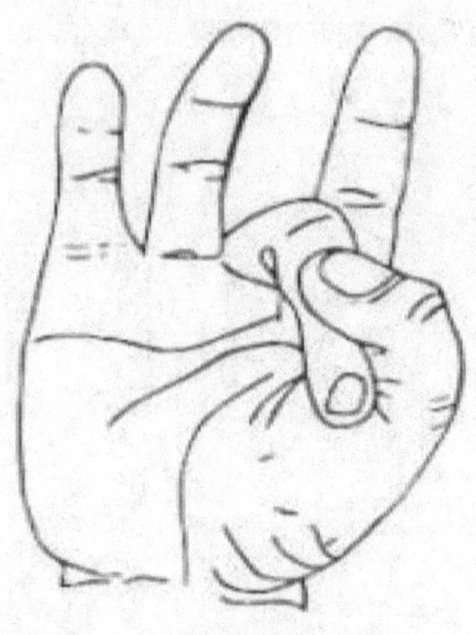

शून्य मुद्रा

शून्य मुद्रा के फायदे - इस मुद्रा से आकाश तत्व नियंत्रण में रहता हैं। यह मुद्रा कान में दर्द और बहरेपन में उपयोगी हैं।

८- **सूर्य मुद्रा**- सूर्य मुद्रा को अग्नि मुद्रा के नाम से भी जाना जाता हैं, यह शरीर में गर्मी की मात्रा को नियंत्रित करने में मदद करती हैं। सूर्य मुद्रा करने के लिए, सबसे पहले अनामिका उंगली को मोड़कर, अनामिका उंगली के अग्रभाग से अंगूठे के मूल प्रदेश को स्पर्श करना हैं। अब अंगूठे से अनामिका उंगली को हल्के से दबाना हैं। इस तरह अग्नि / सूर्य मुद्रा बनती हैं। इस मुद्रा का रोजाना 5 से लेकर 15 मिनिट तक अभ्यास करना चाहिए। इस मुद्रा से पाचन प्रणाली ठीक होती हैं। भय, शोक और तनाव दूर होते हैं। अगर आपको एसिडिटी / अम्लपित्त की तकलीफ हैं तो यह मुद्रा न करे।   अन्य अंगुलियों को फैलाएं। ध्यान रखें कि अगर आप थकान महसूस कर रहे हैं, तो इस मुद्रा को करने से बचें।

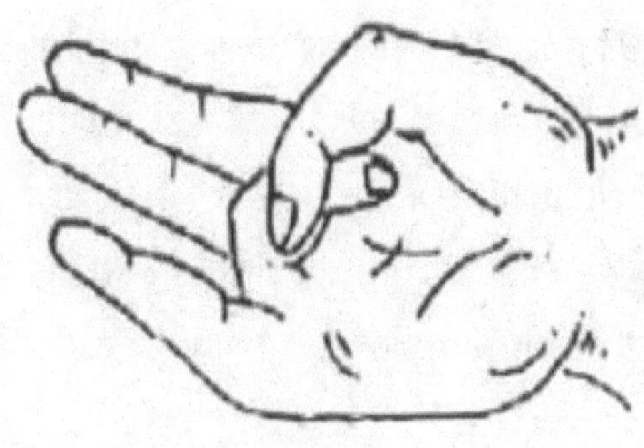

सूर्य मुद्रा

९- **प्राणमुद्रा** - जैसा कि नाम से ही पता लग रहा हैं, यह मुद्रा प्राण यानी जीवन के बारे में हैं। यह व्यक्ति की ऊर्जा पर ध्यान केंद्रित करता हैं और उनकी प्रतिरक्षा क्षमता को बढ़ाता हैं। इसके अलावा प्राण मुद्रा आंखों के स्वास्थ्य में सुधार करके, थकान और अनिद्रा से राहत दिलाने में भी मदद कर सकता हैं। प्राण मुद्रा के लिए अंगूठे की नोक को अनामिका और छोटी उंगली की नोक से स्पर्श करें। वहीं अन्य दो उंगलियों को फैलाएं। ध्यान रखें कि इस मुद्रा को लेटकर न करें। नेत्र दोष दूर होते हैं। शरीर की रोग प्रतिकार शक्ति (Immunity) बढ़ती हैं।

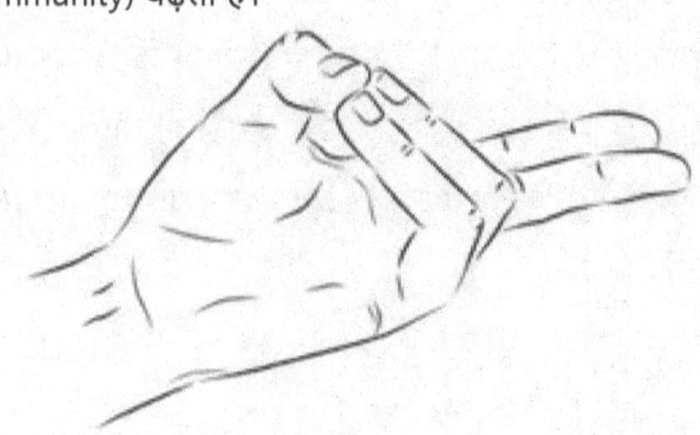

प्राणमुद्रा

१०- **लिंग मुद्रा**- यह मुद्रा पुरुषत्व का प्रतीक हैं इसीलिए इसे लिंग मुद्रा कहा जाता हैं। लिंग मुद्रा का अभ्यास शरीर में गर्मी बढाने के लिए किया जाता हैं। खाँसी और कफ को जड़ से मिटाने के लिए ये सबसे अधिक प्रभावशाली मुद्रा हैं। इस मुद्रा को करने के लिए

अपने दोनों हाथों की उंगलियों को आपस में फंसाकर अंगूठे (बायां या दायां कोई एक) को सीधा रखना होता हैं। इस मुद्रा का आभ्यास शर्दी में बहुत किया जाता हैं। गृहस्थ जीवन में लिंग मुद्रा के प्रयोग से आप अपने शरीर की अनावश्यक कैलोरी को हटाकर मोटापे को कम कर सकते हैं शरीर में अधिक सर्दी महसूस होने या शीत बाधा होने पर लिंग मुद्रा के प्रयोग से शीघ्र लाभ होता हैं इसे अधिक देर तक करने से सर्दियों में भी पसीना आता हैं।

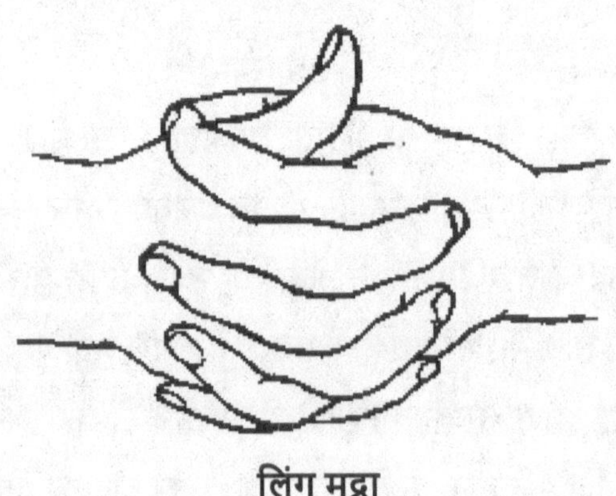

लिंग मुद्रा

सबसे पहले आप जमीन पर कोई चटाई बिछाकर उस पर पद्मासन या सिद्धासन में बैठ जाएँ, ध्यान रहे की आपकी रीढ़ की हड्डी सीधी हो। अब अपने दोनों हाथों की अँगुलियों को परस्पर एक-दूसरे में फसायें एक अंगूठे को सीधा रखें तथा दूसरे अंगूठे से सीधे अंगूठे के पीछे से लाकर घेरा बना दें। आँखे बंद रखते हुए श्वास सामान्य बनाएँ।

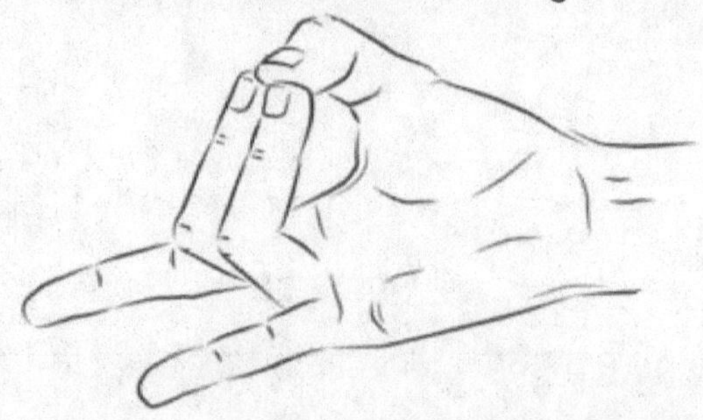

११- अपान या मृगी मुद्रा - हाथ की मध्यमा तथा अनामिका अंगुलीयों के अग्रभाग

को अंगुठे के अग्रभाग से लगाकर शेष अंगुलीया सीधी रख कर बनने वाली हाथ पंजे से जो आकृति बनती वह हिरण (मृग) जैसी दिखाई देती हैं। इसलिए इसे मृगी या अपान मुद्रा कहते हैं। इस मुद्रा का अभ्यास करते समय मंत्रों का जाप भी कर सकते हैं हवन की आहुति में भी सामग्री होमने के लिए इस मुद्रा अनुशंसा की जाती हैं।

मृगी या अपान मुद्रा

मृगी या अपान मुद्रा को उपचारात्मक मुद्रा श्रेणी में शामिल किया गया हैं और यह उत्सर्जन और प्रजनन अंगों पर नियंत्रण रखने के लिए किया जाने वाली मुद्रा हैं। भारतीय दर्शन में, प्राण (शरीर की महत्वपूर्ण वायु या ऊर्जा या वायु) के पांच मुख्य भाग हैं, जिनमें से एक अपान हैं जो शौच, मूत्र और मासिक धर्म जैसी शरीर की अधोमुखी गतिविधियों के लिए जिम्मेदार हैं। मृगी मुद्रा को पाचन मुद्रा भी कहा जाता हैं। इस मुद्रा के अभ्यास से शारीरिक स्वास्थ्य लाभ, मधुमेह, चिड़चिड़ा, हृदय रोग, उत्सर्जन प्रणाली, मासिक धर्म, उल्टी, बवासीर आदि पर सकारात्मक प्रभाव देखने को मिलते हैं।

१२- **अपान वायु मुद्रा** - यह दो मुद्राओं का मिश्रण हैं वायु और अपान। तर्जनी की नोक को अंगूठे के आधार पर रखकर वायु मुद्रा बनाएं और फिर अंगूठे की नोक को मध्यमा और अनामिका के साथ मिलाकर अपान मुद्रा बनाएं। इसे चित्र में दिखाए गए दूसरे तरीके से भी बनाया जा सकता हैं।

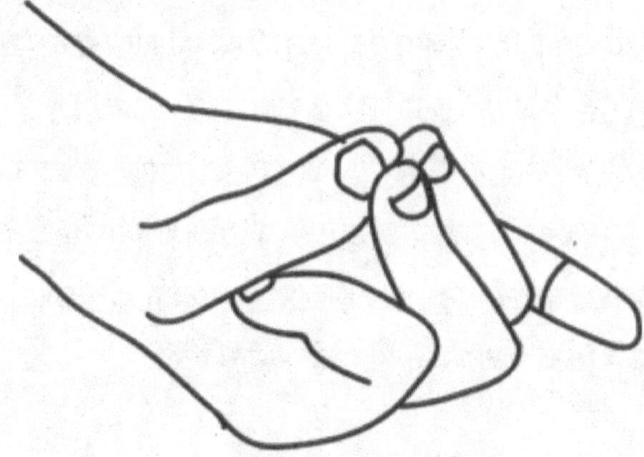

अपान वायु मुद्रा

यह मुद्रा गठिया, स्पॉन्डिलाइटिस, पार्किंसन और लकवा को ठीक करती हैं। नींद की कमी, मानसिक चिंता, अधिक परिश्रम और रक्त संचार की समस्याओं के कारण होने वाला सिरदर्द दूर हो जाता हैं। नींद की कमी, मानसिक चिंता, अधिक परिश्रम और रक्त संचार की समस्याओं के कारण होने वाला सिरदर्द दूर हो जाता हैं।

इन १० मुद्राओं के अतिरिक्त पूजन और साधना क्रम में विशेष प्रकार की मुद्राओं का उपयोग होता हैं, जैसे आवाहन, नमस्कार, स्थिरीकरण, सम्मुखिकरण आदि आदि । इनका विशेष साधनाओ में अत्यधिक महत्त्व हैं ।साधना के दौरान विशिष्ट मुद्राएँ बनाने पर सम्बंधित शक्ति की ऊर्जा बढती हैं, उससे सम्बंधित चक्र क्रियाशील होता हैं और साधना में सफलता बढती हैं और जल्दी पूर्ण होती हैं।

१- ध्यान मुद्रा - एक ऐसी मुद्रा अथवा हाथों के उंगलियों की स्थिति जो ध्यान (मेडिटेशन) अभ्यास को गहरा करने तथा बेहतर परिणाम लाने में मदद करती हैं। ध्यान मुद्रा में हाथों तथा उंगलियों को विशेष प्रकार से स्थित कर प्राणशक्ति को संचारित किया जाता हैं। महात्मा बुद्ध तथा महावीर स्वामी तथा कई सिद्धो ने इस मुद्रा को अपना कर ईश्वर का साक्षात्कार किया हैं। ध्यान मुद्रा का अभ्यास कर जीवन में सुख शक्ति, समृद्धि लाना सरल हो जाता हैं।

ज्ञान मुद्रा अथवा किसी अन्य मुद्रा में उंगलियों की अवस्था अत्यंत महत्वपूर्ण होती हैं जबकि ध्यान मुद्रा में सम्पूर्ण उंगलियां एक साथ काम करती हैं। दूसरे शब्दों में कहूं तो ध्यान मुद्रा किसी एक तत्व नहीं बल्कि पांचों तत्वों का संतुलन करता हैं। ध्यान मुद्रा का सबसे अधिक प्रभाव आज्ञा चक्र पर पड़ता हैं, और आज्ञा चक्र के खुलने से पहले कुछ सावधानियां अवश्य बरतनी पड़ती हैं। इसलिए आप ध्यान की गहराई में नहीं उतारना चाहते, तो ध्यान मुद्रा के बजाय ज्ञान मुद्रा का अभ्यास करें।

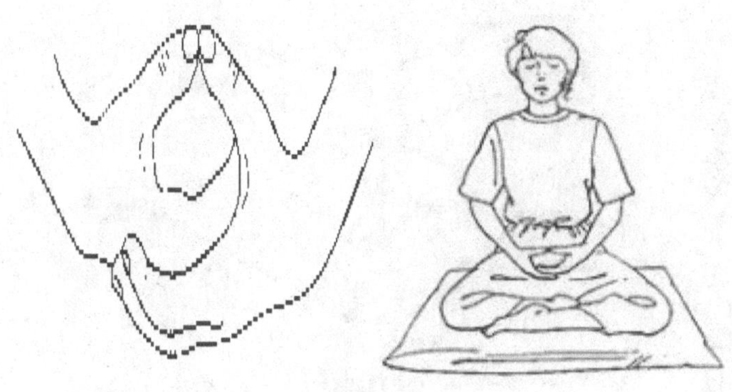

ध्यान मुद्रा

आराम पूर्वक सुखासन या अन्य कोई आसन जो साधक सुविधा जनक लगे उस आसन में बैठे, ध्यान मुद्रा में बाया हाथ नीचे और दाया हाथ ऊपर करके मूलाधार (गुप्तांग) के ऊपर रखा जाता हैं। ध्यान मुद्रा बनाने के लिए बाये (लेफ्ट) हाथ की हथेली पर दाये (राइट) हाथ रखे, अब बाये हाँथ के अंगूठे के पोर (टिप) को दायें हाँथ के अंगूठे के पोर (टिप) मिलाये अब हांथो से बनी मुद्रा को गोदी में मूलाधार (गुप्तांग) के पास रखे। इस तरह ध्यान मुद्रा बनाकर आत्मिक लाभ ले सकते हैं।

२- **हंसी मुद्रा** - हर किसी के जीवन में खुशी की एक सामान्य इच्छा होती हैं और यह मुद्रा व्यक्ति में पूर्णता की भावना लाती हैं। इस मुद्रा का अभ्यास करते समय मंत्रों का जाप कर सकते हैं हवन की आहुति में भी सामग्री होमने के लिए अनुशंसा की जाती हैं। हंसी मुद्रा बनाने के लिए तर्जनी, अनामिका और मध्यमा अंगुली के पोरो (टिप्स) को अंगूठे के पोर को धीरे से स्पर्श करें। छोटी उंगली अकेली छोड़ देते हैं तथा यह सीधी रखी जाती हैं यह एक हाथ या दोनों हाथों से किया जाता हैं।

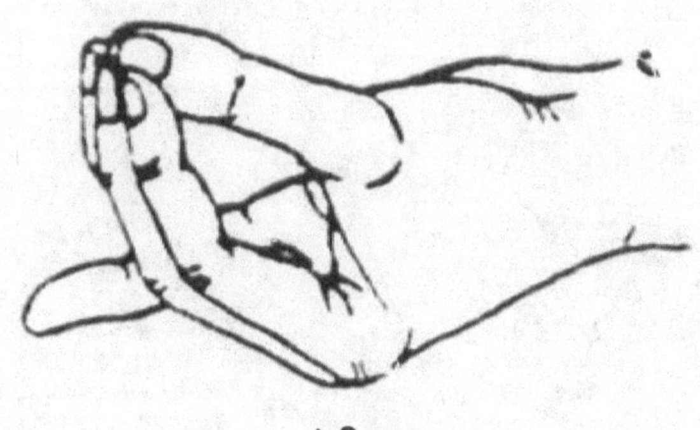

हंसी मुद्रा

इस मुद्रा के लिए सुखासन सबसे उपयुक्त हैं, हालाँकि इसमें आराम की स्थिति में भी बैठा जा सकता हैं। इसका अभ्यास प्रतिदिन 5 मिनट तक किया जा सकता हैं और इसकी अवधि धीरे-धीरे 40 मिनट तक बढ़ाई जा सकती हैं।

३- शूकरी या समन्वय मुद्रा - हाथ की चारो अंगुली व अंगूठे के पोरो (आगे वाला भाग) को मिलाने से यह मुद्रा बनती हैं, इस मुद्रा से तन, मन, और बुद्धि के बीच समन्वय होता हैं जिसके कारन मन प्रशन्न रहता हैं तथा संकल्प शक्ति बढ़ती हैं मणिपुर चक्र को सक्रीय करती हैं तथा आज्ञा चक्र को नियंत्रित करने की शक्ति साधक को मिलती हैं। विशेष यज्ञो में आहुति सामग्री होमने के लिए इस मुद्रा अनुशंसा की जाती हैं।

शूकरी या समन्वय मुद्रा

४- योनि मुद्रा - यह मुद्रा प्राणवायु के लिए उत्तम मानी गई हैं। यह बड़ी चमत्कारी

मुद्रा हैं। योनि मुद्रा को तीन तरह से किया जाता हैं। ध्यान के लिए अलग, सामान्य मुद्रा अलग लेकिन यहां प्रस्तुत हैं कठिनाई से बनने वाली मुद्रा का विवरण।

पहले किसी भी सुखासन की स्थिति में बैठ जाएं। फिर दोनों हाथों की अंगुलियों का उपयोग करते हुए सबसे पहले दोनों कनिष्ठा अंगुलियों को आपस में मिलाएं और दोनों अंगूठे के प्रथम पोर को कनिष्ठा के अंतिम पोर से स्पर्श करें। फिर कनिष्ठा अंगुलियों के नीचे दोनों मध्यमा अंगुलियों को रखते हुए उनके प्रथम पोर को आपस में मिलाएं। मध्यमा अंगुलियों के नीचे अनामिका अंगुलियों को एक-दूसरे के विपरीत रखें और उनके दोनों नाखुनों को तर्जनी अंगुली के प्रथम पोर से दबाएं।

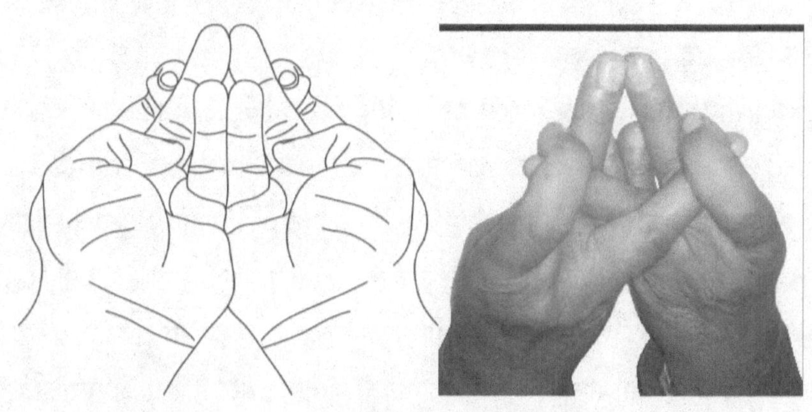

योनि मुद्रा

आध्यात्मिक लाभ- योनि मुद्रा बनाकर और पूर्व मूलबंध की स्थिति में सम्यक् भाव से स्थित होकर प्राण-अपान को मिलाने की प्रबल भावना के साथ मूलाधार स्थान पर यौगिक संयम करने से कई प्रकार की सिद्धियां प्राप्त हो जाती हैं।

दूसरी विधि - दोनों हाथों की कनिष्ठा उंगली, अनामिका उंगली और मध्यमिका उंगली को मोड़कर आपस में मिलाएं। इसके बाद दोनों हाथों की तर्जनी उंगली और अंगूठे को ऊपरी हिस्से की तरफ से आपस में मिलाएं। ध्यान रहें कि इन्हें मोड़ना नहीं हैं, फिर अपनी दोनों आंखों को बंद करें और अपनी सांस पर ध्यान केंद्रित करें।

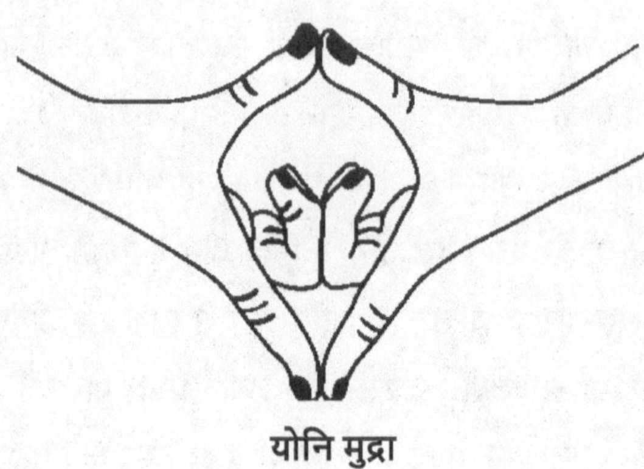

योनि मुद्रा

इस मुद्रा के अभ्यास से मन को शांत और तनाव से दूर रखना काफी आसान हो जाता हैं। इस मुद्रा से आंतरिक अंगों के कार्य अच्छे से होते हैं। यह मुद्रा लिवर के स्वास्थ्य के लिए भी फायदेमंद हैं।

मुद्रा संपूर्ण योग का सार स्वरूप हैं। इसके माध्यम से कुंडलिनी या ऊर्जा के स्रोत को जागृत किया जा सकता हैं। इससे अष्ट सिद्धियों और नौ निधियों की प्राप्ति संभव हैं।

शक्तिपान मुद्रा – सबसे पहले दोनों हाथों के अंगूठे और तर्जनी अंगुली को इस तरह से मिला लें कि पान की सी आकृति बन जाएं तथा दोनों हाथों की बची हुई तीनों अंगुलियों को हथेली से लगा ले, इसे ही शक्ति पान मुद्रा कहते हैं। मुद्रा का लाभ- इस मुद्रा को करने से जहां दिमागी संतुलन और शक्ति बढ़ती हैं, वहीं इसके निरंतर अभ्यास से भृकुटी में स्थित तीसरी आंख जाग्रत होती हैं। इसकी सक्रियता से कई घटनाओं का पूर्वाभास हो जाता हैं और आध्यात्मिक यात्रा में दिव्य अनुभव होते हैं। इस मुद्रा को करने से दिमागी रोग, छोटी-छोटी बातों पर गुस्सा आना, हर समय सुस्ती छाए रहना तथा तनाव आदि रोग कम हो जाते हैं। इसका अभ्यास प्रतिदिन 15 से 45 मिनट तक करें।

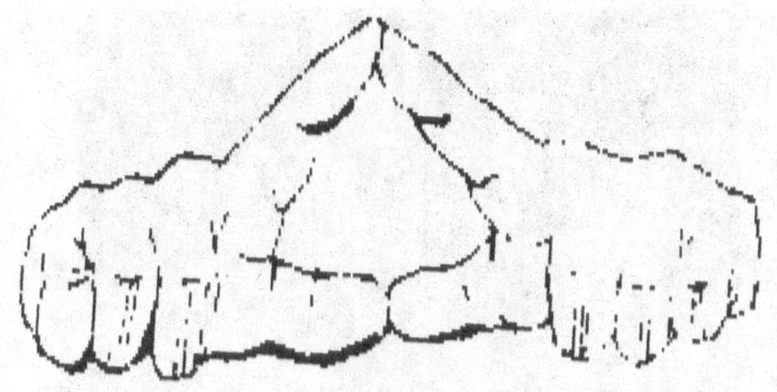

शक्ति पान मुद्रा

धेनुमुद्रा- धेनु का अर्थ है "गाय", और धेनु- मुद्रा थन का प्रतीक है - उंगलियां एक साथ जुड़ी हुई हैं ताकि वे थन के आकार को बना सकें। चूँकि गाय एक पवित्र है, जो भोजन की दाता है, देवो व मनुष्यो की इच्छाओं को पूरा करने वाली (कामधेनु) है, यह मुद्रा दया या अमृत , दिव्य अमृत के अवतरण का प्रतीक है। पूजा में , धेनु-मुद्रा को अक्सर एक तरल (पानी, दूध, पञ्चामृत) वाले बर्तन के ऊपर दिखाया जाता है - जिससे शुद्धिकरण होता है और तरल अमृत में बदल जाता है। धेनु-मुद्रा को कामधेनु या सुरभि मुद्रा भी कहा जा सकता है।

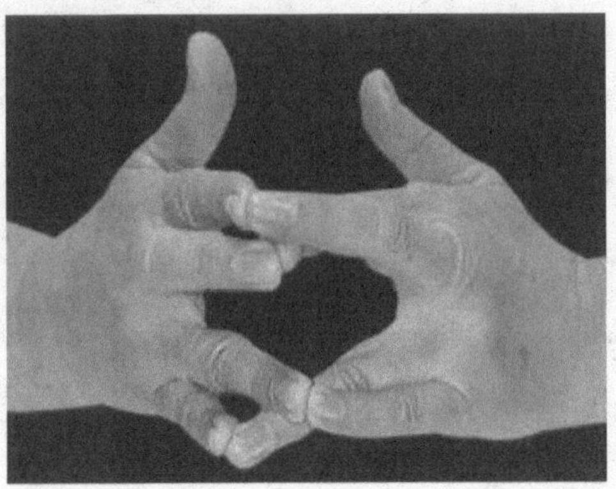

धेनुमुद्रा

चित्रानुसार बायीं छोटी उंगली दाहिनी अनामिका को छूती है, दाहिनी छोटी उंगली - बायीं अनामिका को छूती है; बायीं तर्जनी दाहिनी मध्यमा को छूती है, और दाहिनी तर्जनी बायीं मध्यमा को छूती है। अंगूठे जुड़े हुए हैं।

अंकुश मुद्रा- अपने तर्जनी अनामिका व कनिष्ठिका को मुट्ठी की तरह बंद करने एवं अंगुठे को अनामिका पर रखने व मध्यमा को लम्बवत यानि सीधा रखने पर चित्रानुसार जो आकृति बनती है उसे योग की भाषा में अंकुश मुद्रा कहते है

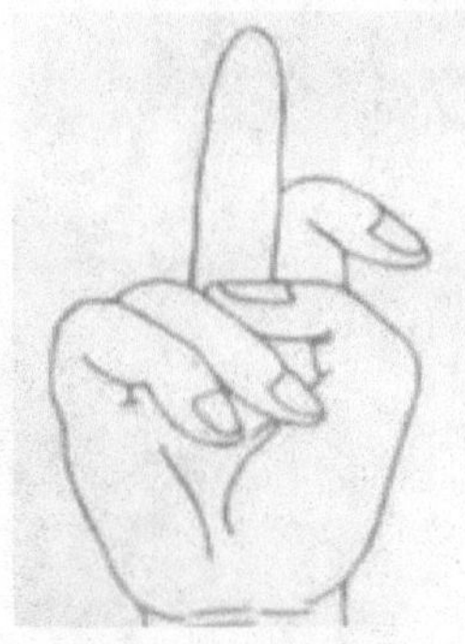

अंकुश मुद्रा

मत्स्य मुद्रा- मत्स्य मुद्रा तब बनती है जब एक हाथ की हथेली को दूसरे हाथ के ऊपर रखा जाता है जबकि अंगूठा बगल की ओर फैला रहता है।

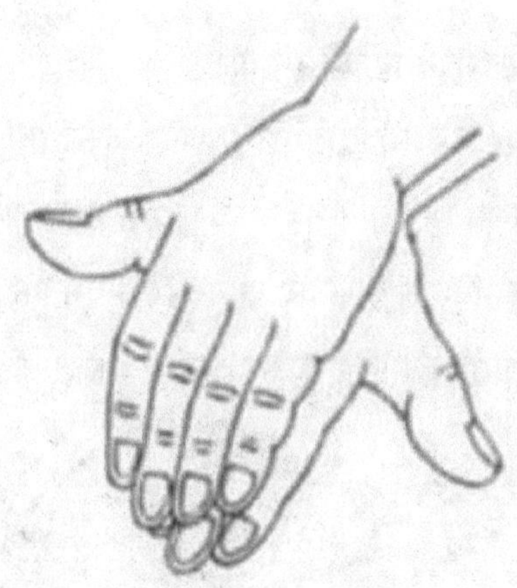

मत्स्य मुद्रा

पद्म मुद्रा- पद्म मुद्रा का एक प्रकार है हस्त मुद्रा (हाथ का इशारा या मुहर)। यह एक ऐसा है मुद्रा जिसके अभ्यास से आपका मन सारी नकारात्मकता और अंधकार को पीछे छोड़ देगा। पद्म मुद्रा एक हस्त मुद्रा है जिसका कमल के फूल के प्रतीकात्मक भाव से उत्पन्न गुणों पर ध्यान दिया जाता है। उपयोग ध्यान अभ्यास में किया जाता है। यह मुद्रा देवी लक्ष्मी से संबंधित है।

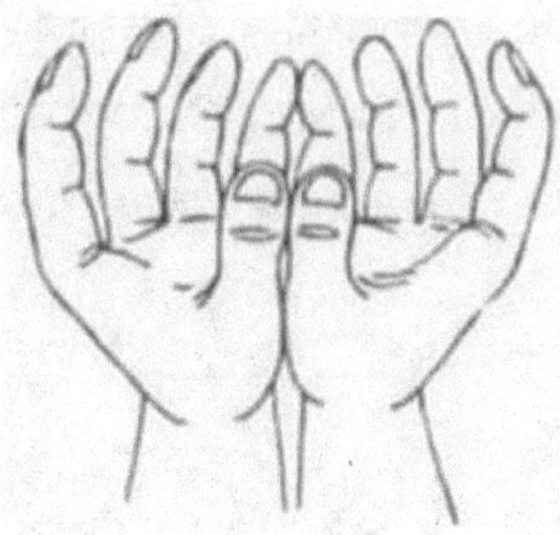

पद्म मुद्रा

देवी/देव् के प्रणाम (नमस्कार की मुद्राएं)

नमस्कार की मुद्राएं- यह भक्तिमार्ग मे प्रणाम करने का तरीका हैं। इसे सर्वोत्कृष्ट श्रेणी का माना जाता हैं ऐसा मुझे ज्ञान नही। किन्तु इस प्रणाम में आत्मसमर्पण की भावना हैं। इसमें भक्त अपने को नितांत असहाय जानकार अपने शरीर इन्द्रिय मन को भगवान् के अर्पण कर देता हैं। शायद इसीलिए इसे सर्वोत्कृष्ट मानते हो।

प्रणाम की तीन श्रेष्ठ परम्पराए हैं । प्रथम या सर्वोत्कृष्ट श्रेणी हैं **दण्डवत प्रणाम,** द्वितीय हैं झुक कर **चरणों को स्पर्श** करना, तृतीय श्रेणी हैं दोनों हाथों को जोड़, **शीश झुकाना।**

१- **दंडवत प्रणाम** भगवान को दण्डवत अर्थात जैसे कोई डंडा पृथ्वी पर गिर जाता हैं, उसी प्रकार पृथ्वी पर गिरकर प्रणाम करना भक्ति का २५ वां अंग हैं। दण्डवत प्रणाम का आशय यह हैं कि, हे ईश्वर! मेरा शरीर, मेरी आत्मा, मेरा मन, मेरा जीवन, मैनें मेरा सर्वस्व आपको न्योछावर कर दिया हैं अतः अब मुझमें मेरा कुछ भी नहीं हैं

दण्डवत प्रणाम को साष्टांग प्रणाम भी कहते हैं जिसमे अष्ट अंगो से ईश्वर को (स+अष्ट+अंग प्रणाम=आठ अंगों के द्वारा प्रणाम) सिर, हाथ, पैर, हृदय, आँख, घुटने, वचन और मन इन आठों से युक्त होकर और जमीन पर सीधा लेटकर प्रणाम किया जाता

हैं।

"पद्‌भ्यां कराभ्यां जानुभ्यामुरसा शिरसतथा।

मनसा वचसा दृष्ट्या प्रणामों अष्टांड्ग मुच्यते"।।

साधक के पंजे, घुटने, वक्षःस्थल, कोहनी, ठोड़ी और मस्तक भूमि को स्पर्श करते हुए दोनों हाथ नमस्कार की मुद्रा में होने चाहिए। **स्त्रियों के लिए यह प्रणाम वर्जित** माना जाता हैं। महिलाओं को कभी भी किसी के समक्ष भी दण्डवत नहीं होना चाहिए।स्त्रीओं को केवल चित्र में प्रदर्सित मुद्रा के स्वरूप तक प्रणाम करना चाहिए अर्थात उनके वक्ष स्थल भूमि स्पर्श नहीं करना चाहिए, अगर स्पर्श करते है तो पृथ्वी देवी पर भार पड़ता है अतः स्त्री को किसी देव या धर्म गुरु को केवल प्रदर्सित मुद्रा में ही नमस्कार करना चाहिए।

२- **चरण स्पर्श प्रणाम** - अभिवादन की परंपराओं में नमस्कार से अधिक चरण स्पर्श मानी जाती हैं। हमने 'चरणोदक' या 'चरणामृत' का स्वाद चखा हैं। प्रत्येक मंदिर में चरणामृत प्रसाद के रूप में मिलता हैं जिसका आशय हैं कि अप्रत्यक्ष रूप से आपने परम पिता परमात्मा के चरण स्पर्श कर लिए हैं, उनके चरणों से जल आपके शरीर में चला गया हैं। चरण सेवा, चरण वंदना, चरण पखारन, चरण स्मृति का इससे अच्छा उदाहरण और क्या हो सकता हैं कि प्रत्येक भारतीय चरणामृत पूर्ण श्रद्धा के साथ ग्रहण करता हैं। चरणों से निकले या धोए हुए जल को अमृत की संज्ञा दी जाती हैं। अमृत वह तत्व हैं जो ऊर्जा, उत्साह, शक्ति और दीर्घायु प्रदान करता हैं। श्रीभगवतीगीता के दशम स्कंध में गोपियों द्वारा भगवान के चरण स्पर्श, चरणवंदन, चरण स्तुति, चरण पूजा, चरण

स्मृति कर श्री कृष्ण का ध्यान व पूजन किया जिसके फलस्वरूप उन्हें उनके सक्षात्कार का लाभ प्राप्त हुआ। जिसे हम चरण स्पर्श करके बड़ा बनाते हैं, वह बड़ा ही रहता हैं, छोटे विचार मन में नहीं ला सकता, चाहे आर्शीवाद बोलकर दे या मौन रह जाए। सामने वाले व्यक्ति के आगे सिर झुकाकर उसे सकारात्मक ऊर्जा देना एक संस्कृति से ज्यादा एक विज्ञान हैं और निस्संदेह यह विज्ञान देना बतलाता हैं निस्वार्थ भाव और बिना नकारात्मकता और पाप भाव से, चरण स्पर्श का सही तरीक़ा घुटनो को ज़मीन में रखते हुए अपने माथे को अपने दोनो हाथों से सामने वाले के चरण स्पर्श करते हुए करना अपना माथा उसके चरणो में स्पर्श कराए अपना हाँथ और माथा एक साथ ।

३- **हाथ जोड़कर प्रणाम (नमस्कार)** - अपने दोनों हाथों को जोड़कर अभिवादन करने को नमस्ते शब्द से भी कहते हैं। भारत में यह परंपरा बेहद ही पुरानी हैं क्योंकि नमस्कार एक दूसरे व्यक्ति के प्रति सम्मान, शिष्टाचार और आभार व्यक्त करने के लिए हैं। न केवल अभिवादन किसी मंदिर या किसी अन्य धार्मिक स्थान पर पूजा के दरान भी अपने हाथ जोड़ते हैं।

यह गहरे सम्मान का प्रतीक हैं। यह आध्यात्मिक एकीकरण का प्रतीक हैं लेकिन यह विनम्रता का भी प्रतीक हैं। यह लगभग वैसा ही हैं जैसे प्रदर्शन करने वाला व्यक्ति नमस्ते

(अंजलि) मुद्रा अपने हाथों को पूर्ण समर्पण में बंधे रहने की पेशकश कर रहा हैं। शब्द नमस्ते अक्सर इसका अनुवाद इस रूप में किया जाता हैं कि **"मुझ में परमात्मा आप में भी परमात्मा"** यही भावना हैं नमस्ते (अंजलि) मुद्रा व्यक्त करने के लिए हैं। इससे कई सूक्ष्म लाभ मिलते हैं जो हमें दिव्यता के करीब लाते हैं।

अंजलि मुद्रा

हमारे शरीर के चारो तरफ अध्यात्मिक शक्तियों का घेरा होता हैं। जब हम ध्यान लगाते हैं उस समय घेरे का आकार बढ़ जाता हैं। अंजलि मुद्रा लगाने से और ध्यान के आसन में बैठने से उस उर्जा का आकार वृत्ताकार हो जाता हैं और वह एक ही जगह पर वृत्ताकार रूप में शरीर के चारों ओर घूमती रहती हैं।

लेकिन जब हम हाथ जोड़कर किसी को नमन करें तो ये बात का ध्यान रखें कि-

१- हमारे मन में सामने वाले व्यक्ति के लिए द्वेष की भावना न हो।

२- बेहतर होगा हम साफ़ और स्वच्छ हाथों से ही नमस्कार करें।

३- हाथों को जोड़ते समय किसी भी तरह की वस्तु हाथ में न हो क्योंकि वो सही मुद्रा नहीं होगी।

विशेष- अगर हम किसी मुद्रा का अभ्यास नहीं करेंगे तो वह ऊर्जा शरीर के अंतिम

हिस्सों से निकलकर वातावरण में मिल जाएगी और हमारे चेतना का स्तर हमारे शरीर में ऊर्जा का स्तर कमजोर पड़ जाएगा।

हस्त प्रणाम एवं विभिन्न मुद्रायें

9. दीपक का आध्यात्मिक महत्व

भो दीप ब्रह्मरूपस्त्वं ज्योतिषां प्रभुरव्ययः ।

आरोग्यं देहि पुत्रांश्च दीपज्योति: नमोस्तुते ।।

पुराणों के अनुसार अग्नि देव को साक्षी मानकर जो भी काम किया जाता है वो सफल होता है। हमारे शरीर की रचना के सहायक पांच तत्वों में से अग्नि भी एक है। इसके अलावा अग्नि भगवान सूर्य का बदला हुआ रूप है। दीपक को ज्ञान की प्रतीक माना गया है। देवी- देवताओं के सामने दीपक जलाने से सकारात्मक उर्जा का विकास होता है । वहीं, मंदिर में दीपक जलाने से भगवान हमारे मन को प्रकाश की ओर ले जाते हैं।

भगवान के सामने, गाय के घी का दीपक (दिया) जलाने का विशेष महत्व है, यह दीया न केवल आपके आसपास का अंधेरा हटाता है बल्कि इसकी पवित्रता स्वर्ग लोक तक पहुंचने में सक्षम होती है। और बुझने के बाद भी यह दीपक अपनी सात्विक ऊर्जा को कुछ घंटे तक वातावरण में बनाए रखता है। दीपक आपकी जिन्दगी में सुख, समृद्धि, यश, कीर्ति में बड़ोत्तरी होती है।

दीपक या दिया जलाना मतलब मन से अश्रद्धा को निकालना और श्रद्धा युक्त होकर ज्ञान रुपी परमेश्वर को जगाना या भगवान को आव्हानीत करना । यह एक सूर्य की भांति तेज का प्रतीक (निरपेक्ष आग का सिद्धांत) है। दीपक का अर्थ है **"प्रकाश"** अंधकार की

ओर से प्रकाश का मार्ग दिखलाने का एक जरिया **"तमसो मा ज्योतिर्गमय"** अज्ञान के अधंकार से ज्ञान के प्रकाश की ओर लेके जाने की प्रार्थना में यह मंत्र पढ़ा जाता है।

ॐ असतो मा सद्गमय ।तमसो मा ज्योतिर्गमय । मृत्योर्मा अमृतं गमय ।

– बृहदारण्यकोपनिषद् 1.3.28।

मुझे असत्य से सत्य की ओर ले चलो। मुझे अन्धकार से प्रकाश की ओर ले चलो। मुझे मृत्यु से अमरता की ओर ले चलो॥

आध्यात्मिक महत्व

दीपक ज्ञान, प्रकाश, भयनाशक, विपत्तियों व अंधकार के विनाश का प्रतीक है। तन्त्र, मन्त्र व अध्यात्म में इसका विशिष्ट स्थान होता है। सात्विक साधना में घी का व तान्त्रिक कार्यों में तेल का दीपक जलाना चाहिए। दीपक की बत्ती भी पृथक्-पृथक् कार्यों हेतु पृथक्-पृथक् प्रयुक्त होती है। दीपक पात्र भी अपनी विशेष पहचान रखता है। मिटटी का दीपक सात्विक कार्यों में प्रयोग किया जाता है और धातु या अन्य किसी चीज का दीपक तान्त्रिक कार्यों में प्रयोग किया जाता है। दीपदान किसी भी विपत्ति के निवारणार्थ श्रेष्ठ उपाय है।

ज्ञान का प्रकाश हमेशा उच्च मार्ग की ओर ले जाता है, जहां-जहां ज्ञान शब्द का उपयोग किया गया है वहां-वहां प्रकाश शब्द का भी उल्लेख देख सकते है। जैसे की ज्ञान का प्रकाश, ज्ञान-ज्योति, ज्ञानमय प्रदीप: इत्यादि....! दीपक को मनुष्य के ज्ञान से जोड़ा गया है जैसे मनुष्य के जीवन में ज्ञान की आवश्यकता है उसी तरह दीपक की भी है।

वैज्ञानिक महत्व

आप दीपक को गौर करके देखेंगे तो दीपक के प्रकाश के चारो ओर पिली, लाल तथा नीले रंग के आकृति (आभा) दिखती है जिसे चैतन्य कहा जाता है । दीपक की प्रकाश किरणे चुंबकीय बलों का (मैग्नेटिक फील्ड) उत्पादन कर और पूजा स्थल के वातावरण को हवा के द्वारा सात्विक माहौल में बदलने में मदद करती है तथा दीपक का प्रकाश मानव की त्वचा के माध्यम से प्रवेश कर शरीर के वातावरण को बदलता है, नसों को

सक्रिय बनाता है। जो अल्ट्रा वायलेट, अल्ट्रा रेड, अल्ट्रा ब्लू के रूप में कई भागों में विभाजित हुआ प्रकाश, जो एक संरक्षक के रूप में कार्य करके विद्युत चुम्बकीय बल का निर्माण शरीर में होता है जो कि शरीर की रक्षा प्रणाली को मजबूत बनाता है दीपक के प्रकाश से शरीर के चारो ओर एक बलय का निर्माण होता है जो कि बाहरी जिवाणु से रक्षा प्रदान करता है प्रकाश की किरणे शरीर में प्रवेश कर, रक्त कोशिकाओं को सक्रिय (प्रोत्साहित) करती है और रोंगो को दूर भगाती है। दीपक की रोशनी से Virus, Bacteria जैसे रोगों को परोक्ष रूप से दूर रखता है।

दीपदान शुभ समय मुहूर्त

दीपक ज्ञान, प्रकाश, भयनाशक, विपत्तियों व अंधकार के विनाश का प्रतीक है। तन्त्र, मन्त्र व अध्यात्म में इसका विशिष्ट स्थान होता है। अतः शुभ समय में किया दीप दान पुण्य देने वाला व रोग शोक को हरने वाला होता है।

दीपदान कालः-

ऋतु- दीपदान हेतु बसन्त, हेमन्त, शिशिर, वर्षा व शरद ऋतु उत्तम मानी गई है।

मास- वैशाख, श्रावण, आश्विन, कार्तिक, मार्गशीर्ष, पौष, माघ और फाल्गुन मास श्रेष्ठ है।

पक्ष-शुक्ल पक्ष दीपदान के लिए अधिक उत्तम होता है।

तिथि-प्रथमा, द्वितीया, पंचमी, षष्ठी, सप्तमी, द्वादशी, त्रयोदशी व पूर्णिमा तिथि दीपदान के लिए श्रेष्ठ होती है।

नक्षत्र-इन नक्षत्रों में दीपदान करना चाहिए। जैसे-रोहिणी, आर्द्रा, पुष्य, तीनों उत्तरा, हस्त, स्वाती, विशाखा, ज्येष्ठा और श्रवण।

योग-सौभाग्य, शोभन, प्रीति, सुकर्म, वृद्धि, हर्षण, व्यतीपात और वैधृत योगों में दीपदान करना ज्यादा लाभकारी रहता है।

समय- दीपदान का समय-प्रातः, सायं, मध्यरात्रि तथा अन्य यज्ञकर्म की पूर्णाहूति से पूर्व।

विशेषः-सूर्यग्रहण, चन्द्रग्रहण, संक्रान्ति, कृष्ण पक्ष की अष्टमी, नवरात्र एवं महापर्वों पर दीपदान करना विशेष फलदायक रहता है।

दीपक लगानेके लिए दिशा

दीपक से किए गए सभी उपक्रमों में सफलता के लिए, सबसे बेहतर दिशा का ज्ञान होना आवश्यक है,

उत्तर - धन एवं सफलता के लिए उत्तम दिशा है।

पूर्व - अच्छे स्वास्थ्य और मन की शांति के लिए उत्तम दिशा।

पश्चिम - दुश्मनों से जीत के लिए ऋण से मुक्ति के लिए उत्तम दिशा।

दक्षिण - दक्षिण दिशा में दीपक रोशनी कभी नहीं, यह अशुभ माना जाता है, मृत्यु के पश्चात दक्षिण दिशा में दीपक लगाया जाता है। विशेष क्रियाओ में दक्षिण दिशा में दिया प्रज्ज्वलित करने का विधान है उसके लिए योग्य गुरु से पूछकर हि जलावे।

दीपक प्रज्वल्लित करने के लाभ

अग्निपुराण में स्पष्ट रूप से कहा गया है कि केवल मख्खन से बने हुए घी का ही इस्तेमाल दीपक प्रज्वल्लित करने के लिए, पूजा में और यज्ञादि के लिए उपयोग करना चाहिए। आध्यात्मिकता और विज्ञान के अनुसार मक्खन से बने हुए घी का दीपक अधिक सात्विक लहरों (pulses) का निर्माण करता है। यह एक महत्वपूर्ण पहलू है जो हम विवरण में समझने की कोशिश करेंगे। आम तौर पर तेल का उपयोग घी की तुलना में अधिक प्रचलित है। अब हमें आध्यात्मिक दृष्टि से घी और तेल में अंतर समझना हैं।

१. घी का दीपक अधिक क्षमता से आसपास के वातावरण में मौजूद सात्विक कंपन (spiritual vivbrations) को आकर्षित करने के लिए तेल के दीपक की तुलना में अधिक सक्षम है।

२. तेल का दीपक 1 मीटर की अधिकतम दूरी तक फैले हुए सात्विक कम्पनों को आकर्षित कर सकता हैं, घी का दीपक स्वर्ग लोक तक सात्विक कम्पनों (spiritual vivbrations) को आकर्षित करने में सक्षम है ऐसा पुराणों में कहा गया है।

३ . तेल और घी का दीपक एक ही साथ मिश्र करके नहीं जलाया जाता, क्योंकि इनकी प्रवृत्ति (प्रकृति गुण धर्म) विरूद्ध होने से और इसे पुराणों में भी अशुभ माना गया है।

४ . तेल का दीपक बुझते-बुझते रजो गुण युक्त वातावरण का निर्माण करता है। और घी की तुलना में जल्दी ही बुझ (शांत) जाता है।

५ . घी का दिया अधिक समय तक जलते हुए अधिक सात्विक वातावरण का निर्माण करता है।

अग्नि (आग) जो पांच तत्वों में से अन्य तत्वों को जैसे पृथ्वी, जल, वायु, तथा अंतरिक्ष के बीच शक्ति और गर्मी देता है, हमारे जीवन में प्रकाश की आवश्यकता है जो सुबह एवं दोपहर में सूर्य के प्रकाश से यह कमी दूर हो जाती है जबकि शंध्या एवं रात्रि के समय प्रकाश की कोई प्राकृतिक व्यवस्था नहीं है इसकी पूर्ति हम दीपक प्रज्ज्वलित कर करते है।

दीपक अपने आप में चमकता है और अपनी प्रकाशीय किरणों से आसपास की वस्तुओं को चमकाने के लिए कारण बनता है। चमक यश और कीर्ति की सूचक है कामना की जाती जिस घर में प्रतिदिन दीपक भगवान को अर्पित किया जाता उस घर की कीर्ति सदा चमकती रहती है।

देवता और उनके पसंदीदा द्रव्य घी तेल के दीपक

श्री महालक्ष्मी - गाय का घी का दिया

भगवान विष्णु- देसी घी का दिया

गणेश - नारियल के तेल का दिया

दुर्गा देवी पराशक्ति - घी, केस्टर तेल, नारियल तेल, नीम से निकाला गया तेल का दिया

सभी देवताओं के लिए – घी, तिल के तेल का दिया

सुब्रमण्य स्वामी - तिल का तेल का दिया

राहु- केतु- अलसी के तेल का का दिया

शनि ग्रह- शनिवार को सरसों के तेल का दिया

दीपक के लिए बाती की संख्या

कपास (रुई) से बनी हुयी बाती का इस्तेमाल किया जाता है। सामान्यत: दीपक में दो बाती डाली जाती है प्रकाश के लिए एक बाती स्त्री का प्रतिनिधित्व करने के लिए और एक बाती पुरुष का प्रतिनिधित्व करने के लिए है, उसमे तेल की बाती स्त्री का प्रतिनिधित्व करती है, घी की बाती पुरुष का प्रतिनिधित्व करती है घी एवं तेल की बाती का नीरांजन दीपक में एक साथ प्रज्ज्वलित होना परिवार की संयुक्तता को दर्शाता है तथा परिवार में स्नेह व खुशनुमा माहौल बनाता है।

बाती का महत्व दीपक जलाने के लिए

वैसे तो एक दीपक काफी होता है अंधकार को दूर करने के लिए लेकिन देवी-देवताओ के एक से अधिक प्रकाशवान दीपक पसंद है आइये जानते है किस देवी-देवताओ को कितने मुख (बाती) वाला दीपक पसंद है व उनको प्रज्ज्वलित करने पर क्या प्रभाव हमारे जीवन पर पड़ता है।

एक बाती का दिया- (एक मुख दीपक) सामान्य लाभ के लिए।

दो बाती का दिया - मां सरस्वती मां और दुर्गा भवानी के आगे हमेशा दो मुख का दीपक प्रज्वल्लित करना चाहिए। दो मुख का दीपक परिवार और रिश्तेदारों में सद्भाव और शांति लाता है।

तीन बाती का दिया- भगवान गणेशजी का आशीर्वाद लेने के लिए और उनकी कृपा प्राप्ति के लिए प्रज्वल्लित करना चाहिए।

चार बाती का दिया - सर्वांगीण समृद्धि और शानदार भोजन लाता है।

पांच बाती का दिया (पंचारती) - सुवृष्टि, अन्न की वृद्धि, ऐश्वर्य का लाभ, धन की प्राप्ति, पंचारती अधिक प्रचलित है। हनुमानजी एवं शंकरजी कि प्रसन्नता के लिए पांच बत्तियों का दीपक जलाने का विधान है।

छह बाती का दिया - अखण्ड ज्ञान, तथा वैराग्य की भावना को निर्माण करके भगवान के कृपा पात्र बनाता है।

सात मुखी दिया - माँ लक्ष्मी को प्रशन्न करने के लिए, धन की समस्या को दूर करने के लिए इस उपाय को कर सकते हैं, सूर्य नारायण कि पूजा एक साथ सात बत्तियों से करने का विषेष महत्व है।

आठ तथा बारहमुखी बाती का दिया- भगवान शिव को प्रसन्न करने के लिए।

नौ बाती का दिया - माता भगवती **दुर्गा** को नौ बत्तियों का दीपक अर्पित करना सर्वोत्तम कहा गया है।

सोलह मुखी दिया - भगवान विष्णु को प्रशन्न करने के लिए।

धातु का महत्व दीपक जलाने के लिए

दीपक प्रज्जवलित करने में दीप-धातु का बहुत महत्व है। इसमें सोना, चांदी, कांसा, तांबा, लोहा आदि धातुओं का प्रयोग होता है। धन के आभाव में पीतल एवं तांम्बे के प्रयोग हो सकते हैं भिन्न-भिन्न धातुओं के दीपक और उनसे सफल होने वाली मनोकामनाओं के बारे में अनुभूत जानकारी निम्नानुसार है –

सोने का दीपकः- सोने के दीपक को वेदी के मध्य भाग में गेहूं का आसन देकर चारों तरफ लाल कमल या गुलाब के फूल की पंखुड़ियां बिखेर कर स्थापित करें इसमें गाय का शुद्ध घी डालें तथा बाती लंबी बनाएं और इसका मुख पूर्व की ओर करें सोने के दीपक में गाय का शुद्ध घी डालने से घर में हर प्रकार की उन्नति तथा बुद्धि में निरंतर वृद्धि होती रहेगी। बुद्धि सचेत रहेगी। बुरी व्रतियों से सावधान करती रहेगी तथा धन सही स्त्रोत से प्राप्त होगा।

चांदी का दीपकः- चांदी के दीपक को चावलों का आसन देकर सफेद गुलाब या अन्य सफेद फूलों की पंखुड़ियों को चारों तरफ बिखेर कर पूर्व दिशा में स्थापित करें इसमें गाय का शुद्ध देषी घी का प्रयोग करें। चांदी का दीपक जलाने से घर में सात्विक धन की वृद्धि होगी।

तांबे का दीपकः- तांबे के दीपक को लाल मसूर की दाल का आसन देकर चारों तरफ लाल फूलों की पंखुड़ियों को बिखेर कर दक्षिण दिशा में स्थापित करें इसमें तिल का तेल डालें और बाती लंबी जलाए। तांबे के दीपक में तिल का तेल डालने से मनोबल में वृद्धि होगी तथा अनिष्टों का नाष होगा।

पीतल का दीपक - दीपक को चने की दाल पर विराजमान करके इसके चारों ओर पीले फूलों की पंखुड़ियां बिखरकर इसे उत्तर दिशा में स्थापित करना चाहिए। इससे भाग्य में वृद्धि होती है। दांपत्य जीवन का सुख मिलता है।

कांसे का दीपकः- कांसे के दीपक को चने की दाल का आसन देकर तथा चारों तरफ पीले फूलों की पंखुड़ियां बिखेर कर उत्तर दिशा में स्थापित करें इसमें तिल का तेल डालें कांसे का दीपक जलाने से धन की स्थिरता बनी रहती है अर्थात् जीवन पर्याप्त धन बना रहता है।

लोहे या स्टील का दीपकः- लोहे या स्टील के दीपक को उड़द की दाल का आसन देकर चारों तरफ कालें या गहरे नीले रंग के पुष्पों की पंखुड़ियां बिखेर कर पष्चिम दिशा में स्थापित करें इसमें सरसों का तेल डालें लोहे के दीपक में सरसों के तेल की ज्योति जलाने से अनिष्ट तथा दुर्घटनाओं से बचाव हो जाता है।

मिट्टी या आटे का दीपकः- एक बार जल कर अषुद्ध हो जाता है उसे दोबारा प्रयोग नहीं किया जाना चाहिए। यह दीपक पीपल के नीचे एवं क्षेत्रपाल के लिए विषेष रूप से प्रयोग किया जाता है।

दीपक लगाने से देवी-देवताओं की कृपा लाभ

दिया विभिन्न घी और तेलों के साथ प्रकाशित किया जा सकता है जिसके भिन्न भिन्न प्रभाव देखने को मिलते है -

गाय का घी - जीवन में चमक, आर्थिक लाभ और स्वर्गीय आनंद सुनिश्चित करता है।

भैंस का घी- धन, स्वास्थ्य और खुशी सुनिश्चित करता है।

तिल का तेल- अप्रत्याशित खतरों, अशुभ घटनाओं को निकालता है। यह माना जाता

है की तिल के तेल के गंध से सांप नजदीक नहीं आते अगर तिल का दिया जल रहा हो तो उस समय तक।

सरसों के तेल- भारतवर्ष में सर्वाधिक प्रचलन में सरसो के तेल का दिया है जिसके प्रभाव एवं निवेदित देव-देवी को बिंदुवार समझने का प्रयास करेंगे।

1 . अधिकतर शनिवार के दिन भगवान शनिग्रह पर तेल चढ़ाते देखा गया है, शनिवार के दिन शनि मंदिर में सरसों के तेल का दीपक जलाना शुभ माना जाता है। आपको शनि की साढ़ेसाती और ढैय्या से भी मुक्ति मिलेगी।

2 . दिवाली के पर्व पर सरसों के तेल का दीपक जलाया जाता है।

3 . सूर्यदेव अग्नितत्व के प्रधान देवता हैं इसलिए शत्रुओं को पराजित करने के लिए सूर्य पूजा में सरसों के तेल का दीया जलाया जाता है।

4 . हनुमान जी, भैरव जी देवी जी की विशेष साधनाओ में को प्रसन्न करने के लिए सरसो के तेल का दिया जलाया जाता है।

5 . शत्रुओं से परेशानी हो रही है तो आप भैरव भगवान के सामने हर रोज सरसों के तेल का दीपक जरूर जलाएं, किसी योग्य गुरु से पूछकर हि सरसो का तेल का दिया उक्त देवी-देवता को अर्पित करना चाहिए।

कैस्टर (अरंडी) तेल- कीर्ति, सुखी परिवार, और आध्यात्मिक बुद्धि हासिल करने के लिए।

दीपक विधान अनुसार प्रज्ज्वलित करने से सम्बन्धित देवी-देवताओं की कृपा शीघ्र प्राप्त होती है।

दीप आधार और धान्य का महत्वः

सप्तधान्य (सात अनाज)- दीपक जलाते समय उसके नीचे सप्तधान्य (सात अनाज) रखने से सब प्रकार के कष्टों से मुक्ति मिलती है।

गेहूं- दीपक जलाते समय उसके नीचे गेहूं रखें तो धन धान्य की वृद्धि होती है।

चावल- दीपक जलाते समय उसके नीचे चावल रखें तो महालक्ष्मी की कृपा प्राप्त

होगी।

काले तिल- दीपक जलाते समय उसके नीचे काले तिल या उड़द रखें तो स्वयं माँ काली भैरवी, शनि, दस, दिक्पाल, क्षेत्रपाल हमारी रक्षा करते हैं।

गुलाब की पंखुड़ी या लौंग- दीपक के अंदर अगर गुलाब की पंखुड़ी या लौंग रखें, तो जीवन अनेक प्रकार की सुगंधियों से भर उठेगा।

विभिन्न प्रकार के दीप आधार और उनका महत्वः-

देवी-देवताओं के सम्मुख उनके तत्व के आधार **यंत्र** पर दीपक जलाये जाते हैं तो सम्बन्धित देवी-देवताओं की कृपा शीघ्र प्राप्त होती है। दीपदान घर में करना है, शाम को 6 बजे के बाद करे।

जैसे माँ **भगवती दुर्गा** के लिए तिल के तेल का दीपक तथा **मौली की बाती** सर्वोत्तम मानी गई है। तथा इनका आधार **यंत्र अधोमुखी त्रिकोण** है। त्रिकोण ज्ञान, शक्ति और उपचार का एक सार्वभौमिक प्रतीक है। अपनी आंतरिक दिव्यता की याद दिलाने के लिए त्रिकोण में शक्ति का आह्वान करें।

नीचे की ओर वाला त्रिभुज दिव्य स्त्रीत्व का प्रतीक है, जो पृथ्वी और जल के तत्वों से जुड़ा हुआ है।

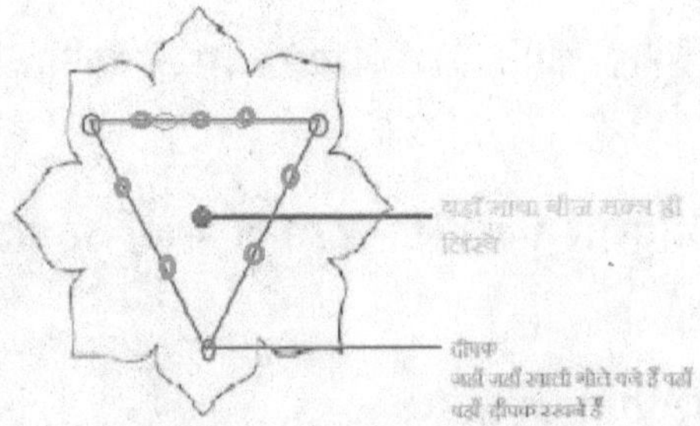

आधार यंत्र अधोमुखी त्रिकोण

दुर्गा देवी का दीप दर्शयामी मन्त्र

एतत एकादश सँख्याया दीप पात्रं मम **अमुक कामना** सिद्ध्यर्थे दुर्गा देव्यै प्रीत्यर्थे दर्शयामी समर्पयामि निवेदयामि।।

गणेश जी व हनुमान जी का आधार यंत्र स्वास्तिक है इस यंत्र को आधार बनाकर किया गया दीपदान गणेश जी व हनुमान को जल्द प्रसन्न करता है। अगर चित्र प्रदर्शित आकृति बनाने में कठनाई महसूस हो तो केवल स्वास्तिक बनाकर भी दीपदान किया जा सकता है।

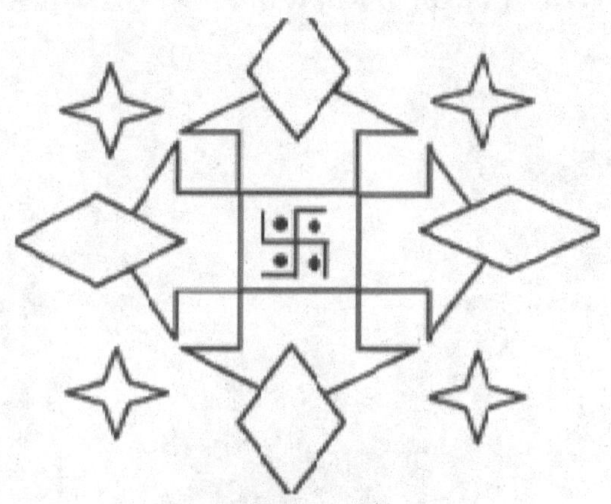

स्वास्तिक आधार यंत्र

भैरव जी का आधार यंत्र षट्कोण है इस यंत्र को आधार बनाकर किया गया दीपदान भैरव जी जल्द प्रसन्न करता है।

भैरव जी का आधार यंत्र

लक्ष्मी जी और राम चन्द्र के लिए आधार यंत्र षटकोण। भोग पूड़ी खीर पांच प्रकार की

मिठाई जो उपलब्ध हो।

लक्ष्मी जी के एक दीपक में 7 बाती कर देना चाहो तो।

ग्रहों की पीड़ा निवारण हेतुः- किसी भी पूजा में पहले नवग्रहों को (चावलों से चोकी पर) बनाया जाता है वैसे ही चौकी के मध्य में दीपक को रखा जाता है।

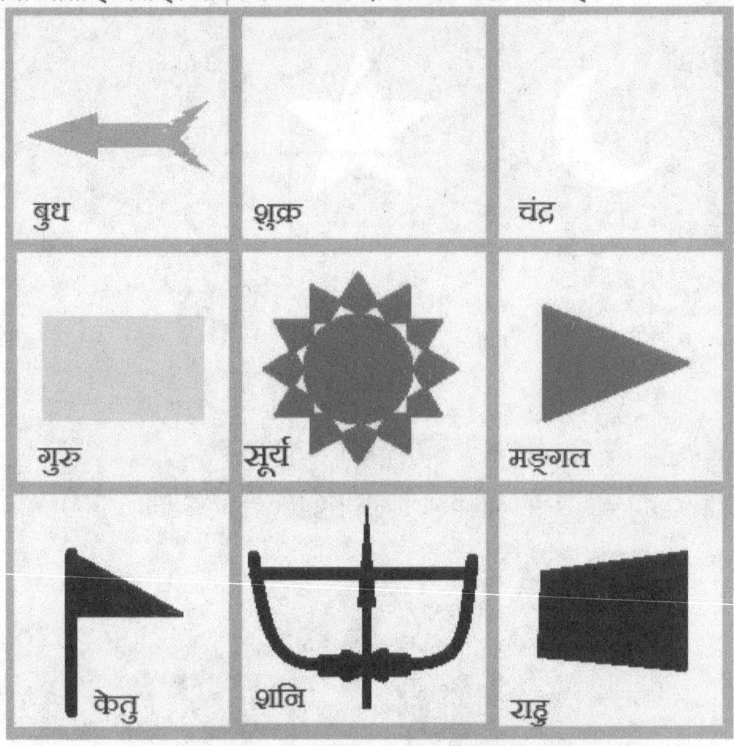

नवग्रहों आधार यंत्र को चावलों से चोकी पर बनावें

सोने के दीपक में सूर्य व गुरु का वास होता है, चांदी के दीपक में चन्द्र व शुक्र, तांम्बे के दीपक में मंगल, कांसे में बुध, लोहे या स्टील के दीपक में शनि का वास है।

कुण्डली में जो गृह कमजोर हो उस धातु का दीपक इस्तेमाल करना चाहिए। माना जाता है कि सूर्य के चारों तरफ आकाष में उससे आकर्षित होकर सभी ग्रह उसकी परिक्रमा करते रहते हैं और उनके उपग्रह अपने-अपने ग्रह के साथ सूर्य की परिक्रमा

करते रहते हैं उसी प्रकार अन्य दीपक सोने के दीपक के चारों तरफ स्थापित किए जाते हैं मिट्टी या आटे का दीपक एक बार जल कर अषुद्ध हो जाता है उसे दोबारा प्रयोग नहीं किया जाना चाहिए।

इस प्रकार पांच दीपकों को जलाने से सभी ग्रह अनुकूल हो जाते हैं साथ ही अन्य देवता प्रसन्न होते है इससे तीनों बल, बुद्धिबल, धनबल और देहबल की वृद्धि होती है और विघ्न बाधाएं दूर हो जाती है इस प्रकार यह दीप ज्योति जहां जप पूजा की साक्षी होती है, वहीं वह जीवन में इतना उपकार भी करती है। इस प्रकार जातक गृहों की कृपा प्राप्त कर लेता है।

10. भगवती दुर्गा साधना

माता भगवती दुर्गा

साधकों के कल्याणार्थ माता भगवती दुर्गा जी की साधना यहाँ संक्षिप्त रूप में प्रस्तुत कर रहा हूँ साधना के प्रसाद (पाठ या श्रवण) – मात्र से परम साध्वी भगवती दुर्गा प्रसन्न हो जाती हैं। जो प्रतिदिन दुर्गा जी की पूजा उपरांत इनके अष्ट्रोत्तर शतनाम व कवच का पाठ करता है, तथा मन्त्र साधना करता है उसके लिए तीनों लोकों में कुछ भी असाध्य नहीं है। वह धन, धान्य, पुत्र, स्त्री, घोड़ा, हाथी, धर्म आदि चार पुरुषार्थ तथा अन्त में सनातन मुक्ति भी प्राप्त कर लेता है। यह साधना देवी भगवती को शीघ्र प्रसन्न करने वाली है।

साधना क्रम-

कैसे करें साधना ? नवरात्रि दुर्गा सप्तशती में भगवती राजा सुरथ ने भी दुर्गा आराधना से ही अखण्ड साम्राज्य प्राप्त किया था। न जाने कितने ही जिज्ञासु तथा मन्त्र

साधक माँ दुर्गा के सिद्ध मन्त्र की साधना कर अपने मनोरथों को पूरा करने में सफलता प्राप्त कर चुके हैं। नवरात्रों अथवा ग्रहण काल में या किसी शुभ मुहूर्त में दुर्गा मन्त्र की साधना कर आप भी अपने मनोरथ पूर्ण कर सकते हैं। यह मन्त्र साधना सभी प्रकार के फल प्रदान करती है।

साधना सामग्री

गंगाजल या नर्मदा जल, लाल वस्त्र, दीप -21, अष्ट गंध तिलक, कर्मपात्र (पांच पात्र - थाली, लोटा, आचमन, आचमनी (चम्मच), कटोरी), धूपं, दीपं, नैवेद्यं, तांबुलं, कुमकुम, लाल चन्दन, पुष्प, धूप, दीप व नैवेद्य।

साधना विधि:- नवरात्रि, सूर्यग्रहण या चन्द्रग्रहण के समय अथवा किसी भी शुभ मुहूर्त में इस साधना को करें। नवरात्रि में पूरे ९ दिनों तक नियम के साथ दैनिक पूजन और मन्त्र जाप करें। ग्रहण काल में जितना समय ग्रहणकाल रहता है, उतने ही समय तक मन्त्र जाप साधना करनी चाहिए।

साधना के नियम

नवरात्रि साधना में ब्रह्मचर्य पालन बहुत जरूरी है। इसके अलावा एक समय ही भोजन ग्रहण करें या दोनों वक्त फल और दूध लेना भी उपवासवत् ही है। यथासम्भव नमक और मीठा (चीनी मिष्ठानादि) छोड़ दें। इसके अतिरिक्त, पूरा या नियमित समय तक मौन, भूमि-शयन, चमड़े की बनी वस्तु का त्याग, पशुओं की सवारी का त्याग, अपनी शारीरिक सेवाएं स्वयं करना तय करें। अपनी सुख-सुविधाओं को यथासम्भव त्याग कर उपासना में लीन होना ही तप है। पूजा या साधना का स्थान और समय भी नियुक्त होना चाहिए।

साधना से लाभ

जो साधक सावधान और एकाग्र चेतना से साधना करता है, उसको धीरे-धीरे सिद्धियां प्राप्त होने लगती हैं। यदि कोई मनोकामना की पूर्ति हेतु साधना की जा रही है तो वह पूर्ण होती है। सभी तरह के संकट दूर हो जाते हैं। वर्ष की चारों नवरात्रियों में साधना करने से इसका परिणाम अति ही उत्सव पैदा करने वाला होता है।

सर्वप्रथम साधक स्नानकर लाल वस्त्र धारण कर, रक्षादीप जला कर रख दें तथा तिलक धारण, ग्रंथि बंधन कर्मपात्र पूजन करें, अथ कर्मपात्र पूजन -

अङ्कुश मुद्रा बनाकर समुद्र एवं तीर्थादि क अवाहन् करें।

पूजन क्रम निम्ननानुसार

१- दीप जलाये एवं दीप पूजन करें। (रक्षादीप जला कर रख दें तथा तिलक धारण, ग्रंथि बंधन कर्मपात्र पूजन करें)

२- आचमन करें।

३- पवित्रीकरण (जल मार्जन करे)

४- आसन पवित्रीकरण विनियोग

५- मांगलिक श्लोक वाचन

६- संकल्प

७- गणेश, गौरी, भैरव ध्यान, आवाहन एवं प्रतिस्थापन

८- स्नान हेतु जल समर्पण

९- वस्त्र एवं उपवस्त्र समर्पण

१०- गंध (चन्दन) एवं सिंदूर

११- पुष्प एवं माला

१२- दूर्वा एवं फल समर्पण

१३- धुप

१४- दीप दर्शनम

१५- श्री फल व ताम्बूल समर्पण

१६- पाठ श्रवण या मन्त्र जाप इत्यादि

१७- दीपदान, होम या हवन

१८- माँ भगवती की आरती

१९- माँ भगवती से हुई गलतियों की क्षमा याचना करना।

२०- मन्त्र जाप समर्पण

सर्वप्रथम **अङ्कुश मुद्रा** बनाकर पवित्र नदियों एवं तीर्थादि क अवाहन् करें

गङ्गे च यमुने चैव गोदावरी सरस्वती।

नर्मदे सिन्धु कावेरी जलेस्मिन सन्निधिं कुरु ॥

ॐ अपां पतये वरुणाय नमः। सर्वोपचारार्थे गंधाक्षत पुष्पाणि समर्पयामि नमस्करोमि।

पवित्री करण (शरीर शुद्धि)-

ॐ अपवित्रः पवित्रो व सर्वावास्थांग गतोपिवा।

यः स्मरेत पुण्डरीकाक्षं सबाह्याभ्यंतरः शुचिः ॥

ॐ पुण्डरीकाक्षः पुनातु, ॐ पुण्डरीकाक्षः पुनातु, ॐ पुण्डरीकाक्षः पुनातु।

आचमन -

निम्नतो के द्वारा ३ बार आचमन करें -

ॐ केशवाय नमः। ॐ नारायणाय नमः। ॐ माधवाय नमः।

आचमन के पश्चात दाहिने हाथ के अंगूठे के मूल भाग से, ' ॐ हृषीकेशाय नमः। कह कर ओठों को पोछ कर हाथ धो लेना चाहिए।

तत्पश्चात निम्नलिखित मंत्र से पवित्री धारण करें -

पवित्री धारण मंत्र -

अपने अनामिका ऊंगली में कुशा की बनी हुई पवित्री का धारण करे, यदि कुश उपलब्ध नहीं हो तो स्वर्ण मुद्रिका धारण कर सकते हैं। .

'पवित्रेस्थो वैष्णव्यौ सवितुर्वः प्रसव उत्पुनाम्यच्छिद्रेण पवित्रेण सूर्यस्य रश्मिभिः।

तस्य ते पवित्र पते पवित्र पूतस्य यत्कामः पुनेतच्छकेयम ॥

दुर्गाजी की मूर्ति स्थापन

अपने सामने पाटा (बाजोट) पर लाल रंग का शुद्ध रेशमी कपड़ा बिछाकर उस पर भगवती दुर्गाजी की मूर्ति तथा श्री सिद्ध दुर्गा यंत्र व माला जिसे नवार्ण मन्त्र से प्रतिष्ठित किया गया हो, को स्थापित करें। मूर्ति उपलब्ध न हो तो भगवती दुर्गा माँ की कोई भी

तस्वीर सामने रखकर को स्थापित करें। इसके साथ साधक गणेश और भैरव की मूर्ति अथवा दो सुपारी मौलि बाँधकर क्रमशः अक्षत और काले तिल की ढेरी पर स्थापित कर दे। गणेश जी के लिए अक्षत व भैरव जी के लिए काले तिल की ढेरी बनाये।

साधना से पूर्व साधक शुद्ध घी का दीपक एवं धूप-अगरबत्ती जलाकर संक्षिप्त गुरुपूजन करें और फिर "ॐ ह्रीं गुरूवे नमः" की कम से कम एक माला जाप करें। इसके बाद साधक सद्गुरुदेवजी से माँ भगवती दुर्गा साधना करने की अनुमति लें और साधना की सफलता के लिए प्रार्थना करें, यदि आपने धर्म पूर्वक गुरु धारण किया है तो गुरु मन्त्र करे अन्यथा शिव को गुरु स्वरूप मानकर "नमः शिवाय" मन्त्र की यथा शक्ति माला जाप कर, शिव से प्रशाद रूप में साधना की आज्ञा ले। फिर साधक संक्षिप्त गणेशपूजन करे और निम्न गणेशमन्त्र की एक माला जाप करे।

।। ॐ वक्रतुण्डाय हुम् ।।

इसके बाद साधक साधना की निर्विघ्न पूर्णता और सफलता के लिए भगवान गणपतिजी से प्रार्थना करें।

फिर साधक संक्षिप्त भैरव पूजन सम्पन्न करे और निम्न भैरव मन्त्र की एक माला जाप करें —

।। ॐ भं भैरवाय नमः।।

इसके बाद साधक साधना की निर्विघ्न पूर्णता और सफलता के लिए भगवान भैरव जी से प्रार्थना करें। इसके बाद साधना के प्रथम दिवस पर साधक को संकल्प अवश्य लेना चाहिए।

साधक हाथ में जल लेकर संकल्प ले कि माँ !

" तन्मे मनः शिवसंकल्पमस्तु "

संकल्पः

ॐ शिवशिवशिवः, श्रीशिवआज्ञया प्रवर्तमानस्य कलियुगे कलिप्रथम चरणे शोभकृत नाम संवत्सरे (महाराष्ट्र)/ अनला नाम संवत्सरे (उत्तर भारत) _राज्ये (state) __नगरे(city)

___स्थाने(Locality) ग्रीष्मऋतौ आषाढमासे शुक्लपक्षे प्रतिपदायां तिथौ सोमवासरे अहं (अपना तथा गोत्र का नाम) अमुक गोत्रोत्पन्नं श्री दुर्गा देवता प्रीत्यर्थे अमुक कामनार्थे एक लक्ष मंत्रस्य जपं / एक सहस्र दुर्गा अष्टोत्तर शतनाम स्तोत्रं करिष्ये।

सदाशिव को साक्षी मानकर मै........................ गोत्र.......................... (१) में उतपन्न यह पवित्र साधना एवं पूजा आज .... (२) का दिन और प्रातः / सांय काल है, श्रद्धा-भक्ति सहित में सभी शुभ और उत्तम फलों की प्राप्ति और .... (३) मनोकामना/ मनोकामनाओं की पूर्ति के लिये .... (४) की प्रसन्नता और कृपा प्राप्ति के लिये आज दिनांक .... (५) से .... (६) दिनांक तक शास्त्रानुसार विधिवत पूजन, जप और व्रत .... (७) करूँगा/करूंगी अंतिम दिन को .... (८) दुर्गा कीर्तन भजन सुनकर व कन्या भोज इत्यादि कर अपने व्रत का समापन करूँगा/करूंगी।

मैं नित्य ९ दिनों तक २७ माला मन्त्र जाप करूँगा/करूंगा। माँ! मेरी साधना को स्वीकार कर मुझे मन्त्र की सिद्धि प्रदान करे तथा इसकी ऊर्जा को मेरे भीतर स्थापित कर दे। इतना बोलने के बाद जल भूमि पर छोड़ दे।

संकल्प रिक्त स्थान संकेत

१. अपने नाम व गोत्र का उच्चारण करें।

२. दिन व महीने पक्ष तिथि का नाम ले।

३. अपनी इच्छित मनोकामना या प्रयोजन विशेष आदि का स्पष्ट उच्चारण करें।

४. अपनी श्रद्धा अनुसार देवी के किसी नाम का उच्चारण करें : उमा , दुर्गा , चंडिका आदि।

५. मुहूर्त का दिन व्रत, पूजा आरंभ करने के दिन की तारीख का उच्चारण करें।

६ व्रत, पूजा के अंतिम दिन की तारीख का उच्चारण करें।

७. अगर आप व्रत पूजा के साथ ही मंत्र जाप, दुर्गापाठ, रक्षास्त्रोत्र मंत्र आदि भी शामिल करना चाहते है तो उसका भी उल्लेख करें। ..... मंत्र के .... संख्या का जाप और, दुर्गापाठ और इत्यादि।

८. अंत में दुर्गा हवन, कीर्तन, भजन सुनकर व कन्या भोज इत्यादि कहे।

संकल्प के बाद, भगवती दुर्गा जी ध्यान और पंचोपचार पूजन करें।

देवी को लाल चन्दन का टीका करें, लाल पुष्प चढ़ाएं, धूपबत्ती/ अगरबत्ती जलाएं, दिया जलाएं, मिठाई की नैवेद्य निवेदित करे। ।

भगवती दुर्गा जी ध्यान:-

विद्युद्दामसमप्रभां मृगपतिस्कंधस्थितां भीषणां !

कन्याभि:करवालखेटविलसद्धस्ताभिरासेवितां !

हस्तैश्चक्रगदासिखेटविशिखांश्चापं गुणं तर्जनीं !

बिभ्राणामनलात्मिकां शशिधरां दुर्गां त्रिनेत्रां भजे !!

पंचोपचार पूजन

∴ ॐ ह्रीं दुं दुर्गायै नम: लं पृथ्वी तत्वात्मकं गंधं समर्पयामि (लाल चन्दन का टीका करें)

∴ ॐ ह्रीं दुं दुर्गायै नम: हं आकाश तत्वात्मकं पुष्पं समर्पयामि (लाल पुष्प चढ़ाएं)

∴ ॐ ह्रीं दुं दुर्गायै नम: यं वायु तत्वात्मकं धूपं समर्पयामि (धूपबत्ती/अगरबत्ती जलाएं)

∴ ॐ ह्रीं दुं दुर्गायै नम: रं अग्नी तत्वात्मकं दीपं समर्पयामि (दिया जलाएं या पहले से प्रज्ज्वलित दीप दिखाएं)

∴ ॐ ह्रीं दुं दुर्गायै नम: वं जल तत्वात्मकं नैवेद्यं समर्पयामि (मिठाई की नैवेद्यं लगायें)

∴ ॐ ह्रीं दुं दुर्गायै नम: सं सर्व तत्वात्मकं तांबुलं समर्पयामि (मीठा पान)

∴ योनिमुद्रा का प्रदर्शन करके भगवती को प्रणाम करें।

∴ फिर मूल नवार्ण मन्त्र से पीठ आदि में आधारशक्ति की स्थापना करके उसके ऊपर पुस्तक को विराजमान करें। इसके बाद शापोद्धार करना चाहिए। इसके अनेक प्रकार हैं।

∴ **'ॐ ह्रीं क्लीं श्रीं क्रां क्रीं चण्डिकादेव्यै शापनाशागुग्रहं कुरु कुरु स्वाहा'** इस मंत्र का आदि और अन्त में सात बार जप करें। यह शापोद्धार मंत्र कहलाता है।

इसके अनन्तर उत्कीलन मन्त्र का जाप किया जाता है।

∴ इसका जप आदि और अन्त में इक्कीस-इक्कीस बार होता है। यह मन्त्र इस प्रकार है- **'ॐ श्रीं क्लीं हीं सप्तशति चण्डिके उत्कीलनं कुरु कुरु स्वाहा।'**

∴ इसके जप के पश्चात् आदि और अन्त में सात-सात बार मृतसंजीवनी विद्या का जाप करना चाहिए, जो इस प्रकार है-

'ॐ हीं हीं वं वं ऐं ऐं मृतसंजीवनि विद्ये मृतमुत्थापयोत्थापय क्रीं हीं हीं वं स्वाहा।'

रुद्रयामल महातन्त्र के अंतर्गत दुर्गाकल्प में कहे हुए चण्डिका शाप विमोचन मन्त्र का आरंभ में ही पाठ करना चाहिए। वे मन्त्र इस प्रकार हैं-

विनियोग- साधक हाथ में जल लेकर विनियोग ले

ॐ अस्य श्रीचण्डिकाया ब्रह्मवसिष्ठविश्वामित्रशापविमोचनमन्त्रस्य वसिष्ठ-नारदसंवादसामवेदाधिपतिब्रह्माण ऋषयः सर्वैश्वर्यकारिणी श्रीदुर्गा देवता चरित्रत्रयं बीजं हीं शक्तिः त्रिगुणात्मस्वरूपचण्डिकाशापविमुक्तौ मम संकल्पितकार्यसिद्धयर्थे जपे विनियोगः।

इतना बोलने के बाद जल भूमि पर छोड़ दे।

ॐ (हीं) रीं रेतःस्वरूपिण्यै मधुकैटभमर्दिन्यै
ब्रह्मवसिष्ठविश्वामित्रशापाद् विमुक्ता भव॥1॥

ॐ श्रीं बुद्धिस्वरूपिण्यै महिषासुरसैन्यनाशिन्यै
ब्रह्मवसिष्ठ विश्वामित्रशापाद् विमुक्ता भव॥2॥

ॐ रं रक्तस्वरूपिण्यै महिषासुरमर्दिन्यै
ब्रह्मवसिष्ठविश्वामित्रशापाद् विमुक्ता भव॥3॥

ॐ क्षुं धुधास्वरूपिण्यै देववन्दितायै
ब्रह्मवसिष्ठविश्वामित्रशापाद् विमुक्ता भव॥4॥

ॐ छां छायास्वरूपिण्यै दूतसंवादिन्यै
ब्रह्मवसिष्ठविश्वामित्रशापाद् विमुक्ता भव॥5॥

ॐ शं शक्तिस्वरूपिण्यै धूम्रलोचनघातिन्यै

ब्रह्मवसिष्ठविश्वामित्रशापाद् विमुक्ता भव॥6॥

ॐ तृं तृषास्वरूपिण्यै चण्डमुण्डवधकारिण्यै

ब्रह्मवसिष्ठविश्वामित्र शापाद् विमुक्ता भव॥7॥

ॐ क्षां क्षान्तिस्वरूपिण्यै रक्तबीजवधकारिण्यै

ब्रह्मवसिष्ठविश्वामित्रशापाद् विमुक्ता भव॥8॥

ॐ जां जातिस्वरूपिण्यै निशुम्भवधकारिण्यै

ब्रह्मवसिष्ठविश्वामित्रशापाद् विमुक्ता भव॥9॥

ॐ लं लज्जास्वरूपिण्यै शुम्भवधकारिण्यै

ब्रह्मवसिष्ठविश्वामित्रशापाद् विमुक्ता भव॥10॥

ॐ शां शान्तिस्वरूपिण्यै देवस्तुल्यै

ब्रह्मवसिष्ठविश्वामित्रशापाद् विमुक्ता भव॥11॥

ॐ श्रं श्रद्धास्वरूपिण्यै सकलफलदात्र्यै

ब्रह्मवसिष्ठविश्वामित्रशापाद् विमुक्ता भव॥12॥

ॐ कां कान्तिस्वरूपिण्यै राजवरप्रदायै

ब्रह्मवसिष्ठविश्वामित्रशापाद् विमुक्ता भव॥13॥

ॐ मां मातृस्वरूपिण्यै अनर्गलमहिमसहितायै

ब्रह्मवसिष्ठविश्वामित्रशापाद् विमुक्ता भव॥14॥

ॐ ह्रीं श्रीं दुं दुर्गायै सं सर्वैश्वर्यकारिण्यै

ब्रह्मवसिष्ठविश्वामित्रशापाद् विमुक्ता भव॥15॥

ॐ ऐं ह्रीं क्लीं नमः शिवायै अभेद्यकवचस्वरूपिण्यै

ब्रह्मवसिष्ठविश्वामित्रशापाद् विमुक्ता भव॥16॥

ॐ क्रीं काल्यै कालि ह्रीं फट् स्वाहायै ऋग्वेदस्वरूपिण्यै

ब्रह्मवसिष्ठविश्वामित्रशापाद् विमुक्ता भव॥17॥

ॐ ऐं ह्रीं क्लीं महाकालीमहालक्ष्मी

महासरस्वतीस्वरूपिण्यै त्रिगुणात्मिकायै दुर्गादिव्यै नमः॥18॥

इत्येवं हि महामन्त्रान् पठित्वा परमेश्वर।

चण्डीपाठं दिवा रात्रौ कुर्यादेव न संशयः॥19॥

एवं मन्त्रं न जानाति चण्डीपाठं करोति यः।

आत्मानं चैव दातारं क्षीणं कुर्यान्न संशयः॥20॥

सुरक्षा के लिए माँ दुर्गा भगवती के कवच का पाठ अवश्य करे।

श्री दुर्गा कवच

****

॥ अथ देव्याः कवचम् ॥

विनियोग- साधक हाथ में जल लेकर विनियोग ले

ॐ अस्य श्रीचण्डीकवचस्य ब्रह्मा ऋषिः, अनुष्टुप् छन्दः, चामुण्डा देवता, अंगन्यासोक्त मातरो बीजम्, दिग्बन्धदेवतास्तत्त्वम्, श्रीजगदम्बाप्रीत्यर्थे सप्तशतीपाठांगत्वेन जपे विनियोगः।

इतना बोलने के बाद जल भूमि पर छोड़ दे।

॥ ॐ नमश्चण्डिकायै॥

मार्कण्डेय उवाच

ॐ यद्‌गुह्यं परमं लोके सर्वरक्षाकरं नृणाम्।

यन्न कस्यचिदाख्यातं तन्मे ब्रूहि पितामह॥1॥

ब्रह्मोवाच

अस्ति गुह्यतमं विप्र सर्वभूतोपकारकम्।

देव्यास्तु कवचं पुण्यं तच्छृणुष्व महामुने॥2॥

प्रथमं शैलपुत्री च द्वितीयं ब्रह्मचारिणी।

तृतीयं चन्द्रघण्टेति कूष्माण्डेति चतुर्थकम्॥3॥

पंचमं स्कन्दमातेति षष्ठं कात्यायनीति च।
सप्तमं कालरात्रीति महागौरीति चाष्टमम्॥4॥

नवमं सिद्धिदात्री च नवदुर्गाः प्रकीर्तिताः।
उक्तान्येतानि नामानि ब्रह्मणैव महात्मना॥5॥

अग्निता दह्यमानस्तु शत्रुमध्ये गतो रणे।
विषमे दुर्गमे चैव भयार्ताः शरणं गताः॥6॥

न तेषा जायते किंचिदशुभं रणसंकटे।
नापदं तस्य पश्यामि शोकदुःखभयं न हि॥7॥

यैस्तु भक्त्या स्मृता नूनं तेषां वृद्धि प्रजायते।
ये त्वां स्मरन्ति देवेशि रक्षसे तान्न संशयः॥8॥

प्रेतसंस्था तु चामुण्डा वाराही महिषासना।
ऐन्द्री गजसमानरूढा वैष्णवी गरुडासना॥9॥

माहेश्वरी वृषारूढा कौमारी शिखिवाहना।
लक्ष्मीः पद्मासना देवी पद्महस्ता हरिप्रिया॥10॥

श्वेतरूपधरा देवी ईश्वरी वृषवाहना।
ब्राह्मी हंससमारूढा सर्वाभरणभूषिता॥11॥

इत्येता मातरः सर्वाः सर्वयोगसमन्विताः।
नानाभरणशोभाढ्या नानारत्नोपशोभिताः॥12॥

दृश्यन्ते रथमारूढा देव्यः क्रोधसमाकुलाः।
शंख चक्रं गदां शक्तिं हलं च मुसलायुधम्॥13॥

खेटकं तोमरं चैव परशुं पाशमेव च।
कुन्तायुधं त्रिशूलं च शार्ङ्गमायुधमुत्तमम्॥14॥

दैत्यानां देहनाशाय भक्तानामभयाय च।
धारयन्त्यायुधानीत्थं देवानां च हिताय वस॥15॥

नमस्तेऽस्तु महारौद्रे महाघोरपराक्रमे।

महावले महोत्साहे महाभयविनाशिनि॥16॥

त्राहि मां देवि दुष्प्रेक्ष्ये शत्रूणां भयवर्धिन।

प्राच्यां रक्षतु मामैन्द्री आग्नेय्यामग्निदेवता॥17॥

दक्षिणेऽवतु वाराहीनैर्ऋत्यां खड्गधारिणी।

प्रतीच्यां वारुणी रक्षेद् वायव्यां मृगवाहिनी॥18॥

उदीच्यां पातु कौमारी ऐशान्यां शूलधारिणी।

ऊर्ध्वं ब्रह्माणि मे रक्षेद्वस्ताद् वैष्णवी तथा॥19॥

एवं दश दिशो रक्षेच्चामुण्डा शववाहना।

जया में चाग्रतः पातु विजया पातु पृष्ठतः॥20॥

अजिता वामपार्श्वे तु दक्षिणे चापराजिता।

शिखामुद्योतिनी रक्षेदुमा मूर्ध्नि व्यवस्थिता॥21॥

मालाधारी ललाटे च भ्रुवौ रक्षेद् यशस्विनी।

त्रिनेत्रा च भ्रुवोर्मध्ये यमघण्टा च नासिके॥22॥

शंखिनी चक्षुषोर्मध्ये श्रोत्रयोद्र्वारवासिनी।

कपोलौ कालिका रक्षेत्कर्णमूले च शांकरी॥23॥

नासिकायां सुगन्दा च उत्तरोष्ठे च चर्चिका।

अधरे चामृतकला जिह्वायां च सरस्वती॥24॥

दन्तान् रक्षतु कौमारी कण्ठदेशे तु चण्डिका।

घण्टिकां चित्रघण्टा च महामाया च तालुके॥25॥

कामाक्षी चिबुकं रक्षेद् वाचं मे सर्वमंगला।

ग्रीवायां भद्रकाली च पृष्ठवंशे धनुर्धरी॥26॥

नीलग्रीवा बहिःकण्ठे नलिकां नलकूबरी।

स्कन्धयोः खड्गिनी रक्षेद् बाहू में व्रजधारिणी॥27॥

हस्तयोर्दण्डिनी रक्षेदम्बिका चांगुलीषु च।
नखांछूलेश्वरी रक्षेत्कुक्षौ रक्षेत्कुलेश्वरी॥28॥।

स्तनौ रक्षेन्महादेवी मनः शोकविनाशिनी।
हृदये ललिता देवी उदरे शूलधारिणी॥29॥

नाभौ च कामिनी रक्षेद् गुहां गुह्येश्वरी तथा।
पूतना कामिका मेढ्रं गुदे महिषवाहिनी॥30॥

कट्यां भगवती रक्षेज्जानुनी विन्ध्यवासिनी।
जंघे महाबला रक्षेत्सर्वकामप्रदायिनी॥31॥

गुल्फयोर्नारसिंही च पादपृष्ठे तु तैजसी।
पादांगुलीषु श्री रक्षेत्पादाधस्तलवासिनी॥32॥

नखान् दंष्ट्राकराली च केशांश्चैवोर्ध्वकेशिनी।
रोमकूपेषु कौबेरी त्वचं वागीश्वरी तथा॥33॥

रक्तमज्जावसामांसान्यस्थिमेदांसि पार्वती।
अन्त्राणि कालरात्रिश्च पित्तं च मुकुटेश्वरी॥34॥

पद्मावती पद्मकोशे कफे चूडामणिस्तथा।
ज्वालामुखी नखज्वालामभेद्या सर्वसंधिषु॥35॥

शुक्रं ब्रह्माणि मे रक्षेच्छायां छत्रेश्वरी तथा।
अहंकारं मनो बुद्धिं रक्षेन्मे धर्मधारिणी॥36॥

प्राणापानौ तथा व्यानमुदानं च समानकम्।
वज्रहस्ता च मे रक्षेत्प्राणं कल्याणशोभना॥37॥

रसे रूपे च गन्धे च शब्दे स्पर्शे च योगिनी।
सत्त्वं रजस्तमश्चैव रक्षेन्नारायणी सदा॥38॥

आयू रक्षतु वाराही धर्मं रक्षतु वैष्णवी।
यशः कीर्तिं च लक्ष्मीं च धनं विद्यां च चक्रिणी॥39॥

गोत्रमिन्द्राणि मे रक्षेत्पशून्मे रक्ष चण्डिके।
पुत्रान् रक्षेन्महालक्ष्मीर्भार्यां रक्षतु भैरवी॥40॥
पन्थानं सुपथा रक्षेन्मार्गं क्षेमकरी तथा।
राजद्वारे महालक्ष्मीर्विजया सर्वतः स्थिता॥41॥
रक्षाहीनं तु यत्स्थानं वर्जितं कवचेन तु।
तत्सर्वं रक्ष मे देवि जयन्ती पापनाशिनी॥42॥
पदमेकं न गच्छेतु यदीच्छेच्छुभमात्मनः।
कवचेनावृतो नित्यं यत्र यत्रैव गच्छति॥43॥
तत्र तत्रार्थलाभश्च विजयः सार्वकामिकः।
यं यं चिन्तयते कामं तं तं प्राप्नोति निश्चितम्।
परमैश्वर्यमतुलं प्राप्स्यते भूतले पुमान्॥44॥
निर्भयो जायते मर्त्यः संग्रामेष्वपराजितः।
त्रैलोक्ये तु भवेत्पूज्यः कवचेनावृतः पुमान्॥45॥
इदं तु देव्याः कवचं देवानामपि दुर्लभम्।
यः पठेत्प्रयतो नित्यं त्रिसन्ध्यं श्रद्धयान्वितः॥46॥
दैवी कला भवेत्तस्य त्रैलोक्येष्वपराजितः।
जीवेद् वर्षशतं साग्रमपमृत्युविवर्जितः॥47॥
नश्यन्ति व्याधयः सर्वे लूताविस्फोटकादयः।
स्थावरं जंगमं चैव कृत्रिमं चापि यद्विषम्॥48॥
अभिचाराणि सर्वाणि मन्त्रयन्त्राणि भूतले।
भूचराः खेचराश्चैव जलजाश्चोपदेशिकाः॥49॥
सहजा कुलजा माला डाकिनी शाकिनी तथा।
अन्तरिक्षचरा घोरा डाकिन्यश्च महाबलाः॥50॥
ग्रहभूतपिशाचाश्च यक्षगन्धर्वराक्षसाः।

ब्रह्मराक्षसवेतालाः कूष्माण्डा भैरवादयः॥51॥

नश्यन्ति दर्शनात्तस्य कवचे हृदि संस्थिते।

मानोन्नतिर्भवेद् राज्ञस्तेजोवृद्धिकरं परम्॥52॥

यशसा वर्धते सोऽपि कीर्तिमण्डितभूतले।

जपेत्सप्तशतीं चण्डीं कृत्वा तु कवचं पुरा॥53॥

यावद्भूमण्डलं धत्ते सशैलवनकाननम्।

तावत्तिष्ठति मेदिन्यां संततिः पुत्रपौत्रिकी॥54॥

देहान्ते परमं स्थानं यत्सुरैरपि दुर्लभम्।

प्राप्नोति पुरुषो नित्यं महामायाप्रसादतः॥55॥

लभते परमं रूपं शिवेन सह मोदते॥ॐ॥56॥

।। इति देव्याः कवचं सम्पूर्णम् ।

। अथ श्रीदुर्गाष्टोत्तरशतनामस्तोत्रम् ।

****

साधक दुर्गा जी की प्रशन्नता के लिए दुर्गाष्टोत्तरशतनाम ११, २१, ५१, जितनी साधक की सामर्थ्य हो उतने पाठ करे।

विनियोग- साधक हाथ में जल लेकर विनियोग ले

।ॐ **अस्य दुर्गाष्टोत्तरशतनाम मालामन्त्रस्य श्री ईस्वर ऋषिः। गायत्री छन्दः। दुर्गा देवता। दुं बीजं। ह्रीं शक्तिः। ॐ कीलकं। श्री दुर्गा प्रीत्यर्थे दुर्गाष्टोत्तरशतनाम मालामन्त्रस्य जपे विनियोगः।**

इतना बोलने के बाद जल भूमि पर छोड़ दे।

। अथ श्रीदुर्गाष्टोत्तरशतनामस्तोत्रम् ।

॥ ॐ ॥

॥ श्री दुर्गायै नमः ॥

ईश्वर उवाच

शतनाम प्रवक्ष्यामि शृणुष्व कमलानने । यस्य प्रसादमात्रेण दुर्गा प्रीता भवेत् सती ।1।

ॐ सती साध्वी भवप्रीता भवानी भवमोचनी । आर्या दुर्गा जया चाद्या त्रिनेत्रा शूलधारिणी ।2।

पिनाकधारिणी चित्रा चण्डघण्टा महातपाः । मनो बुद्धिरहंकारा चित्तरूपा चिता चितिः ।3।

सर्वमन्त्रमयी सत्ता सत्यानन्दस्वरूपिणी । अनन्ता भाविनी भाव्या भव्याभव्या सदागतिः।4।

शाम्भवी देवमाता च चिन्ता रत्नप्रिया सदा । सर्वविद्या दक्षकन्या दक्षयज्ञविनाशिनी ।5।

अपर्णानिकवर्णा च पाटला पाटलावती । पट्टाम्बरपरीधाना कलमञ्जीररञ्जिनि ।६।

अमेयविक्रमा क्रूरा सुन्दरी सुरसुन्दरी । वनदुर्गा च मातङ्गी मतङ्गमुनिपूजिता ।७।

ब्राह्मी माहेश्वरी चैन्द्री कौमारी वैष्णवी तथा । चामुंडा चैव वाराही लक्ष्मीश्च पुरुषाकृतिः।८।

विमलोत्कर्षिणी ज्ञाना क्रिया नित्या च बुद्धिदा । बहुला बहुलप्रेमा सर्ववाहनवाहना ।९।

निशुम्भशुम्भहननी महिषासुरमर्दिनी। मधुकैटभहन्त्री च चण्डमुण्डविनाशिनी ।१०।

सर्वासुरविनाशा च सर्वदानवघातिनी । सर्वशास्त्रमयी सत्या सर्वास्त्रधारिणी तथा।११।

अनेकशस्त्रहस्ता च अनेकास्त्रस्य धारिणी । कुमारी चैककन्या च कैशोरी युवती यतिः।१२।

अप्रौढा चैव प्रौढा च वृद्धमाता बलप्रदा । महोदरी मुक्तकेशी घोररूपा महाबला ।१३।

अग्निज्वाला रौद्रमुखी कालरात्रिस्तपस्विनी । नारायणी भद्रकाली विष्णुमाया जलोदरी ।१४।

शिवदूती कराली च अनंता परमेश्वरी । कात्यायनी च सावित्री प्रत्यक्षा ब्राह्मवादिनी ।१५।

य इदं प्रपठेन्नित्यं दुर्गानामशताष्टकम् । नासाध्यं विद्यते देवि त्रिषु लोकेषु पार्वति ।१६।

धनं धान्यं सुतं जायां हयं हस्तिनमेव च । चतुर्वर्गं तथा चान्ते लभेन्मुक्तिं च शास्वतीम् ।१७।

कुमारीं पूजयित्वा तु ध्यात्वा देवीं सुरेश्वरीम् । पूजयेत परया भक्त्या पठेन्नामशताष्टकम्।18।

तस्य सिद्धिर्भवेद् देवि सर्वैः सुरवरैरपि । राजानो दासतां यान्ति राज्यश्रियमवाप्नुयात् ।19।

गोरोचनालक्तकुङ्कुमेन सिन्दूरकर्पूरमधुत्रयेण ।

विलिख्य यन्त्रं विधिना विधिज्ञो भवेत् सदा धारयते पुरारिः ।20।

भौमावस्यानिशामग्रे चन्द्रे शतभिषां गते। विलिख्य प्रपठेत् स्तोत्रं स भवेत् सम्पदां पदम् ।21।

॥ इति श्री विश्वसारतन्त्रे दुर्गाष्टोत्तरशतनामस्तोत्रं सम्पूर्णम् ॥

सरलार्थ - दुर्गा अष्टोत्तर शतनाम स्तोत्र

शंकरजी पार्वती जी से कहते हैं-

कमलानने! अब मैं दुर्गा अष्टोत्तरशतनाम का वर्णन करता हूँ, सुनो; जिसके प्रसाद (पाठ या श्रवण) – मात्र से परम साध्वी भगवती दुर्गा प्रसन्न हो जाती हैं। |1|

ॐ सती, साध्वी, भवप्रीता (भगवान् शिव पर प्रीति रखने वाली), भवानी, भवमोचनी (संसार बंधन से मुक्त करने वाली), आर्या, दुर्गा, जया, आद्या, त्रिनेत्रा, शूलधारिणी। |2|

पिनाकधारिणी (शिव का त्रिशूलधारण करने वाली), चित्रा, चण्डघण्टा (प्रचण्ड स्वर से घण्टानाद करने वाली), महातपा (भारी तपस्या करने वाली), मन (मनन-शक्ति), बुद्धि (बोधशक्त), अहंकारा (अहंता का आश्रय), चित्तरूपा, चिता, चिति (चेतना)। |3|

सर्वमंत्रमयी, सत्ता (सत्-स्वरूपा), सत्यानन्दस्वरूपिणी, अनंता (जिनके स्वरुप का कहीं अंत नहीं), भाविनी (सबको उत्पन्न करने वाली), भाव्या (भावना एवं ध्यान करने योग्य), भव्या (कल्याणरूपा), अभव्या (जिससे बढ़कर भव्य कहीं नहीं है), सदागति। |4|

शाम्भवी (शिवप्रिया), देवमाता, चिंता, रत्नप्रिया, सर्वविद्या, दक्षकन्या, दक्षयज्ञविनाशिनी। |5|

अपर्णा (तपस्या के समय पत्ते को भी न खाने वाली), अनेकवर्णा (अनेक रंगों वाली), पाटला (लाल रंग वाली), पाटलावती (गुलाब के फूल या लाल फूल धारण करने वाली),

पट्टाम्बरपरीधाना (रेशमी वस्त्र पहनने वाली), कलमंजीररंजिनी (मधुर ध्वनि करने वाले मंजीर को धारण करके प्रसन्न रहने वाली)। ।6।

अमेयविक्रमा (असीम पराक्रम वाली), क्रूरा (दैत्यों के प्रति कठोर), सुन्दरी, सुरसुन्दरी, वनदुर्गा, मातंगी, मतंगमुनिपूजिता। ।7।

ब्राह्मी, माहेश्वरी, ऐन्द्री, कौमारी, वैष्णवी, चामुण्डा, वाराही, लक्ष्मी, पुरुषाकृति। ।8।

विमला, उत्कर्षिणी, ज्ञाना, क्रिया, नित्या, बुद्धिदा, बहुला, बहुलप्रेमा, सर्ववाहनवाहना। ।9।

निशुम्भ-शुम्भहननी, महिषासुरमर्दिनी, मधुकैटभहन्त्री, चण्डमुण्डविनाशिनी। ।10।

सर्वासुरविनाशा, सर्वदानवघातिनी, सर्वशास्त्रमयी, सत्या, सर्वास्त्रधारिणी। ।11।

अनेकशस्त्रहस्ता, अनेकास्त्रधारिणी, कुमारी, एककन्या, कैशोरी, युवती, यति। ।12।

अप्रौढा, प्रौढा, वृद्धमाता, बलप्रदा, महोदरी, मुक्तकेशी, घोररूपा, महाबला। ।13।

अग्निज्वाला, रौद्रमुखी, कालरात्रि, तपस्विनी, नारायणी, भद्रकाली, विष्णुमाया, जलोदरी। ।14।

शिवदूती, कराली, अनंता (विनाशरहिता), परमेश्वरी, कात्यायनी, सावित्री, प्रत्यक्षा, ब्रह्मवादिनी। ।15।

देवी पार्वती! जो प्रतिदिन दुर्गा जी के इस अष्टोत्तर शतनाम का पाठ करता है, उसके लिए तीनों लोकों में कुछ भी असाध्य नहीं है। ।16।

वह धन, धान्य, पुत्र, स्त्री, घोड़ा, हाथी, धर्म आदि चार पुरुषार्थ तथा अन्त में सनातन मुक्ति भी प्राप्त कर लेता है। ।17।

कुमारी का पूजन और देवी सुरेश्वरी का ध्यान करके पराभक्ति के साथ उनका पूजन करे, फिर अष्टोत्तरशतनाम का पाठ आरम्भ करे। ।18।

देवी! जो ऐसा करता है, उसे सब श्रेष्ठ देवताओं से भी सिद्धि प्राप्त होती है राजा उसके दास हो जाते हैं। वह राज्यलक्ष्मी को प्राप्त कर लेता है। ।19।

गोरोचन, लाक्षा, कुंकुम, सिन्दूर, कपूर, घी (अथवा दूध), चीनी और मधु- इन वस्तुओं

को एकत्र करके इनसे विधिपूर्वक यंत्र लिखकर जो विधिज्ञ पुरुष सदा उस यंत्र को धारण करता है, वह शिव के तुल्य (मोक्षरूप) हो जाता है। |20|

भौमवती अमावस्या की आधी रात में, जब चन्द्रमा शतभिषा नक्षत्र पर हो, उस समय इस स्तोत्र को लिखकर जो इसका पाठ करता है, वह सम्पत्तिशाली होता है। |21|

।इस प्रकार दुर्गा अष्टोत्तर शतनाम स्तोत्र पूरा हुआ।

सिद्ध कुंजिका स्तोत्र

****

सिद्ध कुंजिका स्तोत्र की महिमा

भगवान शंकर कहते हैं कि सिद्धकुंजिका स्तोत्र का पाठ करने वाले को देवी कवच, अर्गला, कीलक, रहस्य, सूक्त, ध्यान, न्यास और यहां तक कि अर्चन भी आवश्यक नहीं है। केवल कुंजिका के पाठ मात्र से दुर्गा पाठ का फल प्राप्त हो जाता है। इसके पाठ मात्र से मारण, मोहन, वशीकरण, स्तम्भन और उच्चाटन आदि उद्देश्यों की एक साथ पूर्ति हो जाती है। इसमें स्वर व्यंजन की ध्वनि है।

सिद्ध कुंजिका स्तोत्र को अत्यंत सावधानी पूर्वक किया जाना चाहिये। प्रतिदिन की पूजा में इसको शामिल कर सकते हैं। लेकिन यदि अनुष्ठान के रूप में या किसी इच्छाप्राप्ति के लिए कर रहे हैं तो आपको कुछ सावधानी रखनी होंगी।

विनियोग: साधक हाथ में जल लेकर विनियोग ले

ॐ अस्य श्रीकुञ्जिकास्तोत्रमन्त्रस्य सदाशिव ऋषिः, अनुष्टुप् छन्दः, श्रीत्रिगुणात्मिका देवता, ॐ ऐं बीजं, ॐ ह्रीं शक्तिः, ॐ क्लीं कीलकम् मम सर्वाभीष्टसिद्ध्यर्थे जपे विनियोगः

इतना बोलने के बाद विनियोग जल भूमि पर छोड़ दे।

॥ सिद्धकुञ्जिकास्तोत्रम् ॥

शिव उवाच

शृणु देवि प्रवक्ष्यामि, कुञ्जिकास्तोत्रमुत्तमम्।

येन मन्त्रप्रभावेण चण्डीजापः शुभो भवेत॥१॥

न कवचं नार्गलास्तोत्रं कीलकं न रहस्यकम्।

न सूक्तं नापि ध्यानं च न न्यासो न च वार्चनम्॥२॥

कुञ्जिकापाठमात्रेण दुर्गापाठफलं लभेत्।

अति गुह्यतरं देवि देवानामपि दुर्लभम्॥३॥

गोपनीयं प्रयत्नेन स्वयोनिरिव पार्वति।

मारणं मोहनं वश्यं स्तम्भनोच्चाटनादिकम्।

पाठमात्रेण संसिद्ध्येत् कुञ्जिकास्तोत्रमुत्तमम्॥४॥

॥ अथ मन्त्रः ॥

ॐ ऐं ह्रीं क्लींचामुण्डायै विच्चे॥

ॐ ग्लौं हुं क्लीं जूं सः ज्वालयज्वालय ज्वल ज्वल प्रज्वल प्रज्वल

ऐं ह्रीं क्लीं चामुण्डायै विच्चे ज्वलहं सं लं क्षं फट् स्वाहा॥५॥

॥ इति मन्त्रः ॥

श्रूँ श्रूँ श्रूँ शं फट् ऐं ह्रीं क्लीं ज्वल उज्ज्वल प्रज्वल

ह्रीं ह्रीं क्लीं स्रावय स्रावय शापं नाशय नाशय

श्रीं श्रीं श्रीं जूं सः स्रावय आदय स्वाहा ।

ॐ श्लीं हूँ क्लीं ग्लां जूं सः ज्वल उज्ज्वल मन्त्रं

प्रज्वल हं सं लं क्षं फट् स्वाहा ।

नमस्ते रुद्ररूपिण्यै नमस्ते मधुमर्दिनि ।

नमः कैटभहारिण्यै नमस्ते महिषार्दिनि ॥ ६॥

नमस्ते शुम्भहन्त्र्यै च निशुम्भासुरघातिनि ।

जाग्रतं हि महादेवि जपं सिद्धं कुरूष्व मे ॥ ७॥

ऐङ्कारी सृष्टिरूपायै ह्रीङ्कारी प्रतिपालिका ।

क्लीङ्कारी कामरूपिण्यै बीजरूपे नमोऽस्तु ते ॥ ८॥

चामुण्डा चण्डघाती च यैकारी वरदायिनी ।

विच्चे चाभयदा नित्यं नमस्ते मन्त्ररूपिणि ॥ ९॥

धां धीं धूं धूर्जटेः पत्नी वां वीं वूं वागधीश्वरी ।

क्रां क्रीं क्रूं कुञ्जिका देवि शां शीं शूं मे शुभं कुरु ॥ १०॥

हुं हुं हुङ्काररूपिण्यै जं जं जं जम्भनादिनी ।

ज्रीं ज्रूं भालनादिनी ।

भ्रां भ्रीं भ्रूं भैरवी भद्रे भवान्यै ते नमो नमः ॥ ११॥

अं कं चं टं तं पं यं शं वीं दुं ऐं वीं हं क्षं ।

धिजाग्रम् धिजाग्रं त्रोटय त्रोटय दीप्तं कुरु कुरु स्वाहा ॥ १२॥

ॐ अं कं चं टं तं पं सां विदुरां विदुरां विमर्दय विमर्दय

ह्रीं क्षां क्षीं स्रीं जीवय जीवय त्रोटय त्रोटय

जम्भय जंभय दीपय दीपय मोचय मोचय

हूं फट् ज्रां वौषट् ऐं ह्रीं क्लीं रञ्जय रञ्जय

सञ्जय सञ्जय गुञ्जय गुञ्जय बन्धय बन्धय

भ्रां भ्रीं भ्रूं भैरवी भद्रे सङ्कुच सङ्कुच

त्रोटय त्रोटय म्लीं स्वाहा ॥ १२॥

पां पीं पूं पार्वती पूर्णा खां खीं खूं खेचरी तथा ।

म्लां म्लीं म्लूं मूलविस्तीर्णा कुञ्जिकास्तोत्र हेतवे ।

सां सीं सूं सप्तशती देव्या मंत्रसिद्धिं कुरुष्व मे ॥ १३॥

कुञ्जिकायै नमो नमः ।

इदं तु कुञ्जिकास्तोत्रं मन्त्रजागर्तिहेतवे ।

अभक्ते नैव दातव्यं गोपितं रक्ष पार्वति ॥ १४॥

यस्तु कुञ्जिकया देवि हीनां सप्तशतीं पठेत् ।

न तस्य जायते सिद्धिररण्ये रोदनं यथा ॥ १५॥

॥ इति श्रीरुद्रयामले गौरीतन्त्रे शिवपार्वतीसंवादे कुञ्जिकास्तोत्रं सम्पूर्णम् ॥

॥ ॐ ॥

नवार्ण मंत्र जाप की विधि

****

सर्व प्रथम हाथ मे या आचमनी मे जल लेकर विनियोग मंत्र पढकर छोडे

ॐ अस्य श्री नवार्ण मंत्रस्य ब्रम्हविष्णुरुद्रा ऋषयः, गायत्रि उष्णिक अनुष्टुभ छंदांसि, श्री

महाकाली महालक्ष्मी महासरस्वती देवता:, ऐं बीजं ह्रीं शक्ति: क्लीं कीलकं, श्री महाकाली महालक्ष्मी महासरस्वती प्रीत्यर्थे जपे विनियोग: ।

इतना बोलने के बाद विनियोग जल भूमि पर छोड़ दे।

अब न्यास करे, वैसे नवार्ण मंत्र के एकादश न्यास है लेकीन सरलता की दृष्टीसे यहाँ हम कुछ महत्त्वपूर्ण न्यास ही लेंगे

ऋष्यादि न्यास:

1) ब्रम्हविष्णुरुद्र ऋषिभ्यो नम: शिरसि !

(दाये हाथ से शिर को स्पर्श करे)

2) गायत्रि उष्णिक अनुष्टुभ छंदोभ्यो नम: मुखे !

(दाये हाथ से मुख को स्पर्श करे)

3) महाकाली महालक्ष्मी महासरस्वती देवताभ्यो नम: हृदि !(हृदय को स्पर्श करे)

4) ऐं बीजाय नम: गुह्ये ! (गुह्य स्थान को स्पर्श करे और हाथ धोये या मानसिक दृष्टीसे स्पर्श करे)

5) ह्रीं शक्तये नम: पादयो ! (पैर को स्पर्श करे)

6) क्लीं कीलकाय नम: नाभौ ! (नाभी को स्पर्श करे)

7) ऐं ह्रीं क्लीं चामुंडायै विच्चे नम: सर्वांगे (सर से लेकर पैर तक संपूर्ण शरीर को स्पर्श करे)

कर न्यास:

1) ॐ ऐं नम: अंगुष्ठाभ्यां नम: ! (तर्जनी से अंगुठे को स्पर्श करे)

2) ॐ ह्रीं नम: तर्जनीभ्यां नम: ! (अंगुठे से तर्जनी जो स्पर्श करे)

3) ॐ क्लीं मध्यमाभ्यां नम: ! (अंगुठे से मध्यमा को स्पर्श करे)

4) ॐ चामुंडायै अनामिकाभ्यां नम: (अंगुठे से अनामिका का स्पर्श करे)

5) ॐ विच्चे कनिष्ठिकाभ्यां नम: (अंगुठे से करांगुली का स्पर्श करे)

6) ॐ ऐं ह्रीं क्लीं चामुंडायै विच्चे

7) करतलकरपृष्ठाभ्यां नम: (दोनो हाथ के तलवे और कर पृष्ठ का स्पर्श करे)

हृदयादि न्यास-

1) ॐ ऐं हृदयाय नम: ! (दाहिने हाथ से हृदय को स्पर्श करे)

2) ॐ हीं शिरसे स्वाहा ! (दाहिने हाथ से सिर को स्पर्श करे)

3) ॐ क्लीं शिखायै वषट ! (दाहिने हाथ से शिखा को स्पर्श करे)

4) ॐ चामुंडायै कवचाय हुम !(दाहिना हाथ बाये कंधे पर और बाया हाथ दाहिने कंधे पर)

5) ॐ विच्चे नेत्रत्रयाय वौषट (दाहिने हाथ की तर्जनी और अनामिका से दोनो आंखों पर और मध्यमा से आज्ञा चक्र पर स्पर्श करे)

6) ॐ ऐं हीं क्लीं चामुंडायै विच्चे अस्त्राय फट (दाहिने हाथ की तर्जनी और मध्यमा को सर के उपर से घुमाकर बाये हाथ पर ताली बजाये)

अक्षर न्यास -

दाहिने हाथ से उक्त अंग को स्पर्श करे

1) ॐ ऐं नम: शिखायाम ! (शिखा)

2) ॐ हीं नम: दक्ष नेत्रे ! (दाहिना नेत्र)

3) ॐ क्लीं नम: वामनेत्रे ! (बाया नेत्र)

4) ॐ चां नम: दक्षकर्णे ! (दाहिना कान)

5) ॐ मुं नम: वामकर्णे ! (बाया कान)

6) ॐ डां नम: दक्ष नासा पुटे ! (दाहिना नथुना)

7) ॐ यैं नम: वामनासापुटे ! (बाया नथुना)

8) ॐ विं नम: मुखे ! (मुख)

9) ॐ च्चें नम: गुह्ये ! (गुह्य स्थान)

दिग्न्यास

अब नीचे दिये हुये क्रम से प्रत्येक दिशा मे चुटकी बजाये अपना मुख पूर्व की तरफ है

ऐसा मानकर clock wise direction मे चुटकी बजाये

1) ॐ ऐं प्राच्यै नमः ! (पूर्व)

2) ॐ ऐं आग्नेय्यै नमः ! (आग्नेय)

3) ॐ ह्रीं दक्षिणायै नमः ! (दक्षिण)

4) ॐ ऐं नैर्ऋत्यै नमः ! (नैर्ऋत्य)

5) ॐ क्लीं प्रतिच्यै नमः ! (पश्चिम)

6) ॐ क्लीं वायव्यै नमः ! (वायव्य)

7) ॐ चामुंडायै उदिच्यै नमः ! (उत्तर)

8) ॐ चामुंडायै ऐशान्यै नमः ! (ईशान्य)

9) ॐ ऐं ह्रीं क्लीं चामुंडायै विच्चे उर्ध्वायै नमः ! (ऊपर)

10) ॐ ऐं ह्रीं क्लीं चामुंडायै विच्चे भूम्यै नमः (नीचे)

अब भगवती दुर्गा जी का अगर पहले ध्यान और पंचोपचार पूजन नही किया हो तो अब करे और किया हो तो सीधे मंत्र जाप शुरु कर सकते है-

अब आप योनी मुद्रा आती हो तो मुद्रा दिखाये और मंत्र जाप शुरु करे-

मंत्र जाप रुद्राक्ष माला या स्फटिक माला या हकिक माला से या मुंगे की माला से कर सकते है

"ऐं ह्रीं क्लीं चामुंडायै विच्चे"

मंत्र जाप खत्म होने के बाद नीचे का मंत्र बोलकर आपका जाप भगवती के बाये हाथ मे (मानसिक दृष्टीकोण से) समर्पित करे,

ॐ गुह्याति गुह्यगोप्त्री त्वं गृहाणा अस्मद कृतं जपं !

सिद्धिर्भवतु मे देवि त्वत प्रसादात महेश्वरी !!

अब दीपदान, नियमित होम या हवन करें आरती के बाद क्षमा प्रार्थना करे।

दीपदान- दीपदान के लिए 4 आधार यन्त्र बनेंगे, यंत्र का मतलब त्रिकोण बनना है अधोमुखी जिसमे मायाबीज ह्रीं लिखना है जो आप साधा कागज पे लाल पेन से बना

सकते या चंदन, हल्दी, आटा, रोली से जमीन पर भी बना सकते।

पहले यंत्र पर दुर्गा देवी की साधना, मन्त्र जाप या दुर्गा चालीसा व शतनाम किया है दुर्गा जी जिनको आपने इष्ट माना है उनके लिए ११ दीपक थाली में लेना है।

दूसरे यंत्र पर उनका नैवेद्य भोग होगा जैसे - पूड़ी ४, खीर, लड्डू, पेड़ा इत्यादि।

तीसरे यंत्र पर आपकी कुलदेवी के ११ दीपक की थाली होगी। आपको नाम नही लेना है मन में उनका स्मरण करे, अगर मालूम नहीं है तब भी कुलदेवी दीपदान एवं नैवेद्य स्वीकर करो ऐसा कहकर समर्पित कर देना है जो भी कुल देवी होगी उन तक आपका दीपदान पहुंच जायेगा।

चौथे पर कुलदेवी उनका नैवेद्य होगा जैसे - पूड़ी ४, खीर, लड्डू, पेड़ा इत्यादि।

सभी दीपकों में दो बाती पड़ेगी क्रॉस करके, मतलब आपको चौमुखा दीपक बनाना है लेकिन जलानी एक ही तरफ की बाती, दीपक का मुख माँ भगवती तरफ रखना है।

दीपक व नैवेद्य रखने के बाद आपको एक बार दीपक समर्पित करने का मंत्र पढ़ देना है और नैवेद्य अर्पित कर देना है।

समर्पण मन्त्र-

दुर्गा देवी का दीप मन्त्र

एतत एकादश सँख्याया दीप पात्रं मम **अमुक कामना** सिद्धयर्थे दुर्गा देव्यै प्रीत्यर्थे दर्श्यर्यामी समर्पयामि निवेदयामि।।

कुल देवी का दीप मन्त्र

एतत एकादश सँख्याया दीप पात्रं मम **अमुक कामना** सिद्धयर्थे कुलदेवी प्रीत्यर्थे दर्श्यर्यामी समर्पयामि निवेदयामि।।

यन्त्र पूजन मन्त्र

।।ॐ दीपाधार यंत्राय नमः।।

अमुक कामना की जगह जिस कामना से आप दीपदान कर रहे / रही है वो बोले जैसे पुत्र कामनार्थे या सकल व्याधि नाशरथेः इत्यादि।

दीपदान, दीपाधार यंत्र

मां दुर्गा की आरती

****

जय अम्बे गौरी, मैया जय श्यामा गौरी।

तुमको निशिदिन ध्यावत, हरि ब्रह्मा शिवरी॥ जय अम्बे गौरी

माँग सिन्दूर विराजत, टीको मृगमद को।

उज्जवल से दोउ नैना, चन्द्रवदन नीको॥ जय अम्बे गौरी

कनक समान कलेवर, रक्ताम्बर राजै।

रक्तपुष्प गल माला, कण्ठन पर साजै॥ जय अम्बे गौरी

केहरि वाहन राजत, खड्ग खप्परधारी।

सुर-नर-मुनि-जन सेवत, तिनके दुखहारी॥ जय अम्बे गौरी

कानन कुण्डल शोभित, नासाग्रे मोती।

कोटिक चन्द्र दिवाकर, सम राजत ज्योति॥ जय अम्बे गौरी

शुम्भ-निशुम्भ बिदारे, महिषासुर घाती।

धूम्र विलोचन नैना, निशिदिन मदमाती॥ जय अम्बे गौरी

चण्ड-मुण्ड संहारे, शोणित बीज हरे।

मधु-कैटभ दोउ मारे, सुर भयहीन करे॥ जय अम्बे गौरी

ब्रह्माणी रुद्राणी तुम कमला रानी।

आगम-निगम-बखानी, तुम शिव पटरानी॥ जय अम्बे गौरी

चौंसठ योगिनी मंगल गावत, नृत्य करत भैरूँ।

बाजत ताल मृदंगा, अरु बाजत डमरु॥ जय अम्बे गौरी

तुम ही जग की माता, तुम ही हो भरता।

भक्तन की दुःख हरता, सुख सम्पत्ति करता॥ जय अम्बे गौरी

भुजा चार अति शोभित, वर-मुद्रा धारी।

मनवान्छित फल पावत, सेवत नर-नारी॥ जय अम्बे गौरी

कन्चन थाल विराजत, अगर कपूर बाती।

श्रीमालकेतु में राजत, कोटि रतन ज्योति॥ जय अम्बे गौरी

श्री अम्बेजी की आरती, जो कोई नर गावै।

कहत शिवानन्द स्वामी, सुख सम्पत्ति पावै॥ जय अम्बे गौरी

अब क्षमा प्रार्थना करे

आवाहनं न जानामि, न जानामि तवार्चनं

पूजां चैव न जानामि, क्षम्यतां परमेश्वरी

मंत्रहीनं क्रियाहीनं भक्तीहीनं सुरेश्वरी

यत्पूजितं मया देवि परिपूर्णं तदस्तु मे !!

अब योनि मुद्रा दिखाकर प्रणाम करे

दुर्गा देवी देव्यपराधक्षमापन स्तोत्रम्

****

न मत्रं नो यन्त्रं तदपि च न जाने स्तुतिमहो न चाह्वानं ध्यानं तदपि च न जाने स्तुतिकथाः ।

न जाने मुद्रास्ते तदपि च न जाने विलपनं परं जाने मातस्त्वदनुसरणं क्लेशहरणम् ॥१॥

अर्थात- हे माँ ! मैं न मंत्र जनता हूँ न यंत्र, अहो! मुझे स्तुति का भी ज्ञान नहीं है | न आवाहन का पता है न ध्यान का | स्तोत्र और कथाओ कभी ज्ञान नहीं है | न तो मैं तुम्हारी मुद्राएँ जनता हूँ और अ मुझे व्याकुल होकर विलाप ही करना आता है – परन्तु एक बात जनता हूँ की तुमारा अनुशरण करना-तुम्हारी शरण में आना सब क्लेशो को सब बिपत्तियों को हरने वाला है ॥१॥

विधेरज्ञानेन द्रविणविरहेणालसतया विधेयाशक्यत्वात्तव चरणयोर्या च्युतिरभूत् ।

तदेतत् क्षन्तव्यं जननि सकलोद्धारिणि शिवे कुपुत्रो जायेत क्वचिदपि कुमाता न भवति ॥२॥

अर्थात– हे माँ! सबका उद्धार करनेवाली कल्याणमयी माता! मैं पूजा की विधि नहीं जनता | मेरे पास धन का भी अभाव है | मैं स्वभाव से भी आलसी हूँ तथा मुझसे ठीक-ठीक पूजा का संपादन भी नहीं हो सकता | इन सब कारणों से तुम्हारे चरणों की सेवा में जो त्रुटी हो गई है उसे क्षमा कर देना- क्योंकि पुत्र का कुपुत्र होना तो संभव है किन्तु माता कभी कुमाता नहीं हो सकती |

पृथिव्यां पुत्रास्ते जननि बहवः सन्ति सरलाः परं तेषां मध्ये विरलतरलोऽहं तव सुतः । मदीयोऽयं त्यागः समुचितमिदं नो तव शिवे कुपुत्रो जायेत क्वचिदपि कुमाता न भवति ॥३॥

अर्थात - माँ! इस पृथ्वी पर तुम्हारे सीधे सादे-पुत्र तो बहोत से हैं किन्तु उन सब में ही अत्यंत चपल तुम्हारा बालक हूँ | मेरे जैसे चंचल कोई बिडला ही होगा | शिवे! मेरा जो यह

त्याग हुआ है, यह तुम्हारे लिए कदापि उचित नहीं है- क्योंकि संसार में कुपुत्र का होना संभव है किन्तु माता कही कुमाता नहीं हो सकती।

गन्मातर्मातस्तव चरणसेवा न रचिता न वा दत्तं देवि द्रविणमपि भूयस्तव मया ।

तथापि त्वं स्नेहं मयि निरुपमं यत्प्रकुरुषे कुपुत्रो जायेत क्वचिदपि कुमाता न भवति ॥४॥

अर्थात्- जगदम्बा! माता! मैंने तुम्हारे चरणों की सेवा कभी नहीं की। देवी! तुम्हे अधिक धन भी समर्पित नहीं किया, तथापि मुझ जैसे अधम पर जो तुम अनुपम स्नेह करती हो इसका कारन यह है कि संसार में कुपुत्र तो पैदा हो सकता है पर कहीं भी कुमाता नहीं हो सकती।

परित्यक्ता देवा विविधविधसेवाकुलतया मया पञ्चाशीतेरधिकमपनीते तु वयसि ।

इदानीं चेन्मातस्तव यदि कृपा नापि भविता निरालम्बो लम्बोदरजननि कं यामि शरणम् ॥५॥

अर्थात्- हे श्री गणेश को जन्म देनेवाली माता! मुझे नानाप्रकार की सेवाओं में मुझे व्यग्र रहना पड़ता था।इस लिए ८५ वर्ष से अधिक अवस्था बीत जाने पर मैंने देवताओं को छोड़ दिया है। अब उनकी सेवा पूजा मुझसे नहीं हो पाती, अतएव उनसे कुछ भी सहायता मिलने की आशा नहीं है। इस समय यदि तुम्हारी कृपा नहीं होगी तो मई अवलंब होकर किसकी शरण में जाऊंगा?

श्वपाको जल्पाको भवति मधुपाकोपमगिरा निरातङ्को रङ्को विहरति चिरं कोटिकनकैः ।

तवापर्णे कर्णे विशति मनुवर्णे फलमिदं जनः को जानीते जननि जपनीयं जपविधौ ॥६॥

अर्थात्- हे माता अपर्णा! तुम्हारे मन्त्र का एक भी अक्षर मेरे कान में पड़ जाए तो उसका फल यह होगा कि मूर्ख चंडाल भी मधुपाक के सामान मधुर वाणी उच्चारण करने वाला उत्तम वक्ता हो जाता है; दीन मनुष्य करोड़ो मुद्राओं से संपन्न होकर चिरकाल तक

निर्भर विहार करता रहता है | जब मंत्र के एक अक्षर के श्रवण का ऐसा फल है तो जो लोग विधिपूर्वक जप में लगे रहते हैं उनके जप से प्राप्त उत्तम फल कैसा होगा ? इसको कौन मनुष्य जान सकता है?

चिताभस्मालेपो गरलमशनं दिक्पटधरो जटाधारी कण्ठे भुजगपतिहारी पशुपतिः

।

कपाली भूतेशो भजति जगदीशैकपदवीं भवानि त्वत्पाणिग्रहणपरिपाटीफलमिदम्

॥७॥

अर्थात्- भवानी! जो अपने अंगो में चिता की राख लपेटे रहते हैं, जिनका विष ही भोजन है, जो दिगंबरधारी (नग्न रहनेवाले) हैं, मस्तक पर जाता और कंठ में नागराज वशुकी को हार के रूप में धारण करते हैं तथा जिनके हाथ में कपाल सोभा पाता है, ऐसे भूतनात पशुपति भी जो एक मात्र 'जगदीश' की पदवी धारण करते हैं, इसका क्या कारन है ? यह महत्व उन्हें कैसे मिला ? यह केवल तुम्हारे पाणिग्रहण की परिपाटी का फल है | अर्थात – तुम्हारे साथ विवाह होने से उनका महत्व बढ़ गया है |

न मोक्षस्याकाङ्क्षा भवविभववाञ्छापि च न मे न विज्ञानापेक्षा शशिमुखि सुखेच्छापि न पुनः ।

अतस्त्वां संयाचे जननि जननं यातु मम वै मृडानी रुद्राणी शिव शिव भवानीति जपतः ॥८॥

अर्थात्- मुख पर चंद्रमा की सोभा धारण करने वाली माँ! मुझे मोक्ष की इच्छा नहीं है, संसार के वैभव की भी अभिलाषा नहीं है; न विज्ञान की अपेक्षा है, न सुख की अकांक्षा; अतः तुमसे मेरी यही याचना है कि मेरा जन्म मृडानी, रुद्राणी, शिव-शिव भवानी इन नामों का जपते हुए बीते |

नाराधितासि विधिना विविधोपचारैः किं रुक्षचिन्तनपरैर्न कृतं वचोभिः ।
श्यामे त्वमेव यदि किञ्चन मय्यनाथे धत्से कृपामुचितमम्ब परं तवैव ॥९॥

अर्थात्- माँ श्यामा! नानाप्रकार के पूजन सामग्रियों से सभी विधिपूर्वक तुम्हारी

आराधना मुझसे न हो सकी | सदा कठोर भाव का चिंतन करने वाली मेरे वाणी ने कौन सा अपराध नहीं किया है ? फिर भी तू स्वयं ही प्रयत्न करके मुझ अनाथ पर जो किंचित कृपा दृष्टि जो रखती हो, माँ! यह तुम्हारे ही योग्य है | तुम्हारे जैसी दयामयी माता ही मेरे जैसे कुपुत्र को भी आश्रय दे सकती है |

आपत्सु मग्नः स्मरणं त्वदीयं करोमि दुर्गे करुणार्णवेशि ।

नैतच्छठत्वं मम भावयेथाः क्षुधातृषार्ता जननीं स्मरन्ति ॥१०॥

अर्थात – माता दुर्गे! करुणासिंधु महेश्वरी! मई विपत्तियों में फंस कर आज जो तुम्हारा स्मरण करता हूँ (और इससे पहले कभी नहीं किया) इसे मेरी शठता न मान लेना- क्योंकि भूख,प्यास से पीड़ित बालक माता का ही स्मरण करते है |

जगदम्ब विचित्रमत्र किं परिपूर्णा करुणास्ति चेन्मयि।

अपराधपरम्परापरं न हि माता समुपेक्षते सुतम् ॥११॥

अर्थात- हे जगदम्बे ! मुझ पर तुम्हारी कृपा बनी हुई है इसमें आश्चर्य की बात है, पुत्र अपराध पर अपराध करता जाता हो फिर भी माता उसकी उपेक्षा नहीं करती|

मत्समः पातकी नास्ति पापघ्री त्वत्समा न हि ।

एवं ज्ञात्वा महादेवि यथायोग्यं तथा कुरु ॥१२॥

अर्थात – हे महादेवी! मेरे सामान कोई पातकी नहीं और तुम्हारे सामान कोई पाप हरिणी नहीं ऐसा जानकार जो उचित परे वो करो |